아
사
교 회
생

아사교회 생

지은이 | 정성진
초판 발행 | 2019. 11. 20

등록번호 | 제1988-000080호
등록된 곳 | 서울특별시 용산구 서빙고로 65길 38
발행처 | 사단법인 두란노서원
영업부 | 2078-3352   FAX | 080-749-3705
출판부 | 2078-3331

책값은 뒤표지에 있습니다.
ISBN 978-89-531-3648-9 03230   Printed in Korea

독자의 의견을 기다립니다.
tpress@duranno.com   www.duranno.com

내가 죽어야 교회가 산다

我
死

教
會
生

아사
교회
생

정성진 지음

두란노

|||| 목차 ||||

신명기에 "이스라엘이여 너는 행복한 사람이로다"라는 말씀이 있다. 목회를 마치면서 '나는 행복한 목회자'라는 감사가 솟구쳐 나온다. 한국 교회가 전성기를 지나 쇠퇴기에 접어들어 교회마다 어렵고 목회자들마다 힘들다고 하는데, 대형 교회를 꿈꾸어 본 적이 없음에도 불구하고 대형 교회를 이루게 되었고, 전도 행사를 하지 않고도 23년 동안 5만 명이 등록했으니 어찌 감사하지 않을 수 있을까. 내가 꿈꾸고 계획한 것이 아닌데 '내 잔이 넘치나이다'라고 고백하도록 채워 주신 하나님의 은총을 말로 다 표현할 수가 없다.

대개 개혁을 부르짖으면 싸우고 갈등하는 경우가 많은데, 날마다 개혁하는 교회를 지향하면서도 화목하고 평안한 가운데 성장을 거듭한 것은 전적인 하나님의 은혜였다고 고백할 수밖에 없다. 또한 24개의 교회를 분립 개척하고, 선교사를 35가정 파송하고, 유치원, 초등학교, 중학교, 고등학교와 한국 교회 최대의 복지재단을 세울 수 있었던 것도 하나님의 섭리 속에 이루어진 일이다. 하나님의 섭리가 아닌 내 좁은 마음뿐이었다면 이렇게까지 나누고 베풀 수 없었을 것이다.

지난 23년은 기적의 연속이었다. 무엇보다 좋은 동역자들을 만나게 하신 것은 하나님의 은총이다. 부목사님들과 전도사님들, 장로님들, 권사님들, 안수집사님들 그리고 집사님들과 성도님들 한 분, 한 분이 보석과도 같은 선물이었다. 교회가 커지면서 심방도, 목양적 돌봄도 제대로 하지 못했다. 한 분, 한 분에게 따뜻한 사랑을 표현하지 못했음을 너무 죄송스럽게 생각한다. 만일 목회를 다시 할 수 있다면, 마음껏 사랑하고 복음으로 떡을 떼는 조그만 교회에서 하고 싶다.

　나의 영적 아버지인 김창인 목사님, 김홍태 목사님, 진심으로 고맙습니다. 나의 반려자이자 목회의 동역자인 아내 송점옥 사모, 정말 수고했습니다. 또한 형님, 누님, 처제들, 두 딸과 사위들, 지금도 하늘에서 중보기도하고 계실 장모 강인숙 권사와 어머니 윤덕회 권사에게 감사와 사랑을 전합니다. 모든 것이 하나님의 은혜였습니다.

2019년 11월

정성진

1부

–

교회 개혁,
내가 죽어야 교회가 산다

01
주님, 부르셨습니까?

다짐하고 또 다짐하다

2019년 4월 첫 주에 '배턴 터치'라는 주제로 설교를 했다. 거룩한빛
운정교회를 분립 개척한 후 담임목사로서 마지막 설교를 하기 위해 강
대상에 올랐다. '어린 분을 위해 의자를 내어 드리겠다'는 조병화 시인
의 〈의자〉를 가슴속 깊이 간직하고 설교했다. 미련 없이 떠나고자 하는
나의 고백이며 결심이었다. 올 한 해는, 후임 목사가 잘 적응해서 소신
껏 목회할 수 있도록 돕는 것이 나의 진솔한 바람이다. 나도 때로는 흔
들린다. 심지가 다된 촛불이 마지막 사그라들기까지 흔들리며 요동치
듯 나도 그렇게 흔들린다. 하지만 검은 점 하나 남긴 채 촛농이 다 사라
지고 나면 기분이 맑아지듯이, 그렇게 나를 불태우고 가겠다고 다짐해
본다. 가슴속에 시를 쓰며 생각을 잡으면 마음이 깨끗해지고 결단을 실

행하는 데 도움이 된다. 미련 떨지 말고 가야 한다. 재차 다짐하고 또 다짐한다. '내가 죽어야 교회가 산다'는 것을.

나는 26세에 회심해 목회의 길에 들어선 후 만 64세에 은퇴하기로 결심했다. 1997년 1월 9일, 일산 밤가시에 거룩한빛광성교회(전 일산광성교회)를 개척한 이후 23년 동안 24개 교회를 분립 개척하며 달려왔다. 2004년에 밤가시에서 덕이동으로 옮겨온 뒤 2018년 10월에 거룩한빛광성교회의 후임 목사 청빙이 잘 이루어졌고, 다음 해 3월에는 마지막으로 분립 개척한 거룩한빛운정교회의 후임 목사 청빙 역시 잘 마무리되었다. 2020년 연말로 되어 있는 공식 은퇴 시기도 1년 앞당길 예정이다.

70세가 정년인 목사의 은퇴 시기를 앞당겨야 한다는 생각은 1990년부터 시작됐다. 1990년에 장신대 신대원을 졸업하고 83기 신대원 동기회장을 맡았을 때 〈삶의 자리〉라는 회지를 발행했는데, 내가 기고한 글에 '목사의 신임 투표제 및 65세 은퇴', '장로 65세 은퇴', '장로는 3년 임기로 두 번까지 하는 것'을 언급했었다. 그 당시 나는 교육 전도사에 불과했기 때문에 교계에서 주목을 받거나 별 어려움을 당하지 않았지만, 손병호 목사님은 이런 말을 했다가 부산신학교 학장에서 쫓겨나는 곤욕을 치르기도 했다.

일찍부터 소위 운동권이라고 하는 민중 신학을 공부했던 나는 교회 개혁에 관심이 많았다. 29세에 폐광촌 목회를 한 것도 민중 신학의 실천 운동을 삶으로 살아 내기 위함이었다. 그러나 개혁은 생각만으로 되지 않으며, 제도와 시스템이 뒷받침될 때 비로소 열매 맺을 수 있음을 알게 되었다. 이를 위해서는 무엇보다 목사나 장로와 같은 교회의 리더들로부터 개혁되어야 한다는 것을 생각하게 되었다.

거룩한빛광성교회는 개척 2년 만인 1999년에 헌법제정위원회를 구성해서 1년여의 연구와 6개월의 토론 끝에 목사의 65세 은퇴 등을 비롯한 거룩한빛광성교회의 종합 개혁 법안을 만들었다. 소외되는 사람 없이 모든 성도가 공유할 수 있는 비전을 성취하기 위한 기본 틀이었다.

나는 개인적으로 5년 전인 60세부터 은퇴에 대한 구체적인 계획을 세우기 시작했다. 은퇴 후에는 교회 재정에 부담을 주지 말자고 결심했다. 그래서 '원로 제도'를 없앴다. 아기가 태어나면 탯줄을 끊어야 엄마도 살고 아기도 살 수 있듯이, 은퇴 후에는 담임했던 교회와 물질적인 연결은 물론 모든 관계를 정리하고 떠나야 교회가 살 수 있다고 생각한다. 그리고 이 모든 개혁 시스템은 교회 밖 외부 세계의 변화에 발맞출 때 성공 가능성을 높일 수 있다.

2017년 통계상 우리나라 국민은 평균 52세에 은퇴한다. 그런 면에서 65세를 조기 은퇴라고 하는 것은 말이 안 된다. 나는 오래전부터 '65세도 길다'는 생각을 갖고 있었다. 23년 전 일산 신도시에 교회를 개척했을 때 성도 중 가장 많은 연령층이 30대 중반이었다. 그리고 50세 이상 목회자가 일산 지역에서 교회 개척에 성공한 사례는 한 건도 없었다. 이것은 무엇을 말하는가? 공동체와 지도자의 연령 차이가 클 경우 교회가 안정적으로 자리 잡기 어렵다는 것을 의미한다. 소통의 문제는 물론, 사고의 차이로 인해 성공적인 목회가 쉽지 않다는 것이다.

영성 변화의 전문가인 고든 맥도날드는 "공동체 내부와 외부의 변화의 속도가 현저히 다르면 죽음의 고통을 맛보게 된다"고 말했다. 양심적인 목사라면 교회를 쇠퇴시키는 일을 해서는 안 된다. '하나님의 교회'의 부름을 받은 목사는 교회를 살리는 일이 목적이 되어야 한다. 그런 의미에서 변화에 부응하며 주님이 기뻐하시는 개혁적인 목회로 교회를 살리는 것이 목사의 사명이라고 생각한다.

주님의 제자로 부름을 받다

1955년 2월 4일, 어머니는 형과 함께 당신이 개척한 안산 도일교회 부흥회에 만삭의 몸으로 참석했다가 그곳에서 나를 낳으셨다. 어머니의 믿음은 대단했다. 당시 집회를 인도했던 이성봉 목사님은 성회 중에 태어났다고 성스러울 성(聖)자를 붙여 내 이름을 '성진'으로 지어 주셨다.

내가 태어날 당시만 해도 전쟁의 후유증으로 정국은 혼란했고, 국민들의 삶은 몹시 힘들었다. 나의 어린 시절을 떠올리면 제일 먼저 길가의 거지가 생각난다. 내 기억 속의 거지는 우리 집안을 힘들게 한, 기억하고 싶지 않은 존재로 남아 있다. 이유는 형 때문이다. 나보다 열 살 위의 형은 어려운 사람을 보면 그냥 지나치질 못했다. 긍휼의 마음을 갖는 것은 좋지만 그것을 행동으로 옮기는 게 문제였다. 한 번은 형이 거지들을 집으로 데려와서 먹을 것과 잠자리를 마련해 주었다. 온 집 안에 이가 퍼져 식구들 모두가 몸을 긁느라 밤잠을 설쳤고, 변변치 못한 살림에 그들까지 해 먹이느라 경제적 어려움은 이루 말할 수 없었다. 이처럼 거지로 인한 피해는 온 가족의 몫으로 돌아갔다. 누구보다 어머니의 고통이 컸다.

어머니는 우리 일곱 자녀를 키우며 온갖 어려움을 감내하셨다. 말할 수 없는 어려움을 겪으면서도 우리를 믿음으로 키워 내셨다. 어머니는 늘 주님만 바라보셨다. 우리 가족은 어머니의 헌신적인 보살핌으로 화목할 수 있었고, 어려운 환경 속에서도 믿음 생활을 계속할 수 있었다.

나는 어려서는 공부에 취미가 없었다. 성적은 좋지 않았지만 인기가 많았고 친구들이 잘 따랐기에 여러 차례 반장을 맡을 수 있었다. 그렇게 반장으로 각종 회의를 진행하면서 논리적인 사고를 갖게 되었고, 리더십도 익힐 수 있었다. 학창 시절의 리더 역할은 훗날 목회를 하는 데 많은 도움이 되었다. 나는 장위국민학교를 졸업하고 동대문중학교에 지원했으나 낙방해 광운중학교에 입학하게 되었다. 청량공업고등학교 화공과를 나와 대학 진학에 실패한 후에는 방송통신대학교 행정학과에 입학한 후 군에 입대했다. 제대 후에는 환경관리기사 자격을 취득하고 동아제약에서 생산직 사원으로 근무했다.

정치가의 꿈

나의 오랜 꿈은 정치가가 되는 것이었다. 이는 초등학교 때부터 갖게 된 꿈이었다. 설득력과 리더십이 있다는 말을 자주 들었기에 정치가가 체질에 맞을 거라 생각했다. 이 꿈은 청년이 되기까지 계속 이어졌고, 시간이 지날수록 더욱 확고해졌다.

정치가의 꿈을 위해 두 번이나 대학 문을 두드렸지만 나에게는 허락되지 않았고, 진학 실패는 나 자신의 초라함으로 다가왔다. 자신만만했던 나는 처참히 무너졌지만, 정치가의 꿈을 쉽게 내려놓을 수는 없었다. 결국 2년제 방송통신대학교 행정학과에 입학을 하고 군에 입대했다.

군대는 훗날 목회에 매우 중요한 전환점을 제공했다. 육군대학 총장실 당번병으로서 5개월간 비서 업무를 보다가 군목이었던 김흥태 목사님의 기도로 주특기가 군종병으로 바뀌면서 육군대학교회 군종병으로 근무하게 되었다. 우연으로 돌릴 수 없는 하나님의 섭리를 당시는 이해할 수 없었다. 김흥태 목사님과의 만남은 훗날 목회에 더할 수 없는 소중한 경험이 되었다.

나의 목회 인생에서 '헌신'의 참뜻을 일깨워 주신 내 인생의 멘토, 김흥태 목사님은 당시 중령으로 군종 목사였다. 40대 후반이었던 그분은 순수하고 맑은 인격의 소유자였다. 중위 시절 심한 폐결핵에 걸려, 살려 주신다면 바울처럼 오직 주님만을 위해 평생을 독신으로 살겠다고 서원했는데, 몸이 완치된 후 정말 하나님과의 약속을 지키며 독신으로 살아가는 믿음의 사람이었다.

1977년 송년 파티에서의 일화는 지금까지도 유명하다. 500명 이상의 영관급 가족들이 모이는 대형 송년 파티에서 당시 육군대학총장인 김영일 총장이 목사님에게 술을 권하는 난처한 일이 벌어졌다. 김 총장은 거의 30분간 술잔을 강권했고, 이를 지켜보던 교인들은 어쩔 줄을 몰라 했다. 끝내 술잔을 받지 않자 화가 난 총장은 잔을 던지고 파티장을 나가 버렸다. 순간 파티 분위기는 초상집으로 변했다. 다음 날 아침, 목사님은 김 총장을 찾아가 사과했고, 김 총장 역시도 '이런 목회자는 처음'이라며 사과했다. 이 일을 계기로 김영일 총장은 목사님을 더욱 신뢰하게 되었고, 김 총장의 도움으로 목사님은 근무연한을 2년 더 연장한 후에 중령으로 예편했다.

목사님의 영성을 통해 이필섭 전 합참의장, 이준 전 국방부장관 같은 제자들이 나왔다. 목사님은 국방대학원교회를 개척한 후 20년간 시무한 뒤 70세에 은퇴했다. 매년 광복절이면 제자들의 모임인 기드온 용사들 200여 명이 모여 지금도 함께 기도회를 가진다.

제대할 무렵, 목사님은 군종 사병으로 최선을 다한 나에게 목회자의 길을 권했다. 나의 반응이 신통치 않자 제대 후에는 아예 입학금까지 들고 찾아올 정도로 '정성진 신학교 보내기'에 적극적이었다. 그렇게 존경하는 분의 간절한 요구라면 웬만해선 마음이 흔들릴 법도 한데, 나는 그분의 그런 호의마저도 거절하고 말았다. 그때까지만 해도 정치가에 대한 미련이 남아 있었고, 성령 체험이 없는 인간적인 열심으로 신앙생활을 했었기에 신학에는 전혀 마음이 열리지 않은 상태였다.

제대 후 나는 동아제약에 입사하게 됐고, 방통대 행정학과를 다니면서 여전히 정치가에 대한 꿈을 키워 갔다. 그리고 1979년 8월 11일 방통대 2학년 1학기 시험을 마치는 날, 마침내 나는 정치에 입문해서 본격적인 활동을 하기로 결심하고 당시 야당인 신민당에 입당하기로 마음을 먹은 후 입당 원서를 내러 신민당사를 찾아 갔다. 그런데 문제는 생각지 않은 곳에서 터졌다. 당시 가발 봉제업체에서 벌어진 'YH 무역 농성 사건'으로 당시 김영삼 신민당 총재를 비롯한 당 중직들이 직무집행정지 조치라는 철퇴를 맞았던 것이다. 신민당사는 YH 사태로 경찰에 둘러싸인 채 봉쇄되고 말았다. 얼마나 기다려 온 입당이었건만….

그날 나는 새까맣게 몰려 있는 경찰과 신민당사를 바라보다가 마음이 상한 채 그냥 집으로 돌아와야만 했다. 그러면서 가까운 시일 내에 정국이 정상화되기만을 기다렸다. 하지만 정국은 점점 더 암울해져만 갔고, 정치에 뜻을 두었던 나는 어디에서도 희망을 찾을 수가 없었다.

커다란 상실감에 사로잡혀 있을 때, 엎친 데 덮친 격으로 군에서 친하게 지내던 유춘국 하사의 사망 소식을 듣게 되었다. 사랑하는 친구의 자살은 내게 큰 충격을 주었다. 정치가의 꿈을 접은 상실감을 다스리며 '있는 자리에서 최선을 다해 할 수 있는 최상으로 나아가자!' 하고는 겨우 마음을 다잡아 가고 있던 차에, 난데없는 친구의 자살은 나를 허무주의자로 만들어 버리고 말았다.

꿈을 잃어버린 상실감과 친구의 죽음으로 인한 허탈감은 나를 심장병 환자가 되게 했다. 몸무게는 52킬로그램까지 빠졌고, 말도 제대로 못할 정도가 되었다. 병이 깊어지면서 서맥증으로 1분 이상 말하기도 힘들었다. '과연 이 상태에서 얼마나 버틸 수 있을까?' 엄청난 상실감과 고독감, 무력감이 밀려왔다. 바로 그때, 나는 처음으로 나의 출생과 나를 향한 하나님의 뜻에 대해 진지하게 고민하기 시작했다.

예수로 거듭나다

나는 깊은 무력감과 상실감 속에서 여러 사람들이 권했던 신학의 길을 생각하게 되었다. 그리고 1981년 3월, 결국 서울장로회신학교 야간부에 입학했다. 그해 10월 3일은 나에게 역사적인 날이 되었다. 어머니의 권고로 작고하신 현기봉 목사님의 은사 집회에 참석했다가 하나님의 살아 계심을 확신하는 믿음을 얻게 된 것이다. 성경을 하나님의 말씀으로 받아들이고 예수를 내 인생의 구주로 고백한 그때부터 지금까지, 나는 한 번도 뒤돌아보지 않고 오직 하나님의 영광을 위해 한 길로만 달려왔다.

서울장로회신학교에서 민중 신학 서클을 만들면서 민중과 함께 살겠다고 다짐했다. 그리고 졸업과 동시에 금광이 폐광되어 가난한 마을이 된 충북 음성군 금왕읍 용계리의 금왕교회를 찾아가 담임 전도사가 되었다. 평생을 전도사로 가난한 사람들과 함께 살겠다고 다짐하며 시작한 목회였다. 헌신한 만큼 열심으로 교회를 섬겼고, 그 열매로 2년 동안 교인은 140명으로 늘어나 예배당도 새로 짓게 되었다. 그런데 주말 부부로 생활하면서 경제적 뒷받침을 하던 아내의 간염 발병과 첫 아이의 유산으로 인해 결국 정든 교회를 뒤로한 채 서울로 올라와야 했다. 그 후 방송통신대를 졸업하고 학사 고시에 합격한 후 두 번의 도전 끝에 장로회신학대학원에 들어갈 수 있었다. 그러나 입학한 지 한 달 만에 시국 사건에 관련되어 데모를 주동하다가 징계를 받았다. 2학년 때는 신대원 학우회장에 당선된 후 전국 신학대학원 학생대표자협의회를 조직해 초대 의장이 되었다. 그때부터 나는 여러 시위를 주도하는 운동권 학생으로 이름을 날리기 시작했다.

첫 사역지에서 혈기로 무너지다

그렇게 어렵게 들어간 신대원에서의 파란만장한 학업도 어느덧 막바지에 이르러 졸업을 하게 되었다. 졸업을 앞둔 대부분의 학생들은 11월이나 12월이면 임지가 결정되어 부임 준비에 정신이 없었다. 하지만 나는 그들과 입장이 달랐다. 시위를 주동했던 덕에 운동권 두목으로 소문이 나서 나를 불러 주는 곳이 없었다. 속이 타들어 갔지만 내 힘으로는 어떻게 할 도리가 없었다. 그러던 중 1990년 2월 초에 후배로부터 연락이 왔다. 봉천동에 있는 한 교회에서 급히 남자 전도사를 구한다는 것이었다. 나는 후배의 도움으로 졸업과 동시에 전임 전도사 자리를 얻을 수 있었다. 봉천제일교회는 그렇게 나의 첫 전임 사역지가 되었다.

봉천제일교회는 1980년대 달동네에서 급성장한 교회였다. 1,200명이 넘는 교인이 출석하는, 당시로는 상당히 큰 교회였다. 그러다 보니 심방이 많았고, 나에게는 여러 가지 업무가 주어졌다. 하지만 나는 부임한 지 3개월 만에 담임목사님께 폭탄 발언을 하는 혈기를 부리고 말았다. 당시 담임목사님 역시 부임한 지 얼마 안 되었을 때였는데, 목사님은 전통적인 장로교 목사로서 학구적이고 조용한 분이셨다. 그런데 명령을 받으면 죽기 살기로 일하는 나에게 일을 시키신 후 제동을 거신 것이다. 그래서 교역자 회의 때 "목사님, 일을 시키시려면 재량권을 주든지 분명한 지침을 주십시오"라고 입바른 소리를 했다. 그러자 담임목사님은 "알아서 하는 게 목회 원리지"라고 말씀하셨다. 그 말에 나는 그만 혈기를 다스리지 못하고, "그것이 무슨 목회 원리입니까? 목사님 자신만의 목회 스타일 아닙니까?"라며 맞받아쳤다. 지금 생각해 보면 정말 철없는 반란이었다. 방금 임관한 소위와 같은 전도사가 연대장 같은 목사님께 반기를 들었으니 목사님 입장에서 얼마나 어이가 없으셨을까 싶다.

그 일이 있고 난 다음 주에 새로운 목회자가 부목사로 부임했다. 당장 부목사가 필요한 상황은 아니었기에 스스로 알아서 사임하라는 의미였다. 게다가 새로 부임한 부목사는 나의 신대원 1년 선배로서, 그가 신대원 회장에 출마했을 때 나는 다른 후보를 지지해서 그를 낙선시킨 악연이 있는 사람이었다. 그런데 그 선배 목사에게 문제가 생겼다. 새로 부임한 지 얼마 되지 않아, 철야 예배에서 성도뿐 아니라 장로들에게까지 안수를 하는 사건이 벌어진 것이다. 그로 인해 담임목사님과 갈등이 생겼다. 나의 설득으로 결국 선배 목사가 개척해 나가는 것으로 사태는 일단락됐고, 덕분에 나는 그대로 남을 수 있게 되었다. 나는 그렇게 2년 동안 봉천제일교회에서 시무하다가 1991년 말에 천호동 광성교회로 사역지를 옮기게 되었다. 그 후 5년 동안, 오늘의 나를 있게 한 결정적 만남이 된 천호동 광성교회에서 사역을 하게 되었다.

나의 목회 멘토, 김창인 목사

신학교 시절 '사도회'라는 모임을 함께했던 친구, 김호권 목사의 소개로 1991년 말부터 천호동 광성교회에서 전임 전도사로 사역을 시작했다. 그리고 5개월 만에 목사 안수를 받은 후 김창인 목사님이 가장 왕성하게 활동했던 시기에 4년을 비서로 보냈다. 목사님은 대한예수교장로회 총회(통합 측)의 부총회장과 총회장으로 가장 바쁜 시간을 보내고 계셨다. 비서인 나는 광성교회에 재직했던 5년 동안 휴가는 두 번밖에 다녀오질 못했다. 월요일에 쉰다는 것은 아예 생각조차 할 수 없었다. 쉬지 못해 몸과 마음은 힘들었지만, 김창인 목사님의 목회에 대한 열정은 내 인생에 더할 수 없는 큰 도움이 되었다. 목사님의 비서 업무와 교구를 관리하는 일까지 맡다 보니 정신을 차릴 수 없었다. 내가 관리하는 교구는 4년 동안 350세대에서 1,150세대로 늘어난 상황이었다. 심방은 주로 당회장 사모님과 함께했는데, 사모님은 날마다 철야기도를 하시는 기도의 용사였다. 보통 심방에 필요한 성경 구절은 30개 정도면 충분한데, 사모님과 함께 심방을 다녀야 하니 매번 같은 구절을 인용할 수도 없고 여간 곤혹스러운 게 아니었다. 하지만 이런 상황은 후에 성경 구절을 보다 더 깊이 묵상하고 암송할 수 있는 값진 기회가 되었다. 4년 동안 심방하면서 사용한 말씀이 무려 1,200구절이 넘었다.

안에서는 목사님 비서로, 밖에서는 교구 심방으로 매우 바빴지만 이 바쁨이 훗날 목회하는 데 많은 도움이 되었다. 나는 일주일에 월, 토, 주일을 제외한 나흘이나 나흘 반을 심방하는 데 사용했다. 심방한 가구 수만도 한 주에 평균 60가구가 넘었다. 하루에 운전하며 이동한 심방 거리는 무려 100킬로미터에 달했다. 그때 이후로 목회를 그만둔다면 확실하게 할 수 있는 일 두 가지가 생겼다. 하나는 부동산 공인중개업이고, 또 하나는 택시 운전이라고 말할 정도로 운전과 길 찾는 데 있어서는 도사가 되었다.

나는 광성교회를 섬기며 김창인 목사님으로부터 많은 부분을 배울 수 있었다. 설교, 열정, 의리 등 목회하는 데 없어서는 안 될 꼭 필요한 것들이었다. 물론 반면교사로 삼을 일도 있었다. 목사님의 카리스마 넘치는 리더십이 부러웠지만, 내 능력으로 따라 해선 안 된다고 생각했다.

목사님에게서 배운 여러 항목 중 세 가지만 꼽으라 한다면, 첫 번째로 설교를 꼽고 싶다. 나는 김 목사님의 설교를 들으면서 성도와 소통하는 방법을 배울 수 있었는데, 그동안 만난 목사님들은 인격적으로는 존경할 만했지만 설교는 그렇지 않았던 데 반해, 김창인 목사님은 짜임새 있는 설교로 성도들과 교감을 나누었다. 3대지 설교라는 고정된 형식에도 불구하고 설교는 간결하면서도 힘이 있었으며, 메시지가 분명했다. 주제에 맞는 예화를 적절하게 사용해 지루하지 않으면서도 이해가 잘되는, 메시지 전달이 훌륭한 설교였다. 물론 시간 안배도 매우 정확했다. 나는 목사님의 설교를 통해 5년 동안 매주 은혜를 받으며 설교의 기본기를 닦을 수 있는 기회를 얻게 되었다.

목사님에게서 배운 두 번째는, 후배들을 배려하는 넓은 마음이다. 목사님은 함께 일하는 사역자들을 잘 챙기셨다. 성실한 부목사들에게는 교회 개척의 기회와 함께 아낌없는 후원을 해 주셨다.

세 번째는, 목회에 대한 열정이다. 교회 성장을 위해선 목회자의 열정이 무엇보다 중요하다는 것을 보여 주셨다. 여건이 아무리 잘 갖추어진 교회라 할지라도 목회자에게 교회를 이끄는 열정이 없으면 교회에 활력을 불어넣을 수 없다. 김창인 목사님은 매사에 열정적이셨다. 설교, 교인에 대한 사랑, 교회 업무 등 교회와 관련된 모든 일을 열정적으로 해 나가셨다.

기도원은 교회 개척의 훈련소

김 목사님의 비서 업무가 과중하기도 했지만, 늦은 나이에 목사가 되었기에 담임 목회에 대한 조급한 마음이 들었다. 이에 교회를 옮겨야겠다고 마음먹고는 김 목사님에게는 알리지 않은 채 이력서를 냈다. 부산에 있는 300명 정도 모이는 교회에 담임목사로 지원했는데, 하필 김창인 목사님과 친분이 있었던 그 교회 장로님이 목사님과 통화하면서 나에 대해 묻는 바람에 지원 사실이 발각되었다. 마음이 편치 않으셨음에도 목사님은 추천서까지 써 주셨다. 그러나 부산은 나와 인연이 닿지 않았다. 그 후 의정부에 있는 교회에 이력서를 냈지만, 나의 학생 운동 이력 때문인지 그곳에도 갈 수 없었다. 나는 결국 '하나님이 허락하시는 곳이라면 어디라도 가겠습니다!' 하는 마음으로 기도하기 시작했다. 기도 제목을 바꾸니 한결 마음이 편해졌다. 나이도 있고 해서 기성 교회에 지원했지만, 마음을 바꾸어 '작은 교회면 어떻고 시골 교회면 어떠랴. 하나님이 인도하시는 길이라면 어디든지 가겠다'라고 기도했다.

그렇게 기도한 지 2주쯤 지났을 때, 광성교회의 협동 장로로 있는 이영래 장로님이 나에게 제안을 해 오셨다. 자신이 장로가 될 때 교회를 지어 바치겠다고 서원했는데, 교회를 지을 테니 개척할 의향이 있는지를 물어 온 것이다. 그 장로님은 은퇴 후 유치원 사업을 하면서 유치원 건물 지하에 1천 석 규모의 교회를 지어 하나님에게 바치겠다는 계획을 추진했다. 교회 부지는 구리시에 건설 예정인 대규모 아파트 단지의 유치원 부지였다. 그 유치원 부지는 주변 일대에서 단 한 곳만 배정된 황금 노른자위 땅으로, 건축 허가가 나는 즉시 건물을 지을 계획이었다. 나와 아내는 그것을 하나님의 뜻으로 받아들이고 건축 허가를 위해 기도했다. 그리고 두 달 후, 건축 허가를 받게 되었다.

건축 허가를 받은 뒤, 이영래 장로님은 나와 함께 교회를 개척하기로 한 내용을 김 목사님께 말씀드렸다. 그러자 목사님은 크게 노하시며, "내가 정 목사를 위해 올해 땅을 사서 내년에 건축해 주려고 준비하고 있었다"고 말씀하셨다. 그러면서 "내가 해 주는 것을 받든지, 장로와 함

께 나가든지 결정하라"고 하셨다. 아내는 하나님의 뜻으로 알고 두 달
간 기도했기 때문에 마음을 바꾸지 않았다. 이 일로 김 목사님과 아내
사이에 갈등이 있었으나, 나는 김 목사님의 말씀을 따르기로 했다. 김
목사님은 즉시 기도원 담당 목사로 이사할 것을 지시하셨고, 아내의 반
발에도 불구하고 나는 가평에 위치한 광성기도원 원목으로 올라가 개
척을 준비하게 되었다.

　이 기도원은 교회가 재단으로 있는 영신여고의 수련관으로도 사용되
던 곳으로, 1,200명이 들어갈 수 있는 대강당과 수영장까지 갖춘 대규
모의 기도원이었다. 김창인 목사님은 교회를 개척하는 부목사들을 기
도원 원목으로 보내어 그곳에서 개척에 필요한 준비를 하게 하셨는데,
그런 배려에 정말 감사했다. 기도원 원목이라는 위치는 개척을 위한 마
음의 준비뿐 아니라 실제적인 준비를 할 수 있는 기회가 됐다. 기도원
에서의 목회 계획, 말씀 묵상뿐 아니라 예배 때마다 직접 설교를 함으로
써, 부목사로 재직하는 동안 부족했던 강단 설교 훈련의 기회를 풍성히
가질 수 있었다. 그동안 눈코 뜰 새 없이 바빴던 부목사의 일상에서 벗
어나 부족한 기도와 영성을 보충할 수 있는 귀한 시간을 가질 수 있었
다(물론 마냥 여유롭기만 했던 것은 아니다. 원목으로서 해야 할 일이 한두 가지가 아니었다).
내가 광성기도원에 올라온 뒤로 목사님은 매주 선후배 부목사들과 함
께 기도원으로 금요 철야를 드리러 오셨다. 그전까지만 해도 특별 집회
외에는 기도원에 올라오신 일이 거의 없으셨는데, 나에 대한 목사님의
관심이 그만큼 컸던 것이다.

　기도원 원목으로 지내다 보니 기도원 안에 개보수해야 할 시설들이
눈에 띄기 시작했다. 그렇게 시작된 공사는 총 1억 5천만 원이 들어가

는 대대적인 공사가 되었다. 기도원 보수 공사가 끝나 갈 즈음, 목사님께서는 개척을 더 이상 미루지 말고 장소를 찾아보라고 말씀하셨다. 그때 기도원을 방문한 한 목사님이 일산에 매각을 희망하는 교회가 있다는 정보를 주었다. 당시 일산은 입주가 완료된 지 4년이 지난 신도시였기에 교회 개척지로서는 희망적이지 않았다. 이미 280여 개의 교회가 있었고, 문 닫는 교회들도 속출하는 상황이었다. 김 목사님은 구리시 원진레이온 공장을 없애고 8천 세대의 아파트가 들어서는 곳을 권하셨다. 문제는 아파트가 건설되려면 2년이 더 걸린다는 것이었다. 그곳에 교회를 짓고 기다릴 것이냐, 아니면 2년 일찍 고생할 것이냐를 놓고 기도했다. 인간적으로는 성장이 확실시되는 곳으로 마음이 기울었다. 하지만 일산을 위해 기도하면 마음이 편했다. 하나님은 안정된 곳보다는 한 살이라도 젊을 때 도전하며 부딪쳐 보라는 마음을 주셨다. 마침내 나는 구리, 마석의 정반대쪽인 일산으로 마음을 정했다.

거룩한빛광성교회 개척

신대원을 졸업하고 봉천제일교회에서 2년, 광성교회에서 5년간 시무한 뒤 1997년 1월, 일산에 오늘의 거룩한빛광성교회를 개척했다. 내 나이 42세, 다소 늦은 나이에 시작한 개척이었다. 일산은 신학교 선후배들의 창립 예배 때 한두 번 가 본 것이 전부일 만큼 낯선 곳이었다.

나는 건물 내부 공사가 아직 마무리되지 않은 기존의 교회를 인수했다. 붉은 벽돌로 외관을 장식한 건물에는 '불기둥교회'라는 간판이 걸려 있었다. 지은 지 1년이 다 되어 가는데도 전기 공사가 마무리되지 않아 여기저기 전기선이 나와 있었고, 예배당 내부도 최소한의 인테리어만 갖추어 놓아 썰렁하기 짝이 없었다. 건물 자체만 보아도 손볼 데가 한두 군데가 아니었다. 그때까지 건물 준공 검사도 받지 못한 상태였다.

주변 상황도 교회를 개척하기에는 부적합했다. 일산에 교회를 개척한 신학교 선후배들의 충고가 고스란히 현실로 다가왔다. 당시 일산은 신도시 입주가 끝난 상태로 280여 개의 교회가 이미 자리 잡고 있었다. 밤가시 마을 주변만 해도 2킬로미터 반경에 이미 100여 개의 크고 작은 교회가 자리를 잡고 있었다. 하지만 하나님은 계속해서 그 모든 상황이 디딤돌이라고 말씀하셨다. 기도 때마다 일산으로 이정표를 고정시키시고 불기둥교회에 머물게 하셨다. 마침내 나는 주변의 부정적인 충고를 뒤로하고 하나님이 주시는 마음으로 결단을 내렸다.

계약을 마친 뒤 김창인 목사님에게 그간의 정황을 말씀드렸다. 목사님은 교회 개척을 위해 10억을 마련해 주셨다. 교회 매입가는 17억으로 7억의 빚을 떠안고 교회를 시작하게 되었다. 목사님은 나머지 7억에 대해 걱정하면서도 격려를 아끼지 않으셨다.

당시 나는 부흥에 별 기대가 없었다. 다만, '10년쯤 지나면 하나님이 적어도 밥걱정은 하지 않고 살게 해 주시겠지'라고 생각했다. 더구나 대형 교회를 비판하며 민중 교회에 애정을 갖고 투쟁하던 사람으로서 수천 명이 모이는 대형 교회에는 관심이 없었다. 나는 개척 당시 이상적인 교인 수를 300명으로 보았고, 500명만 넘어가도 대형 교회라고 생각했다.

기도원 원목으로 7개월간 사역하면서 크고 작은 일이 많아, 정작 개척에는 신경을 쓰지 못했다. 그런 상황에서 개척을 서둘렀던 까닭에 구체적이고 실질적인 준비를 할 수 없었다. 다행히 불기둥교회가 지어진 지 1년밖에 되지 않아서 건물 자체에 많은 시간을 투자할 필요는 없었다.

나는 기도원에서 기도하면서 개척의 가장 중요한 부분은 '목회의 방향'이라는 점을 깨닫게 되었다. 대형 교회인 광성교회로부터 10억 원의 큰 물질적 도움은 받았지만, 서울 광성교회와는 다른 색깔의 목회 방향과 목회 철학이 있어야 한다고 생각했다. 김창인 목사님의 역동적인 설교와 일에 대한 열정, 의리를 본받으면서도 나만의 색깔을 내는 목회가 무엇일까를 놓고 기도했다.

내가 목회를 하는 이유

신학생 때부터 교회 개혁은 나에게 목회의 이유를 제공했다. 나는 목회자의 길에 들어서면서 수도사들의 영성을 연구하고 종교 개혁자들의 발자취를 따르리라 다짐했다. '개인 구원'과 '사회 구원'의 두 날개를 펼치는 것이 내가 생각하는 교회의 진정한 개혁이라고 생각했다. 교회 설립은 그것을 실행하기 위한 수단이요, 도구였다.

교회 개척 첫 달부터 12곳을 시작으로 1년 만에 25곳을 선교했다. 3개월 만에 교회 재정을 제직회에 넘겼으며, 교회 재산을 노회 유지 재단에 귀속시켰다. 개척 2년 만에 장년 성도 800명이 출석하면서 교회 개혁 법안을 준비하기 시작했다. 1년간의 연구와 6개월의 토론 끝에 마침내 헌법제정위원회를 구성해서 '종합 개혁 법안'을 만들었다. 개혁 법안은 목사와 장로의 정년을 65세로 하고, 원로 목사나 원로 장로제를 폐지하며, 목사는 6년 시무 후 신임 투표를 받고, 장로는 6년만 시무하는 것을 골자로 했다. 또한 당회는 운영협의회장, 안수집사회장, 권사회장, 남선교회연합회장, 여전도회연합회장, 청년연합회장 등 6명이 기관 당회원으로 참석했다.

개혁 법안의 또 다른 골자는 재정의 투명성이다. 목사가 재정에 손을 대지 않는 대신 엄격한 감사를 실시했으며, 목사의 재량권 남용을 막기 위해 정확한 예산 편성을 원칙으로 했다. 특히 목사를 비롯한 교회 직원들의 보너스를 없애고 연봉제를 도입했으며, 찬양대의 지휘자와 반주자는 무사례를 원칙으로 정했다.

이런 종합 개혁 법안을 추진하게 된 배경은 목사에서 장로에 이르기까지 몇 명으로부터 발생할 수 있는 전횡을 사전에 막기 위함이었다. 또 황금만능주의에 물든 교회를 순수한 교회로 바꾸려는 마음에서였다. 목사의 독재가 지나치면 다음 대에서 장로들의 독재가 시작되는 것을 보면서 목사도, 장로도 권한을 내려놓고 모두가 섬기는 교회를 만들자는 취지였다. 그렇게 함으로써 교회 존립의 진정한 목적인 개인 구원과 사회 구원의 두 날개를 펼칠 수 있었고, 은퇴하는 오늘까지 끊임없이 개혁을 실행할 수 있었다. 이런 개혁 추진 과정에서 반대가 전혀 없었던 것은 아니지만, 서로 대화하고 설득하고 기도하면서 교회가 하나 될 수 있었다.

목회자가 교회를 위해 죽기를 실천하고 교인들이 이를 위해 희생할 때 교회의 진정한 개혁이 가능해진다고 생각한다. 사도 바울이 "나는 날마다 죽노라"라고 말한 것처럼, 누구보다 목회자가 날마다 자기를 부인할 때에야 비로소 교회의 개혁이 시작되는 것이다.

02
교회 개혁의 발자취를 더듬다

기독교 박해

기독교가 민중 속에 깊이 뿌리를 내리던 중 서기 64년에 로마에 대화재가 발생했다. 민심 수습을 위해 고심하던 네로 황제는 화재의 원인을 그리스도인들의 탓으로 돌렸고, 이로 인해 기독교에 대한 박해가 시작되었다. 그 뒤에도 열 명의 황제가 계속해서 기독교를 박해하자 그리스도인들의 씨가 마르게 되었다. 지상에서는 더 이상 신앙생활을 할 수 없게 된 그리스도인들이 지하의 공동묘지로 들어가는 박해의 시대가 된 것이다. 이 지하 교회를 카타콤이라고 하는데, 현재 이탈리아 전역과 시리아, 알렉산드리아, 시칠리아, 스페인 등에서 카타콤의 흔적이 발견되고 있다. 카타콤에서 신앙생활을 하며 약 250년간 핍박받았던 기독교는 서기 313년, 콘스탄티누스 대제의 밀라노 칙령에 의해 신앙의 자유를 얻게 되었다. 그 후 서기 392년, 마침내 기독교는 로마 제국의 국교가 되었다. 기독교가 로마의 국교가 되면서 교회는 눈부신 성장을 하게 되었다. 그러나 외형적으로 엄청난 성장을 거듭하던 교회는 고난이 사라지면서 점점 나태와 안일에 빠져 영적으로 타락하기 시작했다.

중세는 기독교의 세계였지만 역사가들은 이 시기를 '암흑시대'라고 말한다. 국교의 지위를 누리던 기독교의 오만이 극에 달해 다른 사상과 생각을 수용하지 못한 채 일방적인 문화만을 강요했기 때문이다. 1천 년 동안 영화를 누린 기독교의 타락상은 심각한 지경에 이르렀다. 성직을 사고파는 성직 매매가 공공연히 자행되었고, 교회는 부를 축적하는 데 정신이 팔려 민중들의 고단한 삶을 위로하지 못했다. 교회가 극심하게 타락하자 교회 개혁을 외치는 선지자들이 등장했다. 옥스퍼드대학의 신학 교수였던 위클리프, 프라하대학의 신학 교수였던 후스, 도미니코수도회의 산마르코 수도원 원장이던 사보나롤라와 같은 이들은 부패한 교회를 맹렬히 공격하고 하나님의 심판이 임박한 것을 외치다 처형을 당했다. 이런 외침에도 불구하고 타락한 교회는 깨어나기는커녕 점점 더 깊은 수렁으로 빠져들어 갔다.

종교 개혁은 '오직'

법학 공부를 하러 도시에 나가 있던 독일 광산촌 출신의 한 청년이 여름 방학을 맞아 친구와 함께 고향 방문에 나섰다. 들판을 지나던 중 폭우를 만나게 된 그들은 큰 나무 밑으로 몸을 피했다. 그때 번개가 번쩍

하더니 그 나무 위로 벼락이 떨어졌다. 깜짝 놀라 엎드리는 순간 '악!' 하는 비명소리가 들려서 보니 옆에 있던 친구가 새까맣게 타 죽어 있었다. 청년은 친구의 시신이 타 버린 자리에서 깊은 두려움에 휩싸였다. "하나님, 저를 살려 주십시오. 그러면 신부가 되겠습니다"라고 서원한 후, 그는 그 길로 법률 공부를 그만두고 성직자의 길을 걷게 되었다. 그리고 신학으로 박사 학위를 받아 비텐베르크대학에서 교수가 되었다.

당시 레오 10세는 베드로성당을 건축하기 위해 면죄부를 판매하고 있었다. 당대의 신부 중 유명한 테젤은 군중을 향해 외쳤다. "면죄부를 산 돈이 헌금함에 떨어지는 순간, 여러분의 죄는 사해지고 여러분 부모의 영혼은 천국으로 올라갑니다." 이런 현실에 젊은 성직자는 분노했다. 그래서 1517년 10월 31일, 비텐베르크성당 입구에 95개 조항의 반박문을 내걸고 교황에게 답변해 줄 것을 요구했다. 이에 교황은 젊은 성직자를 즉각 파면했고, 그때부터 그는 개혁의 서두에 서게 되었다. 34세의 젊은 성직자로부터 시작된 개혁의 물결은 전 유럽을 흔들었다. 이 젊은 성직자가 바로 마틴 루터다.

개혁은 영어로 'reformation'이다. 이는 '다시'라는 뜻의 're'와 '짜기'라는 뜻의 'formation'이 합해진 복합어로서, '틀을 다시 짜다'라는 의미를 갖는다. 종교 개혁은 '오직 믿음'(Sola fide), '오직 성경'(Sola scriptura), '오직 은혜'(Sola gratia)라는 3대 구호 아래서 이루어졌다. 이 세 가지 종교 개혁 원리는 오늘날 한국 교회의 나아갈 길을 제시하고 있다. 여기서 중요한 것은, 종교 개혁이라는 말 속에 '종교'에 대한 의미가 없다는 것이다. 종교 개혁은 단순히 종교를 개혁하는 것으로 그치는 것이 아니라, '세상의 틀을 다시 짜는 것'임을 말하고 있다. 21세기 한국 교회에서도 심

령과 가정과 교회와 사회가 새로워지는 '다시 틀 짜기'의 역사가 일어
나야 한다.

한국 교회의 개혁 과제

　그렇다면 오늘날 나와 우리 교회 그리고 한국 교회가 개혁하기 위해
이루어야 할 과제는 무엇인가? 지금 한국 교회 교인들 중에는 '한국에
5만여 개 이상의 교회, 10만 명 이상의 목사 그리고 천만 명 이상의 성
도가 있다고 하는데, 한국은 왜 이렇게 썩어서 냄새가 나느냐'며 자조
적으로 탄식하는 사람들이 많다. 여기서 바로 종교 개혁의 당위성을 찾
을 수 있다. 왜 교회 개혁을 수없이 외치고 선포했음에도 불구하고 한국
교회는 세상을 변화시키지 못한 채 무기력의 늪에서 헤어나지 못하는
걸까? 바로 개혁이 교회 안에 머무르고 있기 때문이다. 사회적 요구나
시대적 흐름을 인식해서 틀을 다시 짜지 않고는 개혁이란 한낱 구호로
만 그칠 뿐 결코 성공할 수 없다.
　종교 개혁이 성공한 것은 교회의 굳은살을 드러내어 제거하려는 운
동이 사회 운동으로까지 번졌기 때문이다. 루터가 교회에서 제거해야
할 굳은살을 95개 조항으로 내건 것이 지지를 받았기에 사회 운동으로
까지 연결되어 종교 개혁이 성공을 거두었고, 18세기 존 웨슬리의 경건
운동이 사회 현장으로 연결되었기에 영국은 혁명 없이 새로운 나라가
될 수 있었다. 한국 교회도 현재 제거해야 할 굳은살을 정확히 밝혀내고
이를 오늘의 현실에 비추어 적용해야만 참다운 개혁을 할 수 있다. 신앙

이 삶에서 유리될 때 세상에 영향을 미칠 수 없음같이, 개혁이 사회와 동떨어져 있을 때 진정한 개혁은 이뤄질 수 없다.

지금 한국 교회에는 세속의 물결이 끊임없이 밀려들어오고 있다. 교회 지도자들이 예수님의 가르침보다 세속에 관심이 많으니, 교인들도 예수님보다 세상 것에 관심이 많다. 기독교가 서구 문명을 통해 한국에 들어왔다고 해서 서양 것이 될 수는 없다. 기독교는 기독교적이어야 하고 성경적이어야 한다. 기독교에는 오직 예수님의 말씀, 예수님의 정신이 담겨 있어야 한다. 종교 개혁은 바로 '성경으로 돌아가자', '예수 정신으로 돌아가자'라는 운동이다. 중세 교회 지도자들은 입으로는 하나님의 위로를 선포하고 천국을 외쳤으나, 정작 자신들은 종교 귀족이 되어 호화로운 생활을 하면서 민중의 삶을 돌아보지 않았다. 그들은 성직을 매매했으며, 하나님 나라까지도 돈으로 팔아 기독교를 왜곡하고 예수님을 외면했다. 면죄부는 가톨릭교회가 죄를 사하는 조건으로 기부를 청구하고 발행한 증명서다. 하나님의 은혜가 설 자리에 물질의 신 '맘몬'이 자리를 잡았던 것이다.

예수님이 오늘날 한국 교회를 보신다면 먼저 백화점이나 기업 또는 은행처럼 지점을 거느리는(지교회를 만드는) 교회들을 둘러엎으실 것이다. 교회는 은행이나 백화점처럼 본점의 지휘를 받아 운영되는 판매망이 되어서는 안 된다. 교회가 자본주의의 산물이 아닌 이상 지점(지교회)을 만드는 것은 옳지 않다.

두 번째로, 예수님은 자녀에게 담임목사직을 대물림하는 교회들을 둘러엎으실 것이다. 교인들의 절대적 지지로 이루어지는 승계가 아닌 이상, 아들이나 사위, 심지어 남편 사후에 아내가 목사가 되어 그 자리를 대신한다 할지라도 이것은 교회가 아닌 기업이라고 할 수밖에 없다.

세 번째로, 예수님은 분쟁이 끊이지 않는 기독교 연합 기관들을 둘러엎으실 것이다. 방송, 신문, 출판 등 돈 되는 기관은 분쟁과 다툼이 끊일 날이 없다.

네 번째로, 예수님은 물질중심주의 풍조가 만연한 교회들을 둘러엎으실 것이다. 교회에서 항존직을 임직할 때 과도한 헌금을 강요하는 행위는 물질을 교회의 우상으로 만드는 잘못을 저지르는 것이다.

다섯 번째로, 예수님은 많이 가지려는 성직자들을 둘러엎으실 것이다. 교회가 빛과 소금의 역할을 다하려면 먼저 목회자들이 '덜 갖고, 덜 먹고, 덜 써야' 한다. 우리 교회에서 담임목사의 사례비를 동결하고 보너스를 없앤 것은 예수님의 가르침을 따르기 위한 실천의 작은 부분이다.

종교 개혁 정신이 필요한 이유는 보수와 진보의 통합을 이루기 위해서다. 지금 보수와 진보의 진영 논리 싸움이 심각한 상황이다. 개혁이란 용어는 진보적인 성격을 가졌다. 보수 쪽에서는 개혁을 배척할 게 아니라 반드시 필요한 것으로 받아들여야 한다. 예수님은 '새 포도주는 새 부대에 담으라'고 말씀하셨다. 새 포도주는 보수가 갈망하는 반드시 지켜야 할 진리와 핵심 가치를 의미하고, 부대는 개혁과 진보를 상징한다. 이 둘은 함께 가야 한다. 진정한 보수는 새 부대를 만드는 일에도 관심을 잃으면 안 된다. 부대가 없으면 지키고 싶었던 가치를 다 잃게 되기 때문이다. 진보에서도 무엇 때문에 개혁하려 하는지를 잘 알아야 한다. 진짜 지켜야 할 핵심 가치가 무엇인지를 명확히 하지 않으면 나중에 무엇을 개혁했는지 혼란스러워할 수 있다.

진보와 보수는 궁극적으로 하나여야 한다. 서로 대립되는 개념처럼 여겨지는 사회 분위기 속에서 보수는 개혁을 받아들이고 진보는 왜 개혁해야 하는지에 대한 방향을 잡지 않으면 우리 사회 전체가 어려워질 수밖에 없다는 인식을 가져야 한다. 이것이 종교 개혁이 한국 사회에 주는 답이다.

왕 같은 제사장

우리가 교회를 교회 되게 하지 못하면 세상 사람들로부터 손가락질을 받고, 나중에는 버림받게 된다. 그러므로 성경대로 믿는 교회가 되기 위해서는 성경대로 믿고 행하지 않는 문제가 어떤 것인가를 아는 것이 중요하다. 종교 개혁의 3대 구호 중 하나가 '오직 성경'이다. 중세 시대는 성경보다 교황의 법이 훨씬 더 권위 있었다. 하지만 '오직 성경'이라는 종교 개혁의 구호로 교회는 제자리를 찾게 되었다. 그런데 오늘날 교회가 종교 개혁이 되돌려 놓은 것을 다시 그 이전 모습으로 되돌리는 잘못을 범하고 있다. 바로 교회 내의 권위 구조다. 모든 성도는 '왕 같은 제사장'이라고 성경에서 말씀하는데도 그것을 잘 따르지 않고 있는 것이다.

'왕 같은 제사장'이란 모든 성도가 교회 안에서 동등한 지위를 가진다는 말이다. 교회 내의 모든 직분에는 어떤 계급의 차이도 있을 수 없다. 만일 차이가 있다면 그리스도 안에서 각각 받은 은사와 직분의 차이가 있을 뿐이다. 목사는 말씀 전파와 성경대로 사는 법을 가르치는 것과 기도하는 데 힘쓰고, 장로와 권사는 교인들을 돌아보며, 집사는 구제와 봉사에 전념하는 것이 옳다. 모든 행정은 민주적 절차에 따라 집행하며, 인간의 부패한 본성이 횡포를 부리지 못하도록 견제와 균형의 장치를 갖추어야 한다.

우리 교회는 이러한 개혁의 취지를 살리기 위해, 2000년에 '목사 평가제'와 '장로 임기제'를 도입했다. 목사가 직무 수행을 게을리 하다가 문제를 일으킬 경우 교회는 속수무책일 수밖에 없기에, 이런 문제들을 개선하기 위한 방법으로 도입한 것이다. 또 교회의 재정은 초대 교회 때부터 집사들에게 맡겼다고 사도행전은 증거한다. 우리 교회의 경우 목회자는 재정에서 손을 떼고 재정 사용의 건전과 투명성을 확보하기 위해 공개하는 것을 원칙으로 하고 있다. 주기적으로 외부 기관의 감사도 병행하고 있다. 무엇보다 우리 교회의 최우선 과제는 선교다. 선교는 교회의 존재 이유요, 예수님의 최후 명령이기 때문이다. 우리 교회는 예수님의 명령에 따라 인적·물적·영적 자원을 총동원해서 국내 교회 선교는 물론 사회 선교, 군 선교, 교도소 선교, 학원 선교 및 해외 선교에 힘쓰고 있다. 또 사회 구원의 일환으로 융자 상환금을 제외한 예산의 51퍼센트 이상을 교회 밖에서 사용하고 있다.

개혁은 일부 교회나 목회자만 하는 것이 아니다. 믿는 자라면 모두가 해야 하는 의무이자 책임이다. 우리의 몸도 매일 씻지 않으면 때가 끼듯이, 교회도 날마다 개혁하지 않으면 부패하고, 타락하고, 성경에서 멀어지고, 예수의 정신을 벗어나면서 하나님의 교회가 아닌 사람의 교회가 될 수밖에 없다. 우리 교회를 비롯한 이 땅의 모든 교회가 세속화를 거부하고, 예수님을 따라가며, 겸손하게 사회를 섬기고, 성경대로 믿는 교회를 만들어 가야 할 것이다.

03

한국 교회, 개혁이 답이다

지금 한국 교회는 영웅 시대를 지나 추종자의 시대로 접어들고 있다. 한경직 목사, 조용기 목사, 옥한흠 목사와 같은 영웅들은 지나갔다. 부산의 정필도 목사와 최홍준 목사도 은퇴했다. 개척해서 초대형 교회를 이룬 개척자들의 시대는 끝났다. 지금 개척해서 출석 성도 1만 명을 이루는 목사는 몇 명 되지 않는다.

교회 양극화

배턴 터치 목회의 시대, 바로 대사사에서 소사사 시대로의 전환을 의미한다. 이것은 교회의 파워가 모두 당회로 넘어갔다는 것을 의미한다. 교회가 힘을 잃어버리는 시대가 되었다는 것을 인지해야 할 것이다.

지금 시대는 경제의 양극화보다 훨씬 더 심각하게 교회의 양극화가 진행되고 있다. 한국 교회의 50퍼센트 정도가 미자립 교회다. 미자립 교회는 도시를 기준으로 장년 성도 30명 이하인 교회를 말한다. 출석 인원 30명 이하의 교회가 지금 50퍼센트에 이르는 실정이다. 오늘날 기업들은 대기업이 중소기업을 살려서 함께 가는 것이 아니라 중소기업을 잡아먹으면서 그 규모를 키우고 있는데, 교회는 그보다 더한 상황이다. 대형 교회 하나가 지역에 세워지면 주변에 있는 작은 교회들은 쑥대밭이 되어 교회가 텅텅 비게 된다.

그다음 심각한 문제는 신학교 난립으로 목회자 수준이 심각하게 낮아지고 있다는 것이다. 얼마 전까지 교회에서 집사님, 권사님으로 불렸던 성도들이 "나 목사 됐습니다" 하고 찾아와 인사하는 경우가 적지 않다. 그렇게 나이 들어 헌신할 사람들을 필요로 할 만큼 한국 교회의 교역자가 부족하진 않다. 그럼에도 불구하고 운전면허 따듯 목사가 과다 배출됨으로써 실업자를 양산하고 있다.

한국 교회의 또 다른 문제는 보수와 진보의 대립이 극렬히 펼쳐지고 있다는 것이다. 이런 어려움 속에서 신학교, 신학자들의 무기력이 두드러진다. 옛적에는 신학교의 명성을 가진 교수들이 영향력을 발휘했는데, 지금은 신학교 교수들이 대형 교회의 협동 목사와 교육 목사로 사역하면서 그곳에서 사례를 받다 보니 신학자의 올곧은 목소리를 내지 못하고 있다. 영적 수원지와 영적 파수꾼의 역할을 감당해야 할 교수들의 목소리가 교계에 끊어진 지 오래되었다.

교회의 성장 시대는 끝났다. 그런데 신학교에서는 여전히 성장 신학을 가르치고 있다. 그러다 보니 세상으로 나온 신학생들, 부목사들, 젊은 목사들이 방향을 잃을 수밖에 없고, 세상을 헤쳐 나갈 동력을 어디에서도 얻지 못하는 것이다. 게다가 기독교 지도자들의 신뢰도 추락으로 전도의 문마저 막히고 있다. 사고는 대형 교회가 치고 어려움은 작은 교회들이 겪고 있는 것이다. '도랑물이 마르면 시냇물이 마르고, 시냇물이 마르면 강물이 마른다'는 사실을 알아야 한다. 이미 도랑물은 전부 말라 버려 지금은 시냇물이 말라 가고 있다. 다음은 대형 교회 차례라는 것을 알아야 한다. 이제 성장 시대는 끝났다. 성장 신학으로 교육받은 목사들이 계속해서 무리한 건축을 했다가 자리를 채우지 못해 매물로 나오는 교회가 늘고 있다.

교회도 트렌드를 읽어야 한다. 지금 우리나라는 굉장히 빠르게 변하고 있다. 일산에서 거룩한빛광성교회를 개척할 당시 우리나라의 사회적 이슈는 청소년 문제였다. 그래서 9억의 빚을 내어 청소년 회관을 만들었다. 당시 신도시가 이루어진 지 몇 년이 되었는데도 청소년 회관이 없었기 때문이다. 그런데 5년도 지나지 않아 청소년 문제는 사회의 화두에서 완전히 실종되었고, 지금은 노인 문제가 그 자리를 차지하고 있다.

교회의 예산도 변하고 있다. 예산이 초과하는 경우는 10퍼센트 정도고, 대다수의 교회가 예산에 못 미쳐 80-90퍼센트로 결산을 하고 있다. 물론 그 이하로 줄어든 곳도 적지 않다. 예산이 줄면 제일 먼저 선교비 지원에 문제가 생긴다. 연을 하늘에 날려 놓고 그 연줄을 끊어 버리는 것같이 해외 선교사들의 지원을 끊으면 안 되는데, 그렇게 하고 있는 것이다. 한 예로, 인도네시아의 한 선교사가 열정적으로 선교하다 현지에서 뇌경색으로 쓰러졌다. 치료 후 다행히 회복되어 겨우 말하고 재활 훈련을 하는데 선교비가 끊어진 것이다. 어떻게 하라는 것인가? 인도네시

아에서 죽으라는 것인가? 이렇게 야박한 상황이 벌어지고 있는 것이 지금 한국 교회의 현실이다.

정신 개혁

이제 한국 교회의 문제를 해결할 방법을 찾아야 한다. 그러기 위해서는 먼저 한국 교회의 정신 개혁, 다른 말로는 영성을 높이는 일이 필요하다. 기독교는 한마디로 '예수 정신'이다. 예수 정신은 곧 이타주의를 말한다. 십계명을 하나님 사랑과 이웃 사랑이라는 두 계명으로 요약한 것이 마태복음 22장의 예수 정신이다.

사람들은 기독교를 사랑의 종교 또는 이타주의 종교라고 말한다. 기독교는 또한 십자가 정신을 가진 종교다. 자신을 희생해서 타인을 구원하는 십자가 정신이야말로 기독교 정신이다. 또 개신교회 정신은 청교도 정신을 말한다. 청교도 정신은 검약과 노동과 박애를 의미하는데, 일하기 싫어하는 자는 먹지도 말게 하며, 근검절약해서 사랑으로 남을 돕는 것이 이 정신이다. 한국에 개신교가 들어올 때 우리에게는 선비 정신이 남아 있었다. 인·의·예·지, 곧 소의를 버리고 대의를 따르며 예의와 체면을 중시하는 문화가 선비 정신이다. 내가 신학을 시작하던 38년 전에 만난 목사님과 전도사님들에게는 그 정신이 남아 있었다.

앞에서도 말했듯이, 나는 29세에 충북 음성군 금왕읍의 한 폐광촌에 위치한 금왕교회에서 담임 전도사로 첫 사역을 시작했다. 그곳의 전임인 조남봉 전도사님은 평생 여섯 개 교회를 담임하고 네 개 교회를 건축하셨는데, 그 금왕교회를 어렵게 건축해 놓고 70세에 은퇴하면서 받으신 것이라고는 내가 부임할 때 해 드린 양복 한 벌이 전부였다. 전도사님은 젊은 전도사를 모신 것만으로도 감사할 일인데 양복까지 받게 됐다며 고마워하셨다. 이것이 우리 전 세대 목회자들의 생활이었고, 그 정신이 오늘까지 한국 교회를 지탱해 왔다고 해도 과언이 아닐 것이다.

하지만 지금의 한국 교회는 예수 정신도, 십자가 정신도, 청교도 정신도, 우리 민족의 품위를 유지했던 선비 정신도 전부 실종된 상태다. 이러한 정신을 되살리지 못하면 한국 교회의 미래는 어둡다고밖에 말할 수 없다. 목사들이 왜 그렇게 돈을 좋아하는지 모르겠다. 목사는 그저 먹고살 정도면 된다. 설교는, '공중에 나는 새를 보라. 들에 피는 백합화를 보라. 수고하지 않아도 하늘 아버지가 먹이고 입히시니 염려하지 말라'라고 청산유수로 하면서 얼마나 자기 것을 챙기는지 모른다. 이런 현상은 청교도 정신이 실종된 결과다. 그래서 지금, '예수 정신'이 절실히 필요한 것이다.

간혹 명예욕과 감투욕이 지나친 목회자들은 '회장' 자가 들어가는 것을 좋아한다. 정말 한국 교회를 누가 이끌어 갈지, 매우 어려운 상황이 아닐 수 없다. 게다가 교회를 사유화하고 세습하는 부도덕한 일이 일어나고 있다. 가난한 교회, 시골 교회에 박사 학위를 가진 아들이 와서 아버지를 이어 목회한다면 그것처럼 아름답고 장한 일이 어디 있겠는가! 문제는 밥 먹을 만한 교회들이 아들과 사위를 교묘하게 크로스해 주는 일까지 등장하는 현실이 안타까울 뿐이다. 부정직한 목사들의 표절 문제도 심각하다. 또 목사가 박사가 되고 나면 교회가 어려워지는 이율배반적인 일 또한 비일비재하게 발생한다. 그래서 지금 우리에게는 예수 정신이 필요하고, 정신 개혁이 필요하다. 예수님을 생각해 보라. 박사 학위보다는 군중 속에서 그들과 함께하셨고, 말씀을 가르치셨다. 그것이 진정한 목양이다.

루터의 종교 개혁은 정치·경제·사회·문화 전 영역에 영향을 미쳤다. 정치·사회 분야에 미친 영향은 평등사상이다. 강고했던 사제주의와 교황권을 무너뜨리고 계급주의를 타파했다. '사람 위에 사람 없다'를 천명했다. 경제에 미친 영향은 '모든 직업이 성직'이라는 의식이다. 개와 창기같이 돈을 버는 일 외에 모든 직업은 성직이라는 의미다. 여기서 청교도 정신이 나오고 자본주의가 형성되었다. 이어서 현대 문명사회가 이루어졌다. 문화에는 '모든 문화가 거룩성을 띠어야 한다'는 메시지를 남겼다. 그리스도인들이 삶과 문화 속에서 '거룩'을 구현해야 한다는 의미다. 또 불의에 저항하는 시민의식까지 불어넣었다. 우리 사회에서도 이런 것들을 되돌아보며 루터의 종교 개혁 정신을 구현해야 한다. 그리고 만연해 있는 분파주의를 타파해야 한다.

이제 이런 방식으로 정신 개혁을 실천해 보자. 먼저는 통계를 바르게 밝히는 것부터 시작해야 한다. 당신의 교회는 주보에 헌금과 출석 숫자를 그대로 밝히는가? 과거에는 당연히 밝혔던 것을 왜 감추는가? 주보에 공간이 부족해서인가? 우리의 모든 것이 명명백백해야 한다. 통계는 사회과학이다. 통계를 10년만 내면 교회가 어떻게 살아왔고 어떻게 성장하는지를 전부 알 수 있다. 어느 달에 사람이 오고, 어느 달에 사람이 빠지는지를 알 수 있다. 이처럼 통계에는 힘이 있다. 통계를 내지 않으면 너도 속고, 나도 속고, 전부 속는 것이다. 전부 밝혀야 한다. 모든 것들을 정직하게 하는 운동을 펼쳐야 한다. 그러기 위해서는 우리 모두가 정신 혁명을 일으켜야 한다. 그렇지 않고는 한국 교회가 다시 일어서기란 매우 어렵다. 한국 교회가 다시 살길은 '정신 혁명'을 일으키는 것이다.

구조 개혁

그다음은 구조를 개혁해야 한다. 구조를 개혁하기 위해서는 당회 중심에서 운영위원회 중심으로 교회 구조를 바꿔야 한다. 당회는 가부장적 사회에서 필요했던 제도다. 세상은 변하는데 교회는 60대의 권위주의적 집단이 계속해서 권한을 행사하면 교회로 향하던 젊은이들은 발길을 돌리고 만다. 이런 부정적인 면을 개혁하고자 연령별로, 성별로 운영위원회를 구성하는 방안이 요구되고 있다. 장로교는 당회 없이는 장로교가 될 수 없으므로 장로는 존재하되, 실질적인 교회 운영은 교회 운영위원회를 조직해서 변화에 발맞추어 나아가야 한다. 또 '목회자 중심에서 평신도 중심으로' 가야 한다. 그러기 위해서는 평신도 사역을 극대화해야 한다. 과거에는 마을에서 서양 학문을 제일 많이 공부한 사람이 목사였던 시절이 있었다. 그때는 목사들이 일을 전적으로 도맡아 해야 했다. 지금은 그런 시대가 아니다. 전 세계에서 대한민국처럼 많이 배운 사회도 없다. 미국 등 선진국의 대학 진학률이 50퍼센트가 조금 넘는 반면, 우리나라는 이미 80퍼센트를 넘어섰다. 그러므로 목회자들은 평신도를 참여시키고 동역할 마음이 열려 있어야 한다.

목회자들은 '목회자 중심 사역에서 평신도 중심 사역'으로 가야 하고, 장로들은 '연륜 중심에서 은사 중심'으로 가야 한다. 교회는 절대

연륜 중심으로 부응할 수 없는 시대를 맞이했다. 지금 이 시대는 40대 이하 젊은이들을 '신종 인류'라고 말한다. 이들은 전부 인터넷 세대로서 그 안에서 모든 정보를 얻고 있다. 신문 세대와 인터넷 세대는 다르다. 이런 젊은이들이 교회로 향하게 하기 위해서는 전략이 있어야 한다. '대그룹 중심에서 소그룹 중심으로, 남성 위주에서 여성 참여 확대로, 관리형 목회에서 창의적 목회로, 안에서의 잔치를 밖에서의 축제로, 소비형 교회에서 생산형 교회로, 협의적 선교에서 광의적 선교로, 개교회 중심에서 공교회 중심으로, 정년제에서 신임투표제' 등으로 구조를 개혁해야 한다.

그 다음은 연합 운동을 통해서 대사회적 창구를 단일화하는 것이다. 대한민국 정부는 문화관광부 종무실에서 종교를 담당하는데, 천주교 종무관과 불교 종무관은 오래전부터 있었다. 기독교 종무관은 이명박 정부 때 처음 생겼는데 개신교는 둘 필요가 없다고 했다. 개신교는 자기들끼리 싸우기 때문이라는 것이다. 개신교 담당 주무관은 '제발 기독교를 한 지붕으로 만들어 달라'고 부탁했다. 그래야 국가 예산을 줄 수 있다는 것이다. 어느 단체에 예산을 주면 예산을 받지 못한 단체가 고발하기 때문에 줄 수가 없다는 것이다. 불교에서 800억을 받아 갈 때 개신교는 20억을 받았다. 이게 우리의 현실이다. 바깥으로 나가는 소리가 하나 되어야 한다. 한 목소리를 낼 수 있도록 하나 되는 운동을 해야 한다. 안에서도 싸우지 말아야겠지만, 담 밖으로 소리가 넘어가지 않도록 주의하되 근본적으로 하나의 목소리를 낼 수 있도록 노력해야 한다.

교회는 합의적 운영 방안들을 연구해야 한다. 나이 많은 장로들이 다수인 중대형 교회일수록 젊은 목사가 교회를 제대로 이끌어 갈 수 없다. 그렇기 때문에 합의제 운영을 하고, 회의 기술을 익혀야 한다. 우리 교회는 회의할 때 1) 3분 이상 발언하지 않는다, 2) 인신공격 발언을 하지 않는다, 3) 한 안건에 대해 다른 회원들의 발언이 끝나기 전에 거듭 발언하지 않는다, 4) 제안자는 발언하지 않는다(당회에서 제안한 안건을 제직회에서 처리할 때, 장로들은 답변만 하며 개인 의견을 이야기할 수 없다), 5) 시간을 오래 끌어 다툼이 일어나지 않도록 찬성, 반대 의견을 각각 3회 청취 후 자동 표결한다. 이렇게 다섯 가지 룰을 가지고 회의를 한다. 그래서 회의 분위기가 좋으며, 효과적인 진행이 가능하다. 이처럼 교회의 시스템, 즉 구조를 바꿔야 한다.

분립 개척

우리는 교회의 적정 성도 수에 대해 고민해야 한다. 천주교는 옆 동네에 성당이 생기면 주변에 있는 성당에서 교인을 떼어 주므로 성도 수의 균형을 유지한다. 우리도 하나가 되려면 적정 규모를 정해야 한다. 큰 교회를 운영해 보니 큰 교회가 전혀 바람직하지 않다는 것을 알게 되었다. 계속 늘리고 키워야 하는 여러 문제가 나타나기 때문이다.

한국 교회 개혁의 최우선 과제는 우리에게 크게 와 있는 맘몬(Mammon, 재물의 우상)을 제거하는 것이다. 맘모니즘은 대형 교회를 낳는다. 대형 교회는 인간의 탐욕이 들어가 있다고 봐야 한다. 자정해서 교회 규모를 제한하는 운동을 벌여야 한다. '어느 정도 규모 이상의 교회는 안 하기 운동'이 그것이다. 법으로 정할 순 없겠지만, 되도록 2천 명 이상을 넘기는 교회는 없었으면 좋겠다. 어렵지만 자기반성이 필요하다. 성장이 나쁜 건 아니지만, 영성이 함께하지 않으면 사고가 난다. 스스로 하는 개혁 운동과 자정 운동이 일어났으면 한다. 광야의 영성을 갖고 작은 교회로 분리하는 결단이 있어야 한다.

수도사적 영성 회복

그리고 중요한 것이 수도사적인 영성을 회복하는 일이다. 불교에는 재가(在家) 불자가, 천주교에는 재가 수도사가 있는데, 개신교에만 재가 수도사적 영성이 없다. 우리는 세상 속에서 믿지 않는 사람들과 함께 살아가고 있다. 우리가 수도사적인 영성을 회복하지 않고는 한국 교회의 영성을 이끌 수 없다. 무소유, 봉사, 노동, 기도, 가난을 자청할 수 있는 수도사적 영성을 목회자들이 먼저 따르고 교인들에게 가르쳐야 한다.

그러기 위해서는 개교회주의에서 공교회성을 회복하는 운동을 실천해야 한다. 원로 목사 제도를 폐지하고 연금 제도를 확산해야 한다. 교회 운영비를 절감하기 위해 보너스를 없애고, 성가대 지휘자 및 반주자 사례 안 하기 운동을 펼쳐야 한다. 신학교를 정리하고, 산지에 있는 기도원을 통합하며, 여러 곳에 흩어져 있는 묘지도 통합하는 방안을 마련해야 한다. 함께 살기 운동을 펼쳐야 한국 교회가 살 수 있다.

국민 소득 3만 달러 시대에 교회가 계속 부흥하기는 쉽지 않다. 교회가 가장 부흥한 시대는 1만 달러 시대였다. 4만 달러 시대가 오면 부흥은 고사하고 살아남는 것도 어려워질 것이다. 국민 소득의 변화에 따른

트렌드가 있다는 것을 인식하고 한국 교회를 다시 부흥시키기 위해 다시 한 번 영성을 높여야 한다. 한국 교회가 위기를 잘 넘기고 다시 부흥할 수 있도록 다 함께 고민하고 대안을 찾아야 한다. 그 대안은 다름 아닌 영성 회복에 있다.

교회의 위기가 희망이다

하나님은 당신의 형상을 따라 지은 인간에게 이 땅의 통치권을 이양하셨다. 하나님은 "그들에게 복을 주시며 … 생육하고 번성하여 땅에 충만하라, 땅을 정복하라, 바다의 물고기와 하늘의 새와 땅에 움직이는 모든 생물을 다스리라"고 말씀하셨다. 그러나 이 말씀을 지구상의 모든 생물과 땅의 특산물을 우리 마음대로 쓰고 버려도 된다는 뜻으로 이해해서는 안 된다. 하나님의 '안식년 율법'을 살펴보면, 땅을 6년 동안 경작한 경우 7년째는 1년간 휴식기를 주라고 명령하셨다. 하나님은 땅을 단순한 무기질이 아닌, 하나님의 창조 섭리에 따라 수고하며 작물을 배출하는 창조물로 보신 것이다. 그러므로 땅에게도 '쉼의 권리'가 있다. 땅은 하나님의 동산지기인 우리의 명령에 따라 쉴 수 있어야 한다.

하나님이 모든 인류에게 당신이 만드신 세상을 다스리는 권한과 관리의 책임을 주신 것처럼, 오늘날 대한민국에서 하나님을 믿는 백성인 우리에게도 특별히 맡기신 것이 있다. 바로 교회다. 그리스도인은 어떤 사람인가? 바로 그리스도 예수의 삶을 좇는 사람이다. 그런데 성경은 그리스도가 교회를 위해 죽으셨다고 말씀한다. 예수님은 교회를 위해 자신을 내어 주셨다. 그렇다면 우리도 교회를 위해 자신을 내어 주는 것이 당연하지 않을까? 그러나 지금 우리의 상황은 어떤가? '교회를 위해서'가 아니라 '교회를 가지고'가 되어 버렸다. 저마다 교회를 '가지고' 자신의 경험과 판단에 따라 교회의 영적 에너지를 소멸시키고 있다. 이로 인해 한국 교회의 영적 에너지는 점점 고갈되어 가고 있다.

그렇다면 우리에게 희망은 없는 것인가? 한국 교회가 다시 살아날 소망은 없는 것인가? 아니다. 한국 교회의 위기가 바로 희망이다. 한국 교회가 무너져 간다는 그 소식에 소망이 있다. 세례 요한은 예수님이 알곡과 쭉정이를 가리실 것이라고 말했다. 오늘날 한국 교회도 마찬가지다. 알곡 교회만 남을 것이다. 알곡 목회자만 남을 것이다. 또한 알곡 성도만 남게 될 것이다. 한국 교회는 더 순수해지며, 더 주님을 좇고, 더 주님을 사랑하는 자들만 남을 것이다.

교회에 위기가 닥치면 외적인 숫자는 줄어들고 사회적 영향력은 감소할 수 있다. 그러나 그것이 교회의 본질이 아님을 우리는 잘 알고 있다. 바닷물의 염분 농도는 평균 3퍼센트다. 그 3퍼센트가 바닷물을 짜게 만들듯, 세상에서 소금의 역할을 담당할 교회가 이 세상에 3퍼센트만 되어도 하나님의 동산지기 소명을 감당할 수 있다.

프랑스 투르의 성 마틴(St. Martin, 316-397)은 젊은 시절 로마 군대에서 공부하고 콘스탄티누스 대제로부터 명예 훈장을 받기도 한 우수한 병사였으나, 신앙을 받아들인 후 은둔 수도자의 삶을 살았다. 밀라노 칙령 이후 로마 제국 내에 많은 교회들이 세워졌으나 박해 시절의 순수한 신앙은 점점 퇴색되고 있었다. 그때 투르의 성도들은 은둔 수도자인 마틴을 그들의 주교 사제로 삼았다. 그리고 마틴의 청결한 신앙이 교회를 회복시켰다. 어디 마틴뿐인가? 성 프란체스코, 마틴 루터, 장 칼뱅, 존 웨슬리 등 교회가 그 순수성을 잃어 갈 때 앞뒤 가리지 않고 순수하게 예수를 좇아 살아간 이들로 인해 교회는 다시 살아났다.

이제 한국 교회는 새로운 전환기에 들어섰다. 지금 주님이 쓰실 도구는 누구인가? 말 잘하는 설교자인가? 능력 있는 행정가인가? 아니다. 주님의 거룩하신 말씀을 그대로 실천하며 살아가는 수도사의 영성을 가진 자들이다.

2부

–

'무엇'이 아니라
'어떻게' 할 것인가를 고민하라

01
분명한 목회 철학이
건강한 교회를 세운다

교회 개혁을 꿈꾸던 청년

교회를 개척하면서 소원이 하나 있었다. 좋은 교회를 만드는 것, 그것이 나의 소원이었다.

나는 엄마 배 속에서 어머니가 개척한 안산 도일교회를 다녔다. 네 살 때 서울로 올라와서는 장위동에 있는 장석교회를 다녔다. 열다섯 살부터는 우리 가족이 장위중앙교회 개척에 동참하면서 그곳에서 사찰로 4년을 살았다. 그 후 신장위교회에서 19세에 교회 학교 교사를 했고, 20세에 교회 건축 감독을 한 후 군에 입대했다. 군대에서는 육군대학교회 군종을, 제대 후에는 25세에 신장위교회에서 총각 집사로 교회 학교 부감을 맡았다. 그 후 동아제약에 입사해서 신우회를 만들어 신우회장으로 활동했으며, 26세에 서울장로회신학교에 입학, 29세에는 충북 음성에 있는 금왕교회에서 담임 전도사로 사역했다. 그 후 방송통신대학교를 졸업하고 1987년 장로회신학대학원에 입학했다. 1988년에는 장신대 신대원 학부 회장을, 1989년에는 전국신학대학원 학생대표자 협의회를 만들어 초대 의장을 맡았다. 졸업 후에는 봉천제일교회 전임 전도사로 2년, 광성교회 부목사로 5년간 사역하다가 1997년에 지금의 거룩한빛광성교회를 개척했다. 이렇게 내 몸속에는 교회의 DNA가 흘렀다. 개척 교회, 광산촌 교회, 군인 교회, 소형 교회, 중형 교회, 대형 교회, 심지어 1년간 광성기도원을 맡기까지 다양한 경험을 했다.

열 개 정도의 교회를 경험하는 동안 좋은 모습을 보며 배운 점도 많았지만, 반면교사로 삼겠다며 다짐한 것도 적지 않았다. 이런 경험으로 내 몸과 마음은 좋은 교회를 만들고 싶은 소원으로 가득 차게 되었다. 나는 신학을 하면서 시국 상황과 맞물려 민중 신학을 접하게 되었고, 그 영향으로 폐광촌에 찾아가 담임 전도사로 사역을 했다. 신학대학원에 들어가서도 학생 운동에 앞장서며 권위주의로 가득 찬 보수적인 교회를 비판했다. 그러나 졸업 후에는 학생 때와 달리 보수적인 교회에 몸담으면서 좌우, 즉 보수와 진보, 둘 다를 경험한 목회자로서 균형을 유지할 수 있게 되었다.

내 마음은 아직도 교회 개혁에 대한 열망으로 가득 차 있다. 진정한 교회 개혁은 참된 '예수 정신'으로 돌아가는 것이기 때문에 진보와 보수가 따로 있을 수 없다. 교회 개혁은 교회가 본질에서 벗어나 있다는 것을 전제로 한다. 교회의 주인은 하나님이시고, 교회는 하나님의 자녀인 교인들이 주체가 되어야 한다. 개혁 교회가 사제 중심의 로마가톨릭을 비판하고 나왔음에도 불구하고 목사들 대부분이 다시 중세 기독교처럼 목사가 교회의 주인인 듯 행세하고 있다. 교회를 자기들 마음대로 운영하면서 교인들을 종이나 양처럼 대하는 경우를 자주 볼 수 있다. 교회에서 불화가 일어나고 목사와 장로가 주도권을 다투는 비상식적이고 비성경적인 일이 여러 곳에서 일어나고 있다. 그런 일들로 교회에 나오지 않는 가나안 교인이 100만을 넘어 200만에 이르며, 심지어 이단에 빠지는 교인도 적지 않다. 이런 상황에서 우리 교회는 한국 교회 개혁의 모델이 되고자 달려왔다.

나는 젊은 날, 개혁은 불의에 항거하고, 인습을 타파하고, 잘못된 사람들을 몰아내는 것이라고 생각했다. 그러나 하나님은 여러 경험을 통해 '개혁은 나 자신부터 고치는 것'이라는 것을 깨닫게 해 주셨다. 진정한 개혁은 '나로부터, 지금부터, 할 수 있는 것부터' 고치는 것임을 알게되었다. 이것이 바른 개혁의 3대 요점이다. 남에게 고치라고 강요하면 싸움이 일어나며, 적만 만들게 된다.

좋은 교회는 기쁨이 넘치는 교회다. 개혁의 궁극적 목표는 진리 되신 주님 말씀 안에서 기쁨이 넘치는 교회, 하나님 보시기에 아름다운 교회를 만드는 것이다. 교회는 말씀을 사모하며 언제든지 오고 싶은 곳이어야 하고, 성도들과의 만남이 기다려지는 곳이어야 한다. 이런 교회에는 기쁨이 있다. 기쁨이 넘치는 교회에는 권위주의가 발붙일 수 없다. 교회 안의 모든 직분은 기능상 차이일 뿐 계급의 높고 낮음이 아니다. 그리스도 안에서는 은사와 직분의 차이가 있을 뿐, 모든 성도들은 왕 같은 제사장으로 동등한 지위를 가진다.

목사는 목자고 교인은 양이며, 목사는 제사장이고 교인은 죄인이라는 생각을 버려야 한다. 그렇지 않으면 목사는 독재를 하고 교인들을 우민화해서 교회를 변질된 집단으로 만들기 쉽다. 종신형 장로제 역시 타성에 젖어 지시하고 명령하는 자리에 군림함으로써 젊은 교인, 새신자들에게 모범이 되지 못하고 오히려 상처를 줄 수 있다. 교회는 군대가 아니다. 따라서 교회 안에서는 고참, 신참이 있을 수 없고, 누구라도 함께 서로를 섬기고 봉사하는 한 가족이 되어야 한다. 그래야 기쁨이 넘치는 교회가 될 수 있다.

목회 철학

나의 목회 좌우명은 '아사교회생'(我死敎會生), 즉 '내가 죽어야 교회가 산다'이다. 한국 교계에서 존경받는 어르신 중 한 분이셨던 임택진 목사님께서 보내 주신 성구다. 신대원 시절 혈기 9단이었던 나를 기억하시고 목회의 기본자세를 일러 주신 것이다. 이 말은 은퇴하는 오늘까지 나의 버팀목이자 채찍이 되었다.

나의 목회 철학은 다섯 가지로 집약할 수 있다.

1. 성령으로 인도함을 받는 교회

하나님의 뜻을 말하면서 자신의 욕구를 채우는 많은 목회자를 보고는 저러면 안 되겠다고 생각했다. 그래서 자기중심적이며 작위적인 것을 배제하고 말씀 안에서 최선을 다한 후에는 결정권을 성령님에게 내어 드리는 목회를 지향했다. 목회는 기술이나 기교, 특정 프로그램이 아니다. 성령님의 인도하심을 받고 주님이 기뻐하시는 신령한 목회를 하는 것이다.

2. 평신도들이 주체가 되는 교회

교회의 주인은 하나님이시지만 실제 운영의 주체는 평신도들에게 있고, 목사와 장로는 뒤에서 섬기고 밀어 주는 것을 원칙으로 삼았다. 이를 위해 평신도 제자 양육에 힘쓰고, 은사를 계발해서 전문가로서 사역 현장의 주체가 되도록 은사 중심적 사역에 힘써 왔다.

3. 개인 구원과 사회 구원의 조화를 추구하는 교회

초창기 한국 교회는 개인 구원을 위한 전도에 힘쓸 뿐 아니라 병원, 학교, 고아원 등을 설립하고 남녀 및 신분 차별 철폐, 국채보상운동, 독립운동과 같은 사회 구원에도 적극 참여했다. 하지만 1970년대에 급성장하면서 교회는 세상의 빛과 소금이 되어야 할 막중한 사명을 잃어버린 채 그 안에 안주하고 말았다.

이에 대한 반성으로 개인 구원과 사회 구원을 동등한 가치로 놓고 교회의 모든 프로그램 속에서 이를 실천하기 위해 힘썼다. 그 결과 광성평생교육원을 설립해서 120여 종류의 문화 강좌를 실시하고 있고, 해피월드복지재단을 설립했으며, 고양시원당종합사회복지관, 파주시문산종합사회복지관, 파주시노인복지관, 고양시덕양노인종합복지관, 고양시다문화가족지역센터, 새꿈터지역아동센터, 해피뱅크 등을 운영하고 있다. 또한 기독교 세계관을 교육하기 위해 한나래유치원, 드림초등학교, 드림중·고등학교를 설립했다. 이러한 사회 구원을 위한 노력과 함께 교인들에게 성경 말씀을 철저히 교육하고, 기도 훈련을 통해 영적 군사로 양육해서 복음을 전하는 개인 구원 사역에도 역점을 두어 두 날개를 활짝 펴고 비상하는 교회를 이루기 위해 노력해 왔다.

4. 수도사적인 영성을 강조하는 교회

목회자들이 수도사적인 삶의 모범을 보이고, 이를 본받아 성도들이 재가 수도사로서의 삶을 살아가는 공동체를 구현하고자 했다. 교회 내에서만 거룩한 사람이 아니라, 세상에 나가서도 예수님의 제자로서의 향기가 배어나도록 신앙과 생활이 일치하는 영성을 추구해 왔다.

5. 민주 시민을 양성하는 교회

교회를 운영함에 있어서 신의 뜻을 빙자한 독재와 부패를 막고, 합리적이고 민주적인 절차와 방법으로 회의하는 성숙한 공동체가 되도록 교인들을 교육하고 있다. 토론하고 회의하는 훈련을 받은 젊은이들이 세상에 나가 세상을 변혁시키는 주인공이 되도록 민주 시민을 양성하는 교회가 되기 위해 힘쓰고 있다.

3대 목표

거룩한빛광성교회는 앞에서 설명한 다섯 가지 목회 철학에 기초해서 전 교인이 함께 추구하는 3대 목표와 5대 비전을 세웠다. 개척 교회의 목회를 어떻게 이끌어 나갈지 기도하는 가운데 목회의 3대 목표가 선명하게 떠올랐다. 예수님이 세우신 사도행전의 초대 교회야말로 '바른 교회'의 원형임을 깨닫게 되었다. 초대 교회를 뿌리로 해서 지향해야 할 목회 방향을 세 가지로 설정했는데, 첫째는 '섬기는 교회'요, 둘째는 '인재를 양성하는 교회'며, 셋째는 '상식이 통하는 교회'다.

1. 섬기는 교회

'섬기는 교회'를 첫 번째 목표로 삼은 것은, 한국 교회의 병폐 가운데 하나라 할 수 있는 목회자에 대한 맹신을 척결하고, 교인들이 '그들만의 리그'가 아닌 대사회 선교에 힘쓸 때 비로소 교회다운 교회로 거듭날 수 있다고 생각했기 때문이다. 나는 교인들이 목사의 말 한마디를 마치 절대 명령처럼 받아들이는 데서 많은 문제가 발생한다는 것을 누구보다 잘 알고 있다. 이런 문제가 반복되지 않도록 진정으로 하나님을 섬기는 일에 성공한 교회, 예배가 살아 있는 교회, 성령님이 중심에 계셔서 성도들을 다스리는 교회가 되기를 첫 번째 목표로 정했다. 예수님이 "인자가 온 것은 섬김을 받으려 함이 아니라 도리어 섬기려 하고 자기 목숨을 많은 사람의 대속물로 주려 함이니라"라고 말씀하신 것처럼, 목사와 장로는 지시하거나 명령할 수 없음을 천명하고 교인들을 섬기고 있다. 우리 교회가 교회 밖의 사회를 섬김으로써 진정한 복음이 꽃필 수 있다고 생각했다. 나는 우리에게 맡겨 주신 지역 사회를 책임 있게 섬기고, 형제와 이웃을 사랑으로 섬기고, 교인을 천하보다 귀하게 섬기는 목회를 결심했다.

1) 섬김으로 사회와 소통

섬기는 교회의 실천적 사명을 다하기 위해 대사회 선교 차원에서 창립 첫 달부터 12곳의 선교지를 지원하기 시작해 1년 만에 25곳을 지원했다. 이것을 기점으로 새 성전으로 이사 오기 전, 대외 선교 영역을 사회 선교, 국내 선교, 해외 선교, 군 선교, 경찰 선교, 교도소 선교 등으로 확대했다.

창립 4주년 기념 예배와 함께 중국에 선교사 부부를 파송하는 것을 시작으로 창립 5주년 기념 예배에선 평신도 부부를 음악 선교사로 중국에 파송했고, 이 전통은 계속 이어져 창립 10주년 기념 예배가 있던 2007년에는 필리핀과 중국 두 곳에 선교사를 파송했다. 중국 하남성에 위치한 신학교를 지원하고 졸업생 배출과 아울러 상해에 탕구교회를 건축하는 한편, 삼합교회의 건축도 지원했다. 인도 선교에도 동참해서 뭄바이에는 자비의 집을, 사단에는 소망교회를 건축했다. 또 교회 내부적으로, 창립 첫해에 문을 연 상담실은 영혼이 힘들고 여러 가지 심적인 문제들로 고민하는 교인들과 주민들을 위한 안식처가 되어 주었다. 현재는 심리 상담뿐만 아니라 회계, 세무 상담으로까지 확대되어 영적·물적 부분을 시원하게 풀어 주는 사역을 감당하고 있다.

이전부터 교회는 젊은이들 사이에서 소통이 안 되는 집단으로 낙인찍혔다. 조사해 보면, 교회는 '이기적 집단'이라는 이미지가 강하게 나타나고 있다. 즉, 사회와 소통하지 못하고 자기들만의 제도를 만들고 있다는 것이다. 교회가 사회와 소통하는 방법은 '섬김'이라고 생각한다. 그래서 거룩한빛광성교회는 시작부터 섬기는 교회를 천명해 왔다. 개척 초기부터 교회는 문화 센터와 열린 도서관을 운영했으며, 문화 센터는 교회 내의 재능 있는 교인들이 무보수로 참여해서 강사로 활동하며 시작했다. 현재는 120여 개의 강좌에 약 750명 정도가 참여하고 있다.

가장 많이 모였을 때는 1천 명까지도 참여했었다. 강좌는 교인들보다는 지역 주민들이 더 많이 참여하고 있다.

이와 더불어 도서관을 운영하고 있는데, 도서관은 완전 개방식으로 누구든지 책장에서 책을 꺼내어 볼 수 있는 구조다. 현재도 교회 지하 로비에 열린 책장들을 마련해 놓아, 누구든지 책을 보거나 빌릴 수 있도록 하고 있다. 이곳 역시 지역 주민들에게 넓게 이용되는 장소다. 이러한 사역은 지역과의 소통을 전제로 한다. 교회를 교인들만의 장소로 사용하는 것이 아니라, 지역 주민들이 둘러보고 나눌 수 있는 곳으로 만드는 것이다. 이를 위해 점심 식사도 제공하고 있다. 점심은 매일 준비되며, 3천 원을 내고 식사를 할 수 있도록 한다.

또한 파주시노인복지관, 고양시덕양노인종합복지관 2곳과 파주시문산종합사회복지관, 고양시원당종합사회복지관 2곳, 새꿈터지역아동센터, 고양시다문화가족지역센터와 해피뱅크가 속한 해피월드복지재단을 운영하고 있다. 특히 해피뱅크 사업을 하며 위기에 몰린 서민 지원을 하고 있는데, 활발한 운영 결과 교회 기관으로는 처음으로 국무총리상을 받기도 했다. 또 교회는 복지재단과 함께 매년 1억 원의 장학금을 지역 학생들에게 전달하고 있다. 인재를 양성하는 교회가 되기 위한 이러한 노력은 지역 사회에 선한 교회상을 심는 데 일조하고 있다. 이 외에도 대안학교인 광성드림학교와 한나래유치원을 통해서 지역 사회뿐만 아니라 이 사회에 좋은 영향을 끼치고 있다.

우리 교회는 기본적으로 가용 예산의 51퍼센트를 외부, 즉 사회 구원을 위해 사용하고 있다. 교회 운영과 인건비 등을 절약해서 사회를 섬기는 일에 쓰고 있는 것이다. 이것은 교회의 기본 정신에 부합되는 일이며, 교회가 사회와 소통하는 방편의 하나다.

한국 교회는 이 사회를 정복하려 하거나 호통 치려 하지 말고 섬겨야 한다. 종교가 나눌 수 있는 언어는 사랑과 섬김뿐이다. 먼저 자신이 속한 지역 사회와 소통하며 섬김의 모습을 보여 주어야 한다. 특히 그 섬김에 있어서 조건이나 이익을 추구하는 모습이 보이지 않도록 세심하게 배려해야 한다. 예수님이 세상을 순수한 마음으로 섬기셨듯이 우리 또한 그 사랑하는 마음으로 세상을 섬기는 것이다. 그러다 보면 진심으로 세상과 소통할 수 있을 것이라 생각한다. 이러한 모습이 나누어질 때 한국 교회도 사회와 상식을 지키며 소통할 수 있으리라 믿는다.

2) 배금주의를 배척

'섬기는 교회'의 진정한 목표는 '하나님을 섬기는 교회', 즉 하나님이 중심 되는 교회를 세우는 것이었다. 이를 위해서 교회 내의 배금주의를 배척하는 것이 무엇보다 중요했다.

기독교를 한마디로 정의한다면, '예수 믿고 죄 사함 받아 구원을 얻고 하나님의 자녀가 되어 영원히 하나님만을 섬기는 종교'라고 말할 수 있다. 그렇다면 스스로 그리스도인이라 고백하는 사람들은 당연히 '하나님만'을 섬겨야 한다. 그러나 진정으로 하나님만을 섬기는지 스스로에게 질문해 보자. 과연 자신 있게 "예!"라고 답할 수 있는 그리스도인이 몇이나 될까 하는 의문이 생긴다. 어느새 우리는 하나님만을 믿겠노라 고백했음에도 불구하고 물질과 하나님이라는 두 주인을 섬기는 우를 범하고 있다. 이것이 가장 가슴 아픈 일이다.

나는 교회 안의 배금주의 척결과 관련해서 무엇보다 교회 임직 부분에 변화를 시도했다. '장로나 권사가 되려면 일정액의 헌금을 해야 한다'는 말들이 그다지 생소하게 들리지 않는다. 이것이 현재 한국 교회의 실상이다. 신앙심과 헌신은 좋으나 물질적으로 따라 주지 않는 교인들은 그러한 관행으로 인해 상대적 박탈감과 위화감을 갖게 되고, 신앙의 뿌리마저 흔들리게 되는 경우가 적지 않다. 교회를 다니는, 아니 하나님과 예수 그리스도를 믿는 그리스도인들조차도 하나님의 성전에서 물질에 고개를 숙이는 세상의 길을 따라가고 있는 것이다. 나는 교회에서 이런 일체의 모순된 현상이 일어나지 않도록 2001년 첫 임직 예배 때부터 지금까지 일체의 헌금이나 기념품을 강요하지 않았으며, 임직도 임명이 아닌 선거 방식을 택했다. 다만 장로, 안수집사, 권사 임직에 하나님에게 감사하는 마음으로 자원해서 드리도록 했다. 장로는 얼마 이상, 권사는 얼마 이상 헌금해야 한다는 식의 불문율화되어 버린 한국 교회의 잘못된 관행은 중세 시대의 성직 매매와 다를 바가 없기에 반드시 사라져야 한다.

교회 공동체가 돈과 물질을 하나님보다 우선하는 문제 외에 '섬기는 교회'로서의 사명을 감당하기 위해 배척해야 할 것은, 하나님보다 목사를 높이는 전례다. 이것은 특히 어렵게 시작하거나 소규모로 시작한 교회가 대형 교회로 성장한 경우에 흔히 나타나는 현상이다. 그러나 부흥하는 교회의 성도가 목사를 존경하고 자랑하는 것이야 어쩌면 당연할 수 있지만, 하나님이나 예수님보다 목사를 더 위에 세우고 마치 교회의 부흥이 그 한 사람만의 노력의 결과인 양 치켜세우는 것은 경계하고 또 경계해야 할 일이다. 여호수아의 고별 설교를 되새겨 보라.

"그러므로 이제는 여호와를 경외하며 온전함과 진실함으로 그를 섬기라 너희의 조상들이 강 저쪽과 애굽에서 섬기던 신들을 치워 버리고 여호와만 섬기라 만일 여호와를 섬기는 것이 너희에게 좋지 않게 보이거든 너희 조상들이 강 저쪽에서 섬기던 신들이든지 또는 너희가 거주하는 땅에 있는 아모리 족속의 신들이든지 너희가 섬길 자를 오늘 택하라 오직 나와 내 집은 여호와를 섬기겠노라."

여호수아는 이스라엘 백성을 모아 놓고 하나님을 진정으로 섬길 것을 권면하되, 선택은 듣는 자들의 몫이며, 자신과 자신의 가족은 여호와만을 섬기겠노라고 결단했다. 여호수아의 그 결연한 결정이 수많은 이스라엘 백성으로 하여금 여호와 하나님만을 따르겠다고 맹세하는 결과를 가져왔다. 하나님을 믿는 그리스도인은 여호수아의 이 절대적인 신앙의 자세를 따라야 한다. 나는 하나님만 섬기는 데 방해가 되는 일체의 우상적 요소를 제거하고 오직 하나님만 섬기는 교인, 하나님만 높이는 교회가 되기 위해 한국 사회와 한국 교회가 안고 있는 배금주의를 교회에서 추방하고자 노력해 왔다. 그 결과, 3대 목표 중 첫 번째인 '섬기는 교회'는 교회 안팎의 섬김의 기본 축인 개인 구원과 사회 구원의 두 날개를 펼칠 수 있게 하는 주춧돌이 되었다.

2. 인재를 양성하는 교회

'인재를 양성하는 교회'는 목회자 중심의 목회에서 발생할 수 있는 부조리를 근절하고 평신도 지도자를 양성하는 교회를 말한다. 21세기 한국 교회와 사회의 지도자를 양성하기 위해 말씀과 경건 훈련을 통해 능력 있는 그리스도인을 배출하는 교회를 말한다. 교회의 첫째 사명이 복음을 전하는 것이라면, 둘째는 이 복음을 사회 각 분야로 보다 폭넓게 전할 수 있도록 믿음의 인재들을 길러 내는 것이다. 말씀과 경건 훈련으로 성장한 믿음의 인재들은 세상에 나가 복음을 전하는 십자가 군병이다. 이들에게 필요한 것은 단순한 지식이 아니라, 말씀으로 지혜를 얻는 교육이다. 우리 교회는 개척 때부터 교육부 예산은 부서에서 요구하는 대로 100퍼센트 들어주는 것을 원칙으로 삼아 실행했다. 교회를 새로 건축할 때도 교육부 예산은 계획대로 실행했다.

구세군의 창시자 윌리엄 부스의 아내인 캐서린 부스 여사는 여덟 명의 자녀를 모두 훌륭한 신앙인으로 키웠다. 한 기자가 물었다. "어떻게 그렇게 자녀들을 모두 훌륭하게 키울 수 있었습니까?" 그녀는 이렇게 대답했다. "마귀가 가르치기 전에 먼저 가르쳤기 때문입니다." 북한이 절대 빈곤에서 체제를 유지할 수 있는 이유도 유아 교육 때문이라고 생각한다. 어린아이 때부터 시작된 교육은 북한의 체제가 위태위태하면서도 유지할 수 있게 하는 원동력으로 작용하고 있다. 물론 북한은 유아 교육을 역이용하고 있지만, 유아 교육이 그만큼 중요하다는 것을 보여 준다.

우리 교회는 조기 교육에 심혈을 기울인다. 영아·유아·유치부, 아동부, 중·고등부 학생들이 세상의 악한 것에 마음을 빼앗기기 이전에 하나님의 지혜를 가르치기 위해 많은 노력을 한다. 그 노력에 발맞추어 '인재를 양성하는 교회'를 실현하고자, 개척 때부터 유치원과 광성드림학교를 설립해 성경의 말씀대로 가르치는 말씀 교육에 매진하고 있다. 우리는 지금껏 나라의 지원 없이 대안학교를 운영해 왔다. 학교를 운영해서 세상을 유익하게 하는 인재 양성이야말로 교회가 전하고자 하는 주님의 사랑을 사회에 전할 수 있는 가장 빠른 방법이라 생각하기 때문이다.

1) 광성드림학교의 설립

우리나라의 신교육은 130여 년 전 선교사들에 의해 기독교 학교가 세워지면서부터 시작되었다. 초창기 기독교 학교들은 일제의 탄압과 한국전쟁 등의 역사적 흐름 속에서 여러 가지 어려움을 겪었지만 기독교 교육과 민족 교육을 충실하게 감당해 왔다. 그러나 안타깝게도 학교 교육을 주도했던 기독교 학교 교육이 1980년대 이후 일반 학교의 교육보다 뒤처지기 시작했으며, 정부의 잦은 교육 정책의 변경으로 기독교 학교의 정체성마저 위협받고 있다. 그로 인해 우리 신앙의 선배들이 어려운 환경 속에서 눈물과 땀, 기도로 세웠던 기독교 학교들은 위기에 직면하고 있고, 그와 함께 공교육의 붕괴는 심각한 수준에 이르고 있다.

오래전 믿음의 선배들이 기독교 학교를 통해 잠자는 우리나라 교육을 일깨웠던 것처럼, 나는 한국 교회가 다시 일어나 무너져 가는 학교 교육을 바로 세우는 일을 감당해야 한다고 생각했다. 거룩한빛광성교회의 3대 목표 중 두 번째인 '인재를 양성하는 교회'도 이러한 교회 학교 교육과 기독교 학교를 염두에 두고 세운 것이다. 교회가 지역 사회 문화를 외면한 채 교회 안에 갇혀 있거나 멀리 나가 외부 활동에 전념하는 것은 지역 복음화의 사명을 저버리는 행위라고 생각했다.

교회 설립 초기부터 기독교적 인재를 양성하려는 큰 비전을 공유하자 그런 교회의 목표와 철학에 동의하는 사람들이 모여들기 시작했다. 교회가 지역 사회를 위한 문화 강좌 및 사업을 구체적으로 펼쳐 감에 따라 교회의 기독교 학교에 대한 비전은 더욱 확대되었다. 학교는 지역 사회 복음화의 전진 기지 역할을 감당하면서도 지역 사회에 좋은 영향을 끼칠 수 있어 독수리의 양 날개 역할을 할 수 있는 최대의 장이었다.

처음에는 중학교 과정의 모형을 준비하면서 학교 설립을 추진했다. 그러던 중 기독교 세계관이 형성 발달에 미치는 영향력이 언제가 최적인지에 대한 논의가 제기되었다. 그리고 세계관 형성은 중학교 시기도 늦다는 의견이 대부분이었다. 이미 광성교회는 한나래유치원이 있어 유아 교육이 활발하게 진행되고 있었기에, 유치원 교육의 연장선상으로 초등 교육이 더 효과적일 수 있다는 판단 하에 중학교 과정에서 초등 과정으로 설립을 전환하게 되었다.

교육 대상이 정해지자 2005년 7월부터 11월까지 학교 설립의 실제적인 실무들이 준비되었다. 이는 2005년 9월 새 교회 입당 예배에 맞추어 학교 시설에 관한 논의를 하면서 학교의 모형이 구체화되었다. 새로 이주한 광성교회의 공간을 활용할 수 있다는 장점을 십분 이용한다는 전략이었다. 그러나 학교 부지와 학교 신축에 대한 고민을 놓을 수는 없었다. 교회 이주 이후 폭발적으로 늘어나는 주일학교 수와 지역 사회를 위한 문화 강좌가 증가하면서, 근본적으로 유치원과 초등학교 건물에 대한 기도를 하게 되었다. 그렇게 기도하던 중 교회 앞 임야 1,650평을 학교 부지로 구입할 수 있었고, 2007년 3월에 기공 예배를 드리게 되었다. 광성드림학교 건물은 현재 드림초등학교가 교회 건물을 사용하는 것처럼 주말엔 주일학교를 위한 종합 교육관으로 이용되었다. 장소를 효율적으로 이용하는 효과도 있지만, 교회와 학교가 하나로 연합되는 공간이 된다는 점에서 긍정적인 계획이었다고 생각한다.

이후 학교 설립을 준비하고 2005년 11월에 교사를 모집했다. 신앙을 가진 교사들을 선발해서 개교를 준비했고, 2006년 1월에 학부모를 대상으로 학교 설명회를 열었다. 80여 명의 학생들을 선발해서 계절 학교를 실시했고, 2006년 3월 6일에 개교 예배를 드리면서 학교의 문을 열었다. 이렇게 광성드림학교가 세상을 향해 믿음의 첫발을 내딛게 되었다.

2) 몇 가지 문제점

하지만 학교를 1년 정도 운영해 본 결과, 안타깝게도 몇 가지 문제점들이 드러나기 시작했다. 학교 운영 미숙으로 학부모들의 반발이 나오기 시작했고, 결국 모든 것을 교회와 담임목사인 내가 책임져야 했다. 이 과정에서 학교의 지도자들과 교사들이 교체되었다.

첫째는, 준비 부족이다. 학교를 세우고자 기도한 기간은 10여 년, 준비 기간만 하더라도 5년여의 시간이 있었지만 초등학교로 바뀌게 되면서 실제적인 준비 기간은 7-8개월밖에 되지 않았다. 지난 1년의 교육을 점검해 보니 초등학교 교육 철학의 공유부터 현실적인 교육 계획에 대한 부분이 아주 미약함을 발견했다. 특히 교사들은 학교의 궁극적인 교육 이념이자 목표인 기독교 학교에 대한 이해가 부족했고, 학교의 비전과 이념을 모두 함께 공유하지 못했다. 특히 통합 교육(장애)의 이해 부족에 따른 학교의 혼란은, 교육이 얼마나 철저한 준비가 필요한지를 절실히 깨닫게 해 주었다. 이런 문제점들의 가장 큰 원인은 교사들을 교육할 수 있는 시간의 부족으로 파악되었다.

둘째는, 학교의 방향성에 대한 혼란이다. 처음에는 기독교 학교의 정체성을 유지하면서 대안학교의 법에 의한 인가를 준비하거나 자립형 사립학교 형태로 변모하려고 했다. 이는 기독교 교육에 대한 독자적인 자율권을 보장받기 위함이었다. 일반 사립학교는 공교육의 형태를 고

스란히 따라야 하며 종교적 교육과 활동에 제약을 받기에, 우리가 원하는 기독교 교육의 본질을 이룰 수 없다고 판단했기 때문이다.

또한 인가를 준비하면서 학교의 외적인 인가 틀을 이야기하는 과정 중에 오해가 생긴 부분도 있었다. 자립형 사립학교의 경우 상위 계층의 자녀들을 위한 귀족형 사립 초등학교의 모습일 것이라는 선입관에서 오해가 생겨 학부모 총회를 열어 기독교 학교에 대한 정체성을 거론했고, 학부모 교육을 통해 기독교 학교가 나아가야 할 방향에 대해 공감하는 시간을 가져 기독교 학교에 대한 정체성이 흔들리지 않도록 재교육을 했다.

셋째는, 학교 공동체성의 부재다. 학교 공동체의 일원은 학생, 교직원 및 학부모다. 학교는 구성원들이 하나가 되어 만들고 세워 가는 것이다. 교사 교육의 부족은 교직원 각각의 개성이 드러나게 만들었으며, 구심점이 없는 조직 체계로 인해 혼란을 야기하기도 했다. 또한 학부모들의 학교 참여 통로를 차단해서 학부모들의 불만을 증폭시킨 것도 학교 공동체를 혼란에 빠뜨린 원인이 되었다. 공동체를 세우는 세 틀 중에 두 틀(교사, 학부모)이 흔들리다 보니 학교는 점점 난관에 부딪힐 수밖에 없었다. 학교 공동체를 하나로 묶는 것은 학교의 철학과 이념이다. 기독교 학교로서의 기독교적 인재 양성이라는 목표를 위해 교사 교육과 학부모 교육을 다시 시작해서 구심점을 만들어 갔다. 그 결과 어머니 기도회와 아버지 기도회가 활성화되었고, 매주 토요일마다 아버지들이 아이들의 이름이 붙어 있는 책상 위에 손을 얹고 눈물로 기도하는 놀라운 일이 일어나고 있다.

3) 광성드림학교의 미래

광성드림학교의 비전은 기독교 세계관을 바탕으로 겨레와 세계 그리고 미래 사회를 변화시키는 지도자를 양육하는 데 있다. 즉, 기독교적 인재를 양성하는 것이다. 예수님처럼 섬기고, 봉사하고, 희생하는 이 시대의 진정한 리더를 말한다.

그동안 시행착오도 있었지만 광성드림학교는 '인재를 양성하는 교회'의 목표를 따라 성장하고 있다. 드림은 꿈이라는 뜻도 있지만, 광성드림학교의 드림은 '하나님에게 드린다'라는 의미를 지닌다. 학교의 주인은 하나님이시며, 모든 것을 하나님에게 드림으로 교육의 장을 만들어 간다. 교사는 자신들의 지혜와 역량을, 부모는 자신의 자녀를 하나님에게 드릴 때 하나님의 교육은 온전히 회복되리라 믿어 의심치 않는다.

기독교 학교는 하나님이 주인 되심을 인정하고 그분의 말씀 안에서 교육할 때에야 비로소 기독교 학교로서의 참모습을 가질 것이다. 거룩한빛광성교회는 광성드림학교가 기독교 학교의 선구자로서 부족함이 없도록 모든 노력을 기울이고 있다.

3. 상식이 통하는 교회

'상식이 통하는 교회'는 하나님 한 분만 영광 받으시는 교회, 예수님이 주인 되시는 교회, 평신도들이 주체적으로 운영하는 상식적인 교회를 말한다. 교인들의 주체적인 교회 운영은 교인들의 민주의식을 성장시키고 합리적인 교회 운영을 도모할 수 있는 지름길이 된다. 하나님의 주권을 빙자한 권리 남용을 일삼아서 그로 인해 상처받는 교인들이 얼마나 많은가. 투명하고 합리적인 교회 운영과 성도들의 참여를 극대화

함으로써 경건한 기독교 문화를 달성할 수 있는 교회가 '상식이 통하는 교회'라 할 수 있다. 무엇보다도 '사랑'이 교회의 상식임을 알고 그것을 실천하는 공동체가 '상식이 통하는 교회'다. 그리고 우리 인간의 눈으로 볼 때 기적적인 일들이 하나님에게는 상식임을 알고, 하나님의 상식을 내 상식으로 받아들여 능력 있게 일하는 교회가 '상식이 통하는 교회'다.

거룩한빛광성교회는 1997년 교회 창립부터 지난 23년 동안 한 주도 거르지 않고 새신자가 등록하는 기적을 보이며 꾸준히 성장해 왔는데, 표어가 마음에 들어 등록했다는 사람들이 적지 않았다. 특히 '상식이 통하는 교회'라는 표현을 보면서, 이 교회에서는 상식이 통할 것이고, 덕분에 어려움당할 일은 없을 것이라고 생각했다는 것이다. 교회에 다니다가 시험에 들어서 우리 교회를 찾아오는 교인들이 많다. 교회 분란이나 목회자 문제, 의사 결정 과정에서의 어려움 등으로 다니던 교회를 옮기는 경우가 대부분이다.

교회는 상식 이상이 통하는 곳이어야 한다. 하나님이 요구하시는 도덕적 수준이나 논의 구조는 우리의 상식 이상이다. 한국 교회는 역사 가운데 많은 인물을 배출했다. 이승만, 김구, 서재필, 여운형, 안창호 등 이루 다 말할 수 없는 이 나라의 지도자들이 그리스도인이었다. 이러한 명맥은 지금도 끈끈하게 이어지고 있다. 이렇게 기독교에서 많은 인물이 배출될 수 있었던 것은 한국 교회가 앞선 의식을 가지고 교육에 힘썼기 때문이다. 서구의 발달된 민주의식과 회의 제도를 들여왔고, 교회는 그런 의식을 가지고 회의와 민주적 방식 등을 훈련할 수 있는 최적의 장소였기 때문이다.

그러나 요즘은 이런 앞선 의식이 사라지고 있다. 사회를 선도했던 의식이나 절차들이 무시되고, 오히려 사회의식이나 제도, 절차를 쫓아가는 형국이 되고 말았다. 그러다 보니 사람들이 교회에서 배우는 것이 아니라, 뒤처진 교회를 향해 자신들을 쫓아오라고 야유하는 상황이 전개되고 있다. 의식이나 제도, 재정, 더 나아가 사회와의 관계 면에서 더욱 그렇다. 이 같은 측면에서 상식이 통할 수 있었다면 현재의 한국 교회는 다른 국면을 맞이했을 것이다.

1) 상식을 논하라

거룩한빛광성교회는 평신도들의 활동이 활발한 교회다. 교회는 목회자가 아닌 평신도들의 다양한 참여를 통해 움직여야 한다. 우리 교회는 140개의 연령별 남·여전도회를 포함해서 450개의 목장, 360개의 재직회 부서 등 1천여 개의 소그룹 공동체가 움직이고 있다. 성도들은 자신들이 원하는 소그룹 공동체를 쉽게 만들 수 있는데, 뜻이 맞는 사람 몇 명이 모여 그룹을 형성하고 담당자에게 보고하면 된다. 이들은 자발적으로 운영되며, 각 공동체에는 팀장이 있다. 각 팀은 팀장과 부 팀장, 총무 등으로 구성되며, 여러 팀이 함께 모여 위원회를 구성한다. 위원장은 안수집사·권사가 맡고, 장로들이 팀원으로 참여하기도 한다. 실제적인 책임은 안수집사인 위원장이 맡으며, 각 소그룹이나 위원회는 자율적으로 운영된다.

당회에는 장로뿐 아니라 남·여전도회장, 안수집사회장, 청년회장, 기획위원장 등이 참여하며, 부교역자들도 참여한다. 당회는 엄숙한 원로들의 모임이 아니라 활발한 토론의 장이며, 필요에 따라서는 담당 부서장이 참여하는 확대 당회를 개최하기도 한다. 그리고 의견을 수렴하기 위해 당회 주체로 공청회도 수시로 연다. 당회록은 교회 홈페이지에 공개된다.

분기별로는 열린 제직회가 개최된다. 저녁 7시에 드리는 저녁 예배 후에 참석자들이 모여 이야기할 수 있는 시간을 갖는다. 재정 보고는 물론이고 교회 운영에 대한 보고들이 올라온다. 누구든지 질문하거나 자신의 의견을 개진할 수 있다. 회의장 곳곳에는 마이크가 비치되어 있어 참가자들이 자유롭게 질문할 수 있다.

우리 교회의 특별한 부서는 기획위원회다. 보통 기획위원회는 교회의 중요한 방향을 설정하는 일을 주로 하지만, 우리 교회의 기획위원회는 그들과 좀 다르다. 우리 교회는 개혁에 관심 있는 사람들이 지원해서 기획위원회를 구성한다. 이들은 당회가 제안하는 교회 현안이나 자체적으로 필요하다 생각하는 주제를 가지고 매주 두 시간씩 토론을 한다. 장로 선출 방법, 교회 분립, 교회 차량 운행, 정관 개정 등이 주된 주제가 된다. 기획위원회가 토론을 거쳐 당회에 보고서를 제출하면 당회에서는 재차 논의해서 의견을 받기도 하고 수정하기도 한다. 1, 2 기획위원회가 있었는데 최근 한 위원회가 '두드림'이라는 이름으로 독립을 했다. 두드림은 교회의 불만이나 건의 사항을 처리하는 부서다. 이곳 역시 교역자 없이 교인들이 자발적으로 운영하고 있다.

이미 민주화 된 우리 사회는 논의와 토론을 활발히 하고 있다. 이에 반해 교회는 아직도 전근대적인 생각과 제도를 버리지 못하고 있다. 이에 불만을 가진 많은 젊은 세대들이 교회를 떠나고 있다. 논의와 토론은 교회 지도자들을 긴장시키기 때문에 언제든 성도들의 질문에 응답할 수 있는 준비를 해야 한다. 한 사람의 생각보다는 두 사람의 생각이 나을 것이고, 이것이 백 사람, 천 사람으로 늘어난다면 더욱 좋은 아이디어를 창출할 수 있을 것이다.

'절대 권력은 절대 부패한다'라는 말처럼, 권한이 집중되고 검증되지 않으면 부패하기가 쉽다. 따라서 이러한 민주적 논의 구조는 교회와 지도자의 건강성을 유지할 수 있는 귀한 도구가 된다.

2) 회계 및 재정의 상식

국가나 기업, 가정에서 재정, 즉 돈 관리의 중요성은 아무리 강조해도 지나치지 않는다. 크든 작든 조직 내 문제의 발단은 대부분 돈에서 시작된다. 돈의 흐름이 공동체의 공유에 의하지 않거나 명확하지 않으면 사람과의 관계가 허물어지고 불화와 갈등으로 말할 수 없는 고통을 겪게된다. 교회도 예외일 순 없다. 교회 문제의 상당 부분 역시 재정 문제에서 비롯된다. 목회자의 사례에 대한 의심과 의문, 성도들의 이해에 반한재정 집행 등이 교회 불화의 원인이 되는 것을 볼 수 있다.

교회는 공동 소유의 개념을 갖는 특수성 때문에 헌금의 분량에 따른권리는 나누어지지 않는다. 성도 모두에게 교회 재산에 대한 권리가 있지만 누구도 개인적으로 그것을 주장할 순 없다. 개인 돈으로 교회를 건축했을지라도, 교회 이름을 붙이는 순간 그 건물의 소유권은 하나님에게로 넘어간다. 오늘날 안타깝게도 교회를 개인의 소유로 생각하는 목회자나 성도가 적지 않다. 그것은 비즈니스 교회지 하나님의 교회가 아니다.

교회에서 쓰는 재정 역시 그 소유권은 모두 하나님에게만 있다. 초대 예루살렘교회는 기적과 같은 부흥을 경험했다. 조직을 갖추기도 전에 부흥이 불같이 일어났던 것이다. 그런데 문제가 발생했다. 구제에 소외된 사람들이 불만을 터뜨린 것이다. 사도들은 '왜 이런 문제가 일어났습니까?' 하고 하나님에게 물었다. 그때 하나님은 사도들에게 재정 집행의 묘를 살리는 지혜를 주셨다. 성령과 지혜가 충만한 칭찬받는 사람들을 뽑아 그들에게 재정을 맡기는 방법이다. 사도들은 그들을 집사로 세워 교회 재정의 관리를 맡겼는데, 이것이 교회 조직의 효시가 되었다.

나는 1997년에 교회를 개척하면서 '재정의 51퍼센트를 교회 밖에서 사용하겠다'라는 재정 원칙을 교회 앞에 공표했다. '51퍼센트'의 주식이 주식회사의 주인을 의미하듯, 교회 밖에서 재정의 51퍼센트를 사용할 때 교회의 진정한 주인은 하나님이 되신다고 생각했기 때문이다. 29세에 폐광촌에서 가난한 교회를 담임했을 때, 주님은 '주는 것이 받는 것보다 복이 있다'라는 깨달음을 주셨다. 그래서 교회를 개척하면서는 첫 달부터 12곳을 선정해서 나누기 시작했고, 한 달에 2곳씩 더 하겠다고 작정해서 그해 말에는 25곳을 도울 수 있었다.

재정이 하나님에게는 영광이요, 성도들에게는 보람이며, 받는 사람에게 도움이 되기 위해서는 세 가지 재정 집행 원칙이 필요하다고 생각한다. 투명성과 건강성 그리고 계획성이 그것이다. 지금은 정보화 시대다. 개인의 사생활까지도 비밀로 지키기 어렵다. 개인이든 단체든 인터넷에 한 번 뜨면 그야말로 벌거벗겨지고 난도질당하는 것을 쉽게 볼 수 있다. 그런데 그보다 더 밝히 보이는 곳이 교회다. 교회는 어떤 정보력보다도 더 정확하며 컴퓨터와 비교조차 할 수 없는, 세밀한 하나님이 계시는 곳이다. 불꽃같은 눈으로 감찰하는 하나님이 계시기 때문에 사람이 아무리 감추려 해도 어느 하나 드러나지 않을 것이 없다.

교회는 하나님과 성도 앞에 무엇 하나 감출 수 없이 투명하게 재정을 관리해야 한다. '투명성'은 공개주의를 원칙으로 한다. 일부 교회는 '원하면 사무실에 와서 볼 수 있다'라고 말하는데, 그것은 올바른 공개주의라고 할 수 없다. 교회 공동체는 어른에서 어린아이에 이르기까지 모두가 알 수 있게 재정을 공개해야 한다. 교회뿐 아니라 교회 밖에서도 알 수 있게 공개되어야 세상의 신뢰를 얻을 수 있다.

하나님이 원하시는 재정 관리의 두 번째 요소는 '건강성'이다. 교회 예산을 세우고 집행할 때 어떻게, 얼마나, 어느 곳에 사용하느냐가 교회의 건강성을 나타낸다. '누가 얼마를 드렸느냐', '1년 예산이 얼마냐' 등은 중요하지 않다. '어떻게 쓰느냐'가 교회 재정의 핵심이다. 주님이 원하시는 곳에 제대로 써야 성령의 인도하심을 받을 수 있다. 교회가 건강하려면, 교회 재정이 교회의 안과 밖에 균형 있게 쓰여야 한다. 해외 선교와 국내 선교, 사회봉사 등 요소요소에 균형 있게 집행돼야 한다. 교회 재정을 집행할 때 균형 못지않게 중요한 것은 목회자 개인의 취향에 치우치지 않는 것이다. 교회는 항상 이것을 경계해야 한다. 그리고 교회의 전통에 따라 편향된 예산을 세우는 것 역시 배제되어야 한다. 교회 재정은 반드시 균형 잡힌 예산 편성으로 '건강성'을 확보해야 한다. 아울러 교회가 힘들어도 재정의 절반은 우리 교회가 아닌 세상을 위해 사용하는 결단이 필요하다.

투명성, 건강성과 함께 교회 재정에 꼭 필요한 요소가 '계획성'이다. '계획성'이 중요한 이유는 재정이 교회가 나아가야 할 방향인 목표와 불가분의 관계에 있기 때문이다. 교회의 비전이나 목표를 이루기 위해서는 재정의 뒷받침이 무엇보다 필요하다. 재정을 계획성 있게 집행하지 못하면 교회의 목표는 메아리로 끝날 가능성이 높다. 교회에서 재정과 관련해서 잘못 사용되는 단어 중 하나가 '은혜'다. 돈 관리를 은혜로 한다며 처음부터 예산을 세우지 않고 결산만 하는 교회들이 있다. 예산을 세워 놓고 분석과 검토를 통해 재정의 문제점을 발견한 후 잘못된 것은 바로잡고 나가야 '바른 재정, 바른 교회'가 될 수 있다. 재정 관리에 계획성이 뒷받침되지 못하면 목사의 장기적인 독재로 흐를 수 있으며, 재정 사고의 위험을 초래할 수 있다. 지혜로운 주부가 적은 돈일지라도 계획을 잘 세워 현명하게 사용하듯, 바른 교회라면 예산을 잘 세워 지혜롭게 집행할 수 있어야 한다.

재정을 집행할 때 계획성이 중요한 또 하나의 이유는, 재정을 집행하는 과정에서 늘리거나 줄여야 할 부분을 알 수 있고, 낭비를 막으면서 더 중요한 부분과 보완해야 할 부분을 발견할 수 있기 때문이다. 이렇게 계획성 있게 교회 재정을 10년 정도 집행하면, 통계 수치를 통해 재정 집행의 일정한 흐름과 효과적인 재정 운용 방법을 알게 됨으로써 규모의 재정을 운용할 수 있다.

거룩한빛광성교회는 하나님의 재정을 투명하고, 건강하고, 계획성 있게 집행하기 위해 예산위원회와 재정위원회 및 감사위원회를 따로 구성해서 외부 기관에 의뢰해 감사를 실시하고 있다. 우리 교회는 금융 기관에 종사하거나 직장에서 재정 관련 업무 경험이 있는 제직들 중에서 재정위원을 임명하되, 경제적으로 어려운 성도나 사업상 급한 돈이 필요한 성도는 제외한다. 시무장로 한 사람을 재정 담당 장로로 임명하고, 그 밑에 재정위원장, 회계, 부 회계는 안수집사로, 계수 위원은 집사, 권사 중에서 임명한다. 금전 출납은 사무장이 담당하고 있으며, 통장과 도장은 분리해서 관리하고, 통장은 매달 대조 확인한다. 결재 라인은 담당 부장, 회계, 재정위원장, 담임목사 순으로 하며, 예산 범위 안에서 집행되는 것은 재정위원장이 전결 처리한다.

재정 관련 회계 보고는 분기별로 모이는 열린 제직회에서 상세히 이루어진다. 회계 보고를 하는 주일에는, 모든 성도들이 충분한 시간을 갖고 검토할 수 있도록 낮 예배 때 회계 보고 내용을 주보에 함께 넣는다. 보고서는 4쪽으로 자세하게 작성한다. 의심이나 의문이 드는 부분은 저녁 열린 제직회에 참석해서 질문을 통해 해소할 수 있다. 이런 과정을 통해 모든 성도가 교회의 살림을 파악할 수 있으며, 자기 부서의 예산 집행 상황을 확인할 수 있다.

우리 교회 교역자들은 보너스가 없다. 위임 목사인 나 역시도 보너스 없이 매월 450만 원의 월급을 받고 있다. 7년 전 성도들에게 월급을 동결하겠다고 한 약속을 지금까지 지키고 있다. 물론 부교역자들의 급여는 때마다 조정된다. 교회가 목사에게 지급하는 월급에 대한 의심과 의문만 없어도 재정으로 인한 문제의 상당 부분이 해소된다.

교회 건축과 같은 큰 사업을 할 때는 전 교인이 참여한다. 성도 개개인의 진솔한 의견을 나눔으로 공동의 이해를 얻을 수 있고, 성도들의 힘을 하나로 합칠 수 있다. 한 번은 교회 건축과 관련해서 소수 의견이 반영되어 당회의 결정을 번복한 일이 있다. 당회에서 급하게 철제 주차장을 짓기로 결의했다가 열린 제직회에서 성도 두 명의 반대로 유예되었다. '대형 교회에서 굳이 주차장을 만들어 교인들을 모아야겠느냐'라며 문제를 제기했던 것이다. 이에 3개월의 유예 기간을 갖고 그동안 교통에 별 문제가 생기지 않으면 주차장 건축을 안 하는 것으로 의견을 모았다. 교인들은 마음을 합해서 캠페인을 벌였고, 결국 주차장 건축은 안 하는 것으로 결론이 났다. 재정은 감시되고, 서로 검증될 수 있어야 한다.

이렇듯 어디에 어떻게 쓸지를 낱낱이 검토한 후에 재정을 집행하면 재정의 투명성과 건강성 및 계획성의 확보는 물론, 온 성도의 자존감 또한 높일 수 있다. 한국 교회가 교인들에게는 물론, 이 사회에 재정을 공개할 수 있다면 큰 시빗거리 하나는 없앨 수 있을 것이다.

비전과 원칙 위에 세워진 교회는
흔들리지 않는다

거룩한빛광성교회의 5대 비전

5대 비전을 개척 처음부터 세운 것은 아니다. 교회가 부흥하고 새 성전을 지으면서 교회 개혁의 일환으로 세운 것이다.

5대 비전	
1. 지역 사회 문화 중심	4. 북한 선교 전초 기지
2. 고양파주 성시 본부	5. 세계 선교 중심 센터
3. 한국 교회 개혁 모델	

1. 지역 사회 문화 중심

첫 번째 비전인 '지역 사회 문화 중심'은, 교회라면 당연히 지역 사회를 아우르고, 지역 사회의 문화를 거룩하게 바꾸어 나가는 중심에 서야 한다는 생각에서 세운 비전이다. 신학적으로 교회는 보이는 교회(Visible church)와 보이지 않는 교회(Invisible church) 두 가지로 대별된다. 보이는 교회는 땅 위에 있는 유형의 교회를 말하고, 보이지 않는 교회는 우리 마음에 자리하고 있는 무형의 교회를 말한다. 이 가운데 유형의 교회인 보이는 교회들이 가장 힘써야 할 것은 지역 사회를 복음화하는 일이다. 교회가 교회 안의 잔치에만 만족하면 어떻게 예수님의 가르침을 따르는 성도로서 세상의 소금이요, 빛이 될 수 있으며, 그 빛으로 '하늘에 계신 아버지에게 영광을 돌릴 수' 있겠는가? 그러므로 교회는 이것을 실천해서 세상에 경건한 영향력을 끼쳐야 한다.

2. 고양 파주 성시 본부

두 번째는 우리 교회의 특수성으로, 교회 부지가 고양시의 끝자락(덕이동)과 파주시의 시작 지점(아동동)에 걸쳐 있는 점을 묵상하며 그 속에 담긴 하나님의 뜻을 깨달아, 두 도시를 거룩한 성시로 만드는 데 앞장서고자 '고양 파주 성시 본부'가 되는 비전을 세웠다. 교회 위치는 나로 하여금 '하나님은 신묘막측하신 분이요, 앞서가는 분'이라는 것을 다시 한 번 깨닫게 해 주었다.

3. 한국 교회 개혁 모델

세 번째는, 거룩한빛광성교회가 '한국 교회 개혁 모델'이 되는 꿈을 계속 붙잡았다. 개척 때부터 개혁에 박차를 가해 예산 사용의 투명성과 건강성을 세워 나가기 위해 노력했던 점 그리고 개척 3년 만에 내규를 통과시켜 목사·장로 임기제 및 65세 정년, 원로 제도 폐지, 청년·여성·집사들의 당회 참여, 여성 장로 5분의 1 의무화 등 개혁적인 내규를 통과시켜 실천한 점 등을 한국 교회와 나누어야겠다는 각오 아래 '한국 교회 개혁 모델'이 되는 비전을 고수하고자 했다.

4. 북한 선교 전초 기지

네 번째로, 하나님이 개성까지 한 시간이면 도착할 정도로 북한과 근접한 곳에 교회 부지를 허락하신 것은 우리에게 북한 선교의 사명을 주신 것이라는 믿음 하에 '북한 선교 전초 기지'로서의 비전을 품게 되었다. 서북 지역에 위치한 교회 중에서 가장 많은 성도가 모이는 교회이므로 지정학적인 위치로 볼 때 우리 교회가 북한 선교의 전초 기지로 쓰임 받게 될 날이 반드시 올 것이라는 확신이 들었기 때문이다.

5. 세계 선교 중심 센터

그리고 계속해서 선교사 파송과 교육 및 안식에 온 교회의 역량을 적극적으로 기울일 것을 다짐하며, 다섯 번째 비전으로 '세계 선교 중심 센터'를 꿈꾸었다. 세계 선교는 모든 교회에게 주신 하나님의 명령이다. "땅 끝까지 이르러 내 증인이 되리라" 하신 예수님의 명령을 받들어 '가든지 보내든지'(Go or Send)라는 표어 하에 선교사를 보내고 또 받아들일 수 있는 교회가 되고자 했다.

성전 건축의 7대 원칙

목표가 있으면 그 목표를 향한 실천이 있어야 도달할 수 있다. 그래서 우리 교회가 위치한 지역 사회로부터 세계까지 뻗어 가는 원대한 비전을 위한 행동 지침이 필요했다. 주님의 손에 의해 세워지는 성전, 주님이 주인 되어 전 성도가 하나님의 인도하심을 함께 체험하는 기회가 되도록 성전 건축 7대 원칙을 세웠다.

성전 건축 7대 원칙

성전 건축은

1. 교회의 본질적인 사역(선교, 교육, 봉사)과 병행하도록 한다.
2. 교회 공동체의 하나 됨을 더욱 공고히 한다.
3. 하나님이 기뻐하시는 정당한 방법만을 사용한다.
4. 부딪히는 문제와 장애물은 인간적인 방법이 아닌 기도로 해결한다.
5. 자발적인 기쁨으로 하나님에게 드려진 헌신과 헌금만으로 건축한다.
6. 투명한 방식으로 일을 추진한다.
7. 실용성, 경제성, 장애인 및 노약자의 접근 용이성 등을 충분히 고려한다.

사실 이 7대 원칙은 너무 이상적이어서, 인간적인 눈으로 볼 때 실제적이고 구체적인 문제가 발생할 경우 결코 현실적인 모범 답안이 될 수

없는 것이었다. 그러나 교회 건물이 '성전'이 될 수 있도록 교회는 건축 기간 내내 이 원칙을 지키고자 노력했고, 하나님은 그런 우리의 중심을 보시고 문제의 고비 고비마다 극적인 반전으로 일들을 풀어 주시는 기적을 체험하게 해 주셨다.

'할 수 있다, 하면 된다, 꼭 된다!'는 믿음

1. 성전 건축가(建築歌)와 믿음의 구호

교회 개척 후 만 5년이 되었을 때, 등록 교인 수는 차치하고 어린이와 장년 출석 교인만 2천 명이 넘어서자 주일날 기존의 교회 시설로는 교인들을 수용할 수 없게 되었다. 개척 이후 늘어나는 교인들로 인해 계속 땅을 사고 건물을 늘려 보았지만, 그 상황에서도 매주 적지 않은 인원이 등록함으로써 교회 확장은 더 이상 미룰 수 없는 중요한 이슈가 되었다. 결국 2002년 7월 28일, 교회 증축이 아닌 밤가시에 새로운 교회 건축을 위한 건축위원회가 구성되었다.

본격적으로 건축 논의가 진행되자 한 장로가 극구 반대를 했다. 우리 교회가 있는 밤가시 마을에 규모를 늘려서 교회를 짓는 것은 죄를 짓는 것과 마찬가지라는 취지였다. 장로님의 분석에 의하면, 교회를 새로 지을 때 아무리 지하 주차장을 넓게 설계한다 해도 최대 120대 규모 이상은 나올 수 없으며, 주차장 건설비용만 60억이나 소요되는 데 반해 부족한 공간과 주차 문제 해결에는 그다지 도움이 되지 않을뿐더러 오히려 교인 수가 계속 증가함에 따라 차량 문제는 더욱 심각해질 거라는 것이었다.

건설 경험이 워낙 많은 장로의 말에 모두 동의할 수밖에 없어 대안을 모색하기 시작했다. 그리고 결국 교회 부지를 다른 곳에서 찾기로 했다. 하지만 나는 하나님이 주신 축복의 땅을 벗어나고 싶지 않았다. 결국 건축위원회는 만장일치로 현재의 거룩한빛광성교회 부지인 덕이동 316-1 외 6필지 2,712평에 대한 부지를 매입했다. 교회는 부지를 사고 난 이후 건축과 관련한 일련의 과정들, 즉 건축 사무소 선정을 시작으로 시공 업체, 음향 업체, 교회 설계도 선정 등의 제반 과정에 성도들의 의견 수렴을 위한 투표를 실시했고, 그 결과 오늘의 거룩한빛광성교회의 독특한 외관과 내부 모습이 이루어질 수 있게 되었다.

교인들의 참여를 이끌어 내기 위해 행했던 교회 디자인에 대한 투표 과정은 지금 생각해도 은혜가 아닐 수 없다. 설계 사무소에서 가져온 세 개의 조감도를 세워 놓고 교인들로 하여금 스티커를 붙여서 의견을 표시하도록 했다. 특별히 마음에 드는 디자인이 있었지만 내색하지 않고 개인으로 한 표만 행사했다. 세 개의 조감도 앞에서 마음에 드는 디자인에 스티커를 붙이는데 옆에 있던 한 성도가, "목사님은 그게 좋으세요? 나는 이게 좋은데" 하면서 나랑 다른 디자인에 스티커를 붙였다. 속으로는 좀 언짢았지만 민주적이지 않은가. 이렇게 교인들이 관심을 가지고 참여한다는 것 자체가 좋은 것 아닌가.

투표를 마치고 나니 지금의 디자인이 선택되었다. 사실 나는 이 디자인이 마음에 들지 않았다. 왕관을 상징한다고 건물 위가 뾰족하게 뻗어 있는데, 그게 날카로워 보여서인지 영 마음이 가지 않았다. 하지만 건축을 마친 후에는 교회의 독특한 디자인으로 인해 지역의 랜드 마크로 자리매김하게 되었다. 역시 내 생각보다 교인들의 생각이 맞았던 것 같다. 한 사람의 지혜보다는 열 사람의 지혜가 더 나은 법이다.

보통은 건축을 하거나 교회의 자리를 이동하는 과정에서 꽤 많은 교인들이 떨어져 나간다. 건축으로 인해 헌금을 내야 한다는 부담감이 생겼거나 그 과정에서 시험에 들어 교회를 떠나는 경우가 대부분이다. 우리 교회의 경우 이전에 있던 교회에서 신축된 교회까지는 그렇게 가까운 거리가 아니었다. 더군다나 신축 지역은 교통이 편리한 곳도 아니었다. 건축 당시에는 허허벌판에 교회만 덩그러니 서 있는 상황이었다. 하지만 건축을 끝내고 나니 교인이 줄어들기는커녕 오히려 늘어났다. 교인들을 참여시켜 의견을 수렴해 나가니 참여의식이 생기면서 오히려 주인의식을 가지게 되었다. 그리고 모든 과정에서 축제 분위기를 이어가니, 건축이 힘든 것이 아니라 내 집을 마련하는 것과 같은 마음이 든 것이다.

공동체 분과위원회와 더불어 건축을 두고 거룩한빛광성교회가 행했던 특이한 일 가운데 하나는, 건축하는 내내 건축가(建築歌)를 한 주도 거르지 않고 불렀다는 것이다. 유치해 보일 수도 있겠지만, 건축가를 부른 다음 그에 상응하는 구호를 외치는 것은 굉장히 파워풀한 효과를 주었다. 혹자는 순복음 교단의 복음성가라고 했지만, 출처는 아직까지도 잘 모른다. 그 노래는 〈할 수 있다 해 보자〉라는 제목의 복음성가로서 4분의 4박자의 절도 있고 힘 있는 곡이었다. 그 곡을 어디서 처음 접했는지는 나도 기억이 희미하다. 하지만 듣는 순간, '아! 이 노래를 불러서 성도들에게 힘을 북돋우면 좋겠구나' 하는 생각이 들었고, 곧이어 이 노래는 건축 기간 내내 불리며 교회의 온 성도들에게 그리고 성전 건축에 있어 힘이 되는 역할을 톡톡히 하게 되었다.

그러던 어느 날, 이 노래로 성도들이 한창 고무되어 있다고 생각하고 있는데 평소 음악에 관심이 있던 한 여 집사가 "목사님, '할 수 있다, 하면 된다, 해 보자!' 그러니 맥이 좀 떨어지는 느낌이 드네요. '꼭 된다!'라고 하면 정말 힘이 불끈 솟을 것 같아요"라고 이야기했다. 바로 그다음 주부터 예배가 끝날 때면 '할 수 있다, 하면 된다, 꼭 된다!'라는 구호가 우렁차게 예배실에 울려 퍼지기 시작했다. 그랬더니 노래와 구호에 더욱 힘이 실리는 것을 나 자신도, 성도들도 모두 느낄 수 있었다. 역시 '아사교회생'이었다. 교회의 리더인 담임목사가 권위를 앞세워 자기 스타일을 고집하고 고압적인 태도로 일관했다면 그렇게 자유롭게 의견을 개진하기도 힘들었을 것이고, '꼭 될 수 있는 일'을 '그저 한번 해 보는 일'로 그치고 말았을지도 모른다. 자기 고집을 부리지 않도록 겸손한 마음을 주신 하나님에게 깊이 감사했다. 우리 교회는 이 구호를 외치고 도전하면서 어려운 건축의 문제들을 성령님의 인도하심과 도우심으로 기적같이 해결할 수 있었다.

2. '나의 방법'과 '하나님의 방법'이 충돌할 때

성전 건축 7대 원칙 중 '하나님이 기뻐하시는 정당한 방법만을 사용한다'와 '부딪히는 문제와 장애물은 인간적인 방법이 아닌 기도로 해결한다'라는 원칙은 정말 지키기 어려운 조항이었다. 그만큼 건축 과정에서 걸림돌로 나타났던 문제들 중에는 인간적인 방법에 기대면 한시라도 더 빨리, 더 쉽게 해결될 것처럼 보이는 것들이 많았기 때문이다.

오늘의 거룩한빛광성교회가 서기까지는 무엇보다도 건물의 주춧돌을 세우기까지가 가장 힘든 고비였던 것 같다. 당시 군부대의 동의를 얻는 것이 하늘의 별 따기였다. 결국 건축 허가 과정에서 군부대의 동의를 얻지 못해 두 번이나 건축 허가서를 발급받지 못하는 사태가 벌어졌다. 게다가 시청에서 5층 건축에 관한 허가를 했다가 다시 4층 건축만을 허용하는 등 어려운 일들이 계속해서 일어났다. 무엇보다 제일 큰 산으로 버티던 군부대의 동의를 위해 온 성도들이 힘써 기도에 매진하자 기적 같은 일이 벌어졌다. 마침내 사단에서 교회 건축에 대한 동의가, 전쟁 발생 시 옥상에 포대를 설치하는 조건으로 떨어졌다. 성전 건축은 쉽지 않은 일이지만 성도들의 간절한 기도와 열정이 하나님의 도우심을 통해 성취된 것이다.

뭐든지 쉽게 이루어지는 곳에는 감동도 없고 열정도 생겨나지 않는 법이다. 하지만 거룩한빛광성교회는 건축 과정에서부터 벌써 하나님의 기적과 부흥이라는 손바닥만 한 구름이 떠오르기 시작했다. 건축 과정에서 경험한 어려운 장애물들은 곧 우리에게 보여 주실 더 큰 기적과 축복을 위한 전초전에 불과했음을 전 교인이 몸소 보고, 듣고, 체험했다.

거룩한빛광성교회의 사명 선언문

"하나님의 사랑과 예수님의 은혜로 구원을 받은 우리는 이제부터 자신을 위해서 살지 않고 형제와 이웃을 섬기며 하나님의 영광을 위해서 산다. 이를 위하여 세상에 거룩한 영향력을 미치는 바른 교회를 이루어 빛과 소금의 사명을 다하고자 한다."

시행착오를 거치면서 성숙해진 양육 시스템

교회를 개척한 이후 하나님이 우리 교회를 축복해 주신 것은 말로 다 표현할 수가 없다. 한 주도 빠짐없이 새 가족이 등록한 것은 한국 선교 역사에서 그 유례를 찾아보기 힘든 일이 아닐까 생각한다. 개척한 지 8년 만에 새 성전을 짓고 입당해서 폭발적인 성장과 더불어 고양과 파주를 대표하는 교회가 되었다. 3대 목표, 5대 비전, 5대 목회 철학 및 핵심 가치(성경 중심의 교회, 선교 중심의 교회, 지역 사회 중심의 교회)에 맞는 양육 시스템을 갖추기 위해 부단히 노력을 기울였다. 그 결과 오늘의 양육 시스템을 갖추게 되었다.

먼저 성인 교육으로, 새 가족은 새 가족 안내 4주 교육을 필수로 한다. 새 가족 안내 4주 교육을 마치면 새 가족 양육반 4주를 실시한다. 교육을 마친 사람은 알파코스 10주나 일대일 제자 양육 16주를 선택해서 교육받게 하고, 생활 신앙(1년 과정)을 교육받게 함으로 기본 교육을 마치게 된다. 그다음 봄, 가을 성경 대학과 여름, 겨울 특강을 통해 제자 훈련을 실시하고, 여성리더십학교, 섬김사관학교, 죠이제자훈련, 행복한 제자학교(예수전도단 DTS를 우리 교회에 맞게 새로 구성함), 예닮동산, 아버지학교, 어머니학교, 신혼부부학교를 연중 실시함으로 누구나 자신이 원하는 교육을 받게 했다. 목자 훈련 과정인 선한목자학교는 목장 목자로서의 소명과 비전을 심어 주고, 목자의 역할과 자질을 함양하며, 목장을 건강하게 인도할 수 있도록 실제적인 이론과 실습을 통해 목자를 파송하는 훈련을 11주 동안 진행한다. 계획 15년 만에 7천 명의 장년 성도와 주일학교 3천 명, 도합 1만 명의 성도가 출석하게 되기까지 모든 것이 전적으로 하나님의 은혜임을 고백한다.

03
'개인 구원'과 '사회 구원'의
두 날개를 펼쳐라

목회 철학: 아사교회생

일산에 교회를 개척한 지 열흘쯤 되었을 때 특별한 팩스가 한 장 도착했다. 한국 교계에서 존경받는 어르신 중 한 분인 임택진 목사님께서 교회 개척 소식을 듣고 축전을 보내신 것이다. 당시 78세셨던 목사님은 신학교와 신대원의 은사님이다. 수백 명이나 되는 제자들 가운데서 나를 기억하지 못하실 거라 생각해 개척을 알리지 않았는데, 신대원 시절 혈기 9단의 나를 기억하시고 목회의 기본자세를 뜻하는 한자 성구를 보내 주신 것이다. 한자어로 '아사교회생 아생교회사'(我死教會生 我生教會死)라는 문장이었다. '내가 죽으면 교회가 살고, 내가 살면 교회가 죽는다!'라는 글귀였다. 서울 광성교회에 부임해서 사역한 이후에 개인 목회를 하더라도 '나' 중심에 서서는 안 되겠다는 생각을 해 왔는데, 임

90   아사교회생

택진 목사님이 보내 주신 축전은 그런 내 생각을 너무나도 절묘하게 표현하고 있었다. 이후 '아사교회생'은 나의 목회훈이 되었다. 담임목사가 죽어야 교회가 산다. 그리고 담임목사가 죽어야 목회자 중심의 목회에서 파생할 수 있는 독재가 근원적으로 차단될 수 있다. 그래야 교회가 편안하고, 교회가 편안해야 교인은 신앙을 키워 나가는 데 집중할 수 있다고 믿었다.

그런 의미에서 임 목사님의 축전은 내 목회의 이정표가 되었다. 이 문구는 지금까지 평생 나와 함께하고 있다. 목회 중간에 불쑥불쑥 꿈틀대고 살아나려는 '나'를 볼 때마다 목양실 가장 눈에 잘 띄는 곳에 걸어 둔 '我死敎會生'의 편액을 바라보면서, 하나님의 교회를 위해 '나'를 낮추고 죽이는 훈련을 계속하고 있다.

나를 죽이며 목회를 하자, 날마다 교회가 살아나는 기적이 일어났다. 개척 첫해인 1997년 한 해 동안 약 1천 명이 등록하는 놀라운 일이 일어났다. 온 국민을 절망에 빠뜨린 IMF 한파로 국민들의 마음이 꽁꽁 얼어붙은 중에도 일산광성교회로 향하는 성도들의 발걸음은 날마다 늘어났다. 연말이 되자 출석 교인 수는 어른만 400명이 넘어섰다.

목회 방향: 두 날개

힘차게 창공을 나는 독수리를 그림으로 표현한다면 간단하게 몸통과 날개로 그릴 수 있다. 이렇듯 우리 거룩한빛광성교회도 독수리의 두 날개처럼 개인 구원과 사회 구원의 두 날개를 가지고 사역하고 있다. 그중

사회 구원의 사역을 맡은 좌측 날개는 교육 사업과 복지 사업이다. 교육 사업으로는 광성드림학교를 비롯해 광성평생교육원 등이 있으며, 특히 한나래유치원을 깨끗하게 운영해서 지역 주민들의 좋은 반응을 얻고 있다. 유치원의 경우는 일산에서 제일 먼저 원아 모집이 끝나고 항상 대기생들이 기다릴 정도다. 사회 복지 사업은 교회가 직접하지 않고 사회 복지법인 해피월드복지재단을 세워 운영하고 있으며, 교회에 20개의 스포츠 선교단과 문화 강좌, 색채 심리 치료 등 다양한 강좌를 마련해서 공개하고 있다. 특별히 지역 사회의 현안에 신속하게 대처할 수 있도록 제직회 안에 NGO 부서를 두고 활동하고 있다.

개인 구원의 사역에 초점을 맞춘 우측 날개는 다음과 같다. 새 가족 교육, 새 가족 양육, 알파코스, 일대일 제자 양육, 생활 신앙, 성경 대학, 평신도 지도자 훈련 과정, 전도학교, 중보기도학교, 외부 위탁 훈련 과정, 은사 집회 등을 통해 성도들의 교육과 훈련에 힘쓰며 평신도 지도자들을 양육해서 은사 중심적으로 사역에 배치하고 있다.

새가 날개만 있고 몸통이 없으면 날 수 없듯이, 교회도 날개만 있어서는 날 수 없다. 그럼 교회의 몸통은 무엇이겠는가? 교회의 몸통은 바로 복음이요, 예수 그리스도다. 그래서 복음과 예수 그리스도를 전 성도들이 중심에 모실 수 있도록 복음적인 설교에 주력하면서도, 세상에서 일어나는 문제에 대해 성도들이 가지게 되는 의문을 설교를 통해 그때그때 답해 줄 수 있도록 항상 노력한다. 또한 기도는 순복음교회로 오해 받을 정도로 뜨겁고 강렬하게 드리며, 160개의 중보기도 팀과 한 주에 300명 이상이 참여하는 중보기도에 힘쓰고 있다. 그리고 살아 있는 찬양을 올려 드리는 예배를 만들기 위해 노력해 왔다.

04

앞서지 말고
성령의 인도하심을 따르라

사도행전은 성부 하나님, 성자 예수님에 이어 성령 하나님이 사도를 세우고 어떻게 활동하셨는지를 전한다. 성령 하나님의 사역은 오늘날까지도 교회와 세상의 역사 속에서 왕성한 활동으로 드러나고 있다. 성경과 기독교의 진리를 믿는 사람은 누구도 이런 성령의 사역을 부정하지 않는다. 하지만 기독교 역사 속에서 교회 분란을 일으키는 것은 사도 바울 때도 있었던 성령의 '은사주의'다. 우리가 잘 알다시피 고린도교회의 성도들은 자신들에게 나타난 성령의 은사를 가지고 서로 싸웠다. 바울은 이에 대해 통탄하면서 모든 성령의 은사는 교회의 '덕'을 세워야 한다고 말했다. 여기서 '덕'이라고 번역된 헬라어 '오이코도메'는 본래 '집을 짓다'라는 뜻이다.

교회 운영의 결정권을 내려놓음

내 의지와 상관없이 20대 총각 집사가 되어 교회 건축을 감독한 적이 있었다. 당시 건축에는 문외한이었지만 현장 감독을 맡으면서 많은 것을 배울 수 있었다. 개척 후 교회 예배당 및 부속 건물을 여러 차례 건축하면서는 이에 대해 보는 눈을 갖게 되었다. 건축은 설계에서부터 시공에 이르기까지 모든 과정이 어느 하나 부족하거나 더함이 없어야 한다. 돈을 많이 쓴다고 좋은 건물이 나오는 것도 아니요, 설계만 좋다고 좋은 결과물이 나오는 것도 아니다. 정말로 모든 것이 골고루 조화를 이루어야 한다. 그리고 아무리 좋은 설계와 재료가 있어도 막상 현장 감독관이 미숙한 사람이면 좋은 건물을 지을 수가 없다.

나의 첫 번째 목회 철학인 '성령의 인도하심을 받는 교회'는 '인본적이고 작위적인 것을 배제하고 최선을 다해 할 일을 한 후에 결정권을 성령님의 인도하심에 맡기는 교회'를 말한다. 교회에서 가장 인본적이고 작위적으로 되기 쉬운 사람은 바로 담임목사다. 인본적, 작위적이라는 말은 특정인의 생각이나 방향성이 그대로 드러나는 것을 말한다. 인간의 생각이나 방향성은 언제나 편향성을 갖기 마련이고, 그 편향성은 마침내 그리스도의 길로부터 우리를 멀어지게 한다. 그러므로 담임목사와 교회 운영의 결정권을 쥔 자들은 끊임없이 자신을 내려놓고 성령의 인도하심을 간구해야 한다.

아사교회생의 자세로

내가 속한 교단법에 따르면, 목회자의 정년은 70세다. 그 후로는 원로 목사가 되어 교회에서 일생을 보호받을 수 있다. 나는 개척 초기부터 이것을 내려놓았다. 인간의 욕심이란 끝이 없다. 목사가 욕심을 내려놓지 않으면 교회는 큰 분란에 휩싸이게 된다. 많은 지도자들이 하나님의 뜻을 빙자해서 의롭지 않은 방향으로 교회를 이끌어 가는데, 그러면 교회는 세상을 이끌어 갈 수 없다. 목사가 살려고 하면 교회가 죽는 경우가 태반이다. 그러나 목사가 먼저 죽으면 교회가 살게 된다. 그리고 이렇게 살아난 교회는 하나님의 은혜의 통로가 된다.

교회에서 가장 위험한 것은 교묘한 위장이다. 죄인지 아닌지 구분하지 못하게 하는 그런 교묘한 것들이 우리의 신앙을 갉아먹는다. 창세기 3장 1절에 나오는 뱀을 가리켜 우리말 성경은 '간교하다'고 말한다. 그런데 '간교하다'라고 번역한 히브리어 '아룸'이 잠언에 가면 '신중한, 지혜로운'이라고 번역되어 있다. 사탄은 광명의 천사였다. 우리의 눈과 마음을 홀릴 만한 매력이 있는 존재다. 그러므로 우리가 올바른 성령님의 인도하심을 받기 위해서는 사사로운 소욕이 교회에 침투하지 않도록 날마다 자신을 죽여야 한다.

은퇴 시기를 5년 앞당긴 것만으로 몸의 사욕을 완전히 제거할 순 없다. 그래서 6년마다 신임 투표를 받고 그와 더불어 대규모 설문 조사를 함으로써 성도들과 담임목사와의 최소한의 소통 창구를 만들려고 애를 썼다. 신임 투표 결과는 주보 및 홈페이지에 게시해서 모두가 볼 수 있도록 했고, 과반수의 지지를 받지 못하면 당연히 사임하는 것으로 했다.

신임 여부를 묻는 질문과 함께 향후 교회의 방향에 대해서 역점을 둘 것, 개선해야 할 부분 등 총 20개 문항의 설문 조사를 같이 진행했다.

성령의 인도하심을 받으려면 내 욕심을 끊임없이 죽여야 한다. 죽이지 않으면 벌레처럼 스멀스멀 기어 나오는 것이 사욕이다. 담임목사가 교회를 살리기 위해 누릴 수 있는 것들을 내려놓을 때, 장로들과 교인들 또한 교회를 살리기 위해 자신의 기득권을 내려놓을 수 있다. 한국 교회는 장로와 목사의 갈등으로 내홍을 겪는 경우가 많다. 목사가 교회를 위해 죽는다면, 장로 직분을 맡은 성도들 또한 교회를 위해서 자신의 권익을 포기할 수 있어야 한다. 담임목사의 자기 권리 포기에 호응해서 당회에 참석하는 시무장로는 6년 단임에 65세를 정년으로 했다. 이는 몇몇 장로들에 의해 교회가 좌우되는 것을 막기 위한 장치다. 이를 통과시키는 것이 결코 쉽지 않았지만, 절대다수의 교인들이 이를 지지했다. 이야말로 성령님의 교통하심으로 인해 모두의 뜻이 하나가 된 아름다운 사례다. 담임목사가 원로 목사가 되지 않겠다고 선언하니 자연스럽게 원로 장로, 명예 권사, 명예 집사 같은 은퇴 제도 또한 없어지게 되었다.

고린도후서의 "주 예수 그리스도의 은혜와 하나님의 사랑과 성령의 교통하심이 너희 무리와 함께 있을지어다"라는 말씀에서 '교통하심'이라고 번역된 헬라어는 '코이노니아'다. 성령님은 주님 안에서 한 몸을 이루는 우리의 마음을 교통하게 하신다. 교회로 말하자면, 담임목사 혼자서 꿈을 꾸고 혼자서 목회하는 교회가 아니라, 성령의 교통하심으로 '성도들 모두의 마음이 하나 되는 교회'가 바로 성령님이 역사하시는 교회다.

성령님과 함께 기도하는 교회

사도 바울은 로마서 8장을 통해, "이와 같이 성령도 우리의 연약함을 도우시나니 우리는 마땅히 기도할 바를 알지 못하나 오직 성령이 말할 수 없는 탄식으로 우리를 위하여 친히 간구하시느니라"라고 말했다. 그리고 예수님은 마가복음에서 귀신 들린 아이를 고치신 뒤 '어떻게 이런 일이 가능하십니까?'라고 묻는 제자들에게, 기도 외에 다른 것으로는 이런 기적이 나타날 수 없다고 하셨다.

미래학자 최윤식 교수가 쓴 《2020 2040 한국교회 미래지도》(생명의 말씀사)를 보면, 그는 '앞으로 살아남을 교회는 어떤 교회인가?'라는 질문에 "정말 진짜이거나 아주 진짜 같은 가짜거나"라고 답했다. 가짜 교회도 화려한 예배당과 조명 그리고 실력 있는 연주자와 연기자 같은 설교자를 세우면 진짜 교회처럼 보인다. 진짜보다 더 진짜처럼 보이는 가짜 교회를 만들 수 있다. 소위 진품보다 더 진품 같은 가짜를 만드는 것이 가능한 것처럼, 이단이 정통 교회보다 더 교회처럼 보이게끔 만들 수 있다는 것이다. 단지 외적으로 드러나는 모습들이 진짜와 가짜를 가르는 시금석일까? 성경은 그렇지 않다고 가르치고 있다. 주님은 마태복음 7장에서, "그날에 많은 사람이 나더러 이르되 주여 주여 우리가 주의 이름으로 선지자 노릇 하며 주의 이름으로 귀신을 쫓아내며 주의 이름으로 많은 권능을 행하지 아니하였나이까 하리니 그때에 내가 그들에게 밝히 말하되 내가 너희를 도무지 알지 못하니 불법을 행하는 자들아 내게서 떠나가라 하리라"라고 말씀하셨다.

하나님의 뜻을 따라 바른 길을 가는 교회는 잘되는 교회도 아니요, 성공하는 교회도 아니요, 성도가 많은 교회도 아니다. 성령님의 인도하심 속에서 하나님의 뜻을 구하고 서로가 서로를 위해 기도하는 교회가 바른 교회다. 그래서 우리 주님은 "두세 사람이 내 이름으로 모인 곳에는 나도 그들 중에 있느니라"라고 말씀하셨다. 거룩한빛광성교회는 '성령님의 인도하심을 받는 교회는 기도하는 교회다'라는 가르침을 잊지 않고 개척 초기부터 지금까지 중보기도 사역을 계속해 오고 있다. 우리 교회에는 '중보기도위원회'와 160개의 중보기도 팀이 있다. 중보 팀에 속한 성도들은 서로 조를 짜서 24시간 기도가 끊이지 않는 교회를 위해 오늘도 불철주야 성전에 들어와 기도의 불을 밝히고 있다.

중보기도위원회에 속한 팀원들뿐만 아니라 기도 운동을 전 교인으로 확장해 나가고 있다. 남아프리카공화국 성공회 대주교이자 노벨 평화상 수상자인 데스몬드 투투는 "성도들의 기도가 쌓인 공간은 성스러운 힘을 가지고 있다"고 말했다. 오랜 세월 성도들의 기도가 쌓인 예배당에 들어가 본 사람들은 알 것이다. 뭔가 말로 표현할 수 없는 신성한 힘, 소위 '아우라'라는 것이 온 예배당을 휘감고 있다. 그런 곳에 들어가면 정말로 무릎을 꿇고 기도할 수밖에 없다. 나는 '기독교는 기도교(祈禱敎)다', '기도(祈禱)가 막히면 기도(氣道)가 막힌다'는 말을 종종 한다. 기도는 우리의 안식이며 생명이다. 목회자는 말씀과 기도에 진력하기 위해 세움 받은 자니 기도하는 것이 당연하지만, 목회에는 기도의 동역자가 필요하다는 것 또한 모두가 알고 있다. 우리가 이렇게 기도에 힘쓰기로 할 때, 이스라엘 민족의 탄식을 듣고 구원해 주신 하나님이 오늘도 죄와 사망의 권세를 눌러 신음하는 우리를 구원해 주실 것이다.

미래 교회와 성령 사역의 방향

고린도전서는 "그런즉 형제들아 어찌할까 너희가 모일 때에 각각 찬송시도 있으며 가르치는 말씀도 있으며 계시도 있으며 방언도 있으며 통역함도 있나니 모든 것을 덕을 세우기 위하여 하라"고 말씀한다. 앞에서도 말했지만, '덕을 세우다'라는 것은 '집을 세우라'라는 말과 같은 뜻이다. 집을 세우기 위해서는 모든 것이 골고루 갖춰져야 한다. 이는 곧 어느 쪽으로든 교회가 치우쳐서는 안 된다는 것이다. 그러면 위태위태해져 마침내는 쓰러지고 말 것이다.

우리는 보통 '성령 사역'이라고 하면 '치유 사역', '특별한 은사 사역'을 생각하는 경우가 많다. 그러나 그것은 성령님에 대한 편협한 생각에 불과하다. 성경은 성령님의 특성을 크게 '불', '물', '바람'으로 표현한다. 이 세 가지는 만물의 근원이며 인류 문화의 토대다. 곧 성령님의 사역은 온 인류를 포함한 인간 만사에 닿아 있다. 그러므로 우리는 미래 교회와 성령 사역을 논할 때 한국 교회 미래에 대해 포괄적인 고민을 해야 한다. 인구 고령화, 경제 침체, 학령인구 감소 등 사회 구조적 차원에서 한국 교회의 미래는 참으로 암울하다. 그러나 객관적 지표가 어려우면 어려울수록 참교회의 가치는 빛나기 마련이다.

미래 교회의 핵심은 '다음 세대 사역'과 '실버 세대 사역'이다. 다음 세대 사역은 교회 학교에 달려 있다. 그리고 교회 학교의 성패는 헌신하는 교사의 유무에 달려 있음을 우리는 알고 있다. 다음 세대가 '다른 세대'가 되지 않도록 우리는 신앙의 전승을 위해 끊임없이 노력해야 한다. 그리고 헌신하는 교사, 사랑을 통한 신앙의 전수는 오로지 성령님의 임재를 통해서 가능하다. 실버 세대는 한국의 성장과 교회 성장을 모두 경험한 유능한 세대다. 이런 70-80대의 자원을 어떻게 교회에서 봉사의 자리로 이끌어 내느냐가 관건이다. 이분들을 단지 노인으로서 대접만 해 드리고 교육만 받으라고 권한다면 우리는 땅속의 보화를 제대로 못 보는 자들일 것이다. 날마다 새 힘을 주시는 성령님이 이들의 연약해진 무릎과 어깨를 보호하셔서 신앙의 연륜으로 쌓은 은사들을 사역의 현장으로 이끌어 주실 것이다.

미래 교회 상황은 참 어렵다. 많은 사람들의 추측대로 10년 이내에 큰 변화가 올 것이다. 그 변화의 파도에 휩쓸려서 떠내려갈 것인가, 아니면 변화의 파도를 타고 다시 일어설 것인가, 우리는 그 분기점에 서 있다. 그 갈림길에 서 있는 한국 교회에 성령님이 원하시는 방향을 분별할 수 있는 지혜가 임하길 소망한다.

05

지역 사회와 함께
문화 사역의 장을 넓혀라

거룩한빛광성교회는 1997년 창립 이후 개인 구원과 사회 구원을 위해 균형 잡힌 목회가 이루어지도록 노력해 왔다. 개인 구원을 위한 경건 운동과 전도, 제자 훈련에 힘쓰는 한편, 사회 구원을 위한 사역에도 많은 노력을 기울였다. 사회 구원을 위한 사역의 중심에는 늘 문화 사역이 있다. 우리 교회는 개척 초기부터 추구해 온 거룩한빛광성교회의 5대 비전 중 하나인 '지역 사회 문화 중심'을 바탕으로 지역 사회의 문화를 선도하고 하나님 나라의 문화를 구현하고자 바쁘게 달려왔다.

함께 사는 사람들은 자연스럽게 그들만의 문화를 가지고 살아간다. 인간의 삶과 문화는 서로 밀접한 관계로 연결된다. 문화는 사람들이 생각하고 살아가는 생활양식이다. 사람들이 관심을 갖는 것이 곧 삶의 모습 자체라고 할 수 있다. 그러므로 교회는 지역 사회의 문화를 바르게 이해하고, 문화를 통해 선교하며, 지역 사회의 문화 속에 하나님 나라를 심기 위한 노력을 해야 한다.

문화 선교의 중요성

선교사들에게 가장 중요한 것이 선교 대상 국가에 대한 문화 이해인 것처럼, 교회를 개척하는 목회자들이 제일 먼저 파악해야 할 점이 있다면 지역에 대한 문화를 이해하는 것이다. 문화를 이해하지 못해 실패하는 경우가 흔히 발생한다. 예를 들면, 농촌이 갑자기 신도시가 되었을 때 기존에 있던 교회가 종교 부지를 받아 교회를 짓고 기존 교인을 갖추는 등 모든 여건이 준비되어 있음에도 불구하고 새로 개척된 교회와의 경쟁에서 뒤처지고 부흥하지 못하는 경우를 흔하게 볼 수 있는데, 그 이유가 바로 새로 이주해 온 신도시 주민의 정서를 파악하지 못하고 새로운 문화에 적응하지 못하기 때문이다. 또한 풍부한 자금을 가지고 신도시 종교 부지를 사서 건축을 하고 힘차게 출발했지만 실패하는 경우를 보게 되는데, 그것은 설교나 교회 경영의 마인드가 구태의연해서 신도시 주민의 정서에 맞지 않았기 때문이다. 목회자의 나이가 많은 경우든지, 나이가 적어도 보수적 경향이 강한 경우 이런 사례를 종종 볼 수 있다.

지역 문화란, 지역 주민 대부분이 공유하고 있는 생활 습관이나 취향이라고 정의할 수 있다. 어떤 지역이든 그 지역의 고유문화가 있는데, 그것은 대부분 도시 산업 환경, 연령층, 학력 수준, 종교적 기반 등에 의해 형성된다. 그러므로 반드시 기성 교회를 목회하든지 개척을 하든지,

지역 사회를 정확하게 진단하는 일이 목회자에게 있어서 급선무다. 지역 사회 문화를 파악하지 못한 채 목회를 하는 것은 땅에 비닐을 깔아 놓은 채 씨를 뿌리는 격으로, 힘쓰고 애를 쓰지만 뿌리를 내리지 못해 추수의 기쁨과 결실의 보람을 결코 맛볼 수 없다.

문화 강좌의 동기와 목적

교회 개척 초기인 90년대 말 일산에는 현대백화점을 비롯한 여러 곳에서 문화 강좌가 활발하게 진행 중이었으나 무료 강좌는 없었다. 경제적 여건이 나빠진 서민들을 위해 무료 강좌가 필요하다고 판단해 준비에 착수했다. 주일 낮 예배 시간에 교인들에게 설문 조사를 실시했는데, 조사 내용은 두 가지로 다음과 같은 것이었다.

1. 배우고 싶은 문화 강좌가 있다면 무엇입니까?
2. 가르칠 수 있는 문화 강좌가 있다면 무엇입니까?

10개 정도의 강좌를 열 수 있었으면 하는 바람을 가지고 설문 조사를 실시했는데 놀라운 일이 일어났다. 19명의 강사가 자원해서 23개의 강좌를 준비하게 된 것이다. 그렇게 준비한 후 개척 다음 해인 1998년 6월 17일, 감격 속에서 개강 예배를 드리게 되었다. 출발 당시, 교회는 세상을 밝히고 정화시키는 빛과 소금이 되어야 한다는 취지로 '문화 강좌 설립 목적'을 다음과 같이 발표했다.

첫째, 교회를 개방하고 교회의 인적·물적 자원을 활용해서 지
　　　역 사회에 기여한다.

둘째, 문화 강좌를 통해서 지역 주민의 자기 발전과 평생 교육
　　　의 뜻을 펴도록 돕는다.

셋째, 건전하고 유익한 여가 선용을 하게 하고, 수강생에게
　　　성장과 성숙의 기회를 제공한다.

넷째, 어린이들의 성장과 성숙을 도와 정서 순화와 취미 활동
　　　을 권장 지도한다.

이렇게 모집을 시작한 문화 강좌 1기에 251명이 등록해서 3개월을
마치고 나니 더 많은 강사가 자원했고, 그렇게 해서 2기는 38강좌에
458명이 등록하게 되었다. 하지만 2기를 진행하면서 문제점이 생겼는
데, 다름 아닌 출석률의 저하였다. 등록할 땐 앞을 다투어 경쟁적으로
등록해 놓고는 출석을 제대로 하지 않아 70퍼센트의 출석률을 보이게
되었다. 그 원인을 분석하니 교사의 질과 무료 강좌로 인한 긴장의 해이
라고 판단되었다. 그래서 3기부터는 강사들을 정예화하는 한편, 출석
장려 예치금으로 1만 원을 받은 후 12회 출석 중 열 번 이상 출석한 회
원들에게는 예치금을 도로 돌려주자는 운영위원회의 아이디어를 받아
들여 실시했다. 그 결과 출석률이 85퍼센트까지 올라가게 되었다.

이렇게 3년 반 동안 문화 강좌를 운영하면서 얻은 소득은 참으로 놀
라웠다.

첫째, 교회의 좋은 소문이 지역 사회에 널리 퍼지게 되었다. 그리고 그 소문에 의해 교회는 자연히 성장하게 되었다. 한 해 동안 전도 30퍼센트, 스스로 등록 70퍼센트 정도로, 교회는 절대적으로 소문에 의해 성장했다.

둘째, 지역 주민들이 교회를 스스럼없이 드나들게 되었다. 일주일에 적어도 500명 이상의 주민들이 아무 부담 없이 교회를 드나들고 있으니 '열린 교회', '열린 예배'라는 말을 쓰지 않고도 열린 교회가 된 것이다.

셋째, 봉사자들의 신앙이 성장하게 되었다. 운영위원 10명과 강사 40명을 합해 50명의 인원이 섬기고 봉사하는 동안 이들이 성숙한 그리스도인이 되어 가고 있었다. 3년 반 동안 책임지고 헌신한 집사는 장로가 되었고, 강사 중에서 신앙이 놀랍게 성장한 사람들도 여러 명 있었다.

예산의 51퍼센트는 교회 밖을 위해 사용

교회의 예산 중 51퍼센트는 사회 복지와 선교 등 외부를 위해 쓰는 것이 원칙이다. 2006년부터는 경제적으로 어려운 이들에게 담보 없이 100만 원에서 1천만 원까지 대출해 주는 마이크로 크레디트 운동을 벌여 왔다. 우리 교회의 모범적 사례들은 저소득층을 위한 소액 대출인 미소금융으로 발전하는 계기가 되었다. 이렇게 시작한 소액 대출은 현재 정부의 지원을 받아 '해피뱅크'라는 이름으로 운영되고 있으며, 현재 400명에게 200만 원씩 대출해 주고 있다.

교회는 2007년 설립한 사회복지법인 해피월드복지재단을 통해 노인

복지센터와 주야간 보호센터 등을 운영하며 노인들의 취업 알선과 직업 교육을 하고 있다. 또한 교회 내의 전문 인력을 활용해 파주시노인복지관, 고양시덕양노인종합복지관, 파주시문산종합사회복지관 그리고 고양시원당종합사회복지관도 위탁 운영하고 있다. 교회는 퍼주다 망해도 성공이다. 천국을 파리바게트 본점에 비유하면, 지상의 교회는 그 지점쯤 될 것이다. 지점은 똑같은 빵을 만들도록 똑같은 재료를 써야 하며, 똑같이는 못 만들어도 비슷한 맛과 냄새는 풍겨야 한다.

문화 선교를 꿈꾸는 교회들에게

문화적 접근은 가장 친근감 있는 선교 방법이지만, 교회가 가지고 있는 고정관념을 탈피해야 하는 어려움이 있다. 목적을 노골적으로 드러내서는 안 되며, 상대방이 우리의 요구에 부응하고 친근하게 느끼도록 다가서야 한다. 맹수의 이빨과 독수리의 발톱을 완전히 감추고 이웃에게 다가서야 한다.

거룩한빛광성교회 문화 강좌는 개강 예배도 없고, 각 반에서 기도로 시작하지도 않으며, 교회에 대해서 말하거나 전도하지도 않는다. 전도하지 않는 것을 불문율로 하고, 다만 관심을 갖는 경우에만 전도하기로 정했다. 그렇기 때문에 아무 거리낌 없이 지역 주민들이 몰려오는 것이다. 50명의 전도 대원이 매주 1회씩 전도를 한다면 수많은 사람을 전도할 수 있을 것이다. 그러나 500명을 3개월 동안 가르치고도 1퍼센트, 단 5명도 전도하지 못하는 것이 문화 선교라는 사실을 각오해야 한다.

그렇지 않고 문화 선교를 꿈꾸면 결코 오래 할 수 없다. 문화 선교는 교회가 교인들과 함께 세상 속에 깊숙이 침투하는 선교 방법이다. 겉으로 드러나는 효과는 더디고 느릴지라도, 세월이 지나면서 나타나는 효과는 엄청날 것이다.

일산 신도시에 300여 교회가 있고 그중에 큰 교회도 많지만, 거룩한빛광성교회가 지역에서 좋은 소문이 나기로는 어느 교회에도 뒤지지 않을 것이다. 이렇게 된 배후에는 아무 조건 없이 '떡을 물 위에 던지는' 노력이 있었기 때문이다. 물론, 왜 아무 조건이 없었겠는가? 교회의 존재 이유가 선교와 전도 이외에 무엇이 있겠는가? 그 비밀은 모든 일을 할 때 얻고자 하는 목표를 숨기고 봉사하는 교인들에게 초점을 두고 있다는 사실이다. 섬기고 봉사하는 교인들을 핵심 요원화하는 일이 교회를 성장시키는 데 있어서 가장 중요한 관건이다. 당장 눈에 보이는 전도의 성과가 없고 전력을 낭비하는 것 같지만, 성도들은 봉사하는 동안 성숙해지고 목회자는 큰 그릇으로 자라게 된다.

거룩한빛광성교회는 조금씩 지경을 넓혀 가고 있다. 우리 교회뿐 아니라 한국의 모든 지역 교회가 자신이 자리 잡은 지역을 책임지고 선교하는 책임적 존재가 된다면, 물이 바다를 덮음같이 참된 복음이 이 땅을 덮게 될 것이다. 그날이 속히 오게 되기를 간절히 주님에게 기도드린다.

3부

–

하나님이 주신 꿈이
교회를 개혁한다

01
'흙수저' 젊은이들이여,
야성을 가지라

적을 만들면 내 영혼이 먼저 죽는다

나는 '흙수저' 젊은이들에게 야성(野性)을 가지라고 말하고 싶다. 한국의 흙수저도 다른 곳에선 금수저가 될 수 있으므로, 너무 경제적인 조건에만 얽매이지 말고 더 크고 넓은 세계로 나아가기를 바란다. 굼벵이도 구르는 재주가 있다고 하지 않는가. 만인만색(萬人萬色)인데 오로지 대기업 직원과 공무원 등 한 방향으로 가게 만든 사회 현실이 안타깝지만, 자신이 원하는 길로 꿋꿋하게 가기를 응원한다. 젊은이들은 저마다 하나님이 주신 능력이 있음을 믿고 개성에 맞게 도전의식을 가져야 한다.

나 역시 흙수저였다. 교회 사찰이셨던 어머니와 함께 교회 청소를 하며 자랐고, 학창 시절엔 학업보다 친구들과 어울리기를 좋아했다. 대학 진학보다는 취업을 목적으로 공고에 진학했으며, 취업에 8차례 실패한 뒤 가까스로 동아제약 생산직에 들어가게 되었다. 그리고 방송통신 대를 11년 만에 졸업했다. 그 후 뒤늦게나마 주님이 이끄시는 대로 신학대학원에 들어가 민중 신학을 공부한 후 광산촌에서 첫 목회를 시작했다. 이처럼 나의 이력은 내세울 것이 없지만, 하나님은 거룩한빛광성교회를 당신의 도구로 멋지게 사용하고 계시다. 거룩한빛광성교회는 1997년 개척을 시작한 초기부터 지금까지 총 24개 교회를 분립 개척했으며, 현재 재적 성도 1만 8천 명 이상, 출석 성도는 1만 1천 명 이상이고, 부목사와 전도사 73명, 학교 교직원 70명과 복지관 직원 550여 명 및 소그룹 모임 1천여 개가 활발히 활동하고 있는 지역의 대표적 교회로 성장했다. 그리고 개척해서 지금까지 교회 예산의 51퍼센트는 반드시 외부 지원 사업에 쓰는 것을 원칙으로 하고 있다.

우리 교회의 3대 목표 중 하나는 '상식이 통하는 교회'를 만드는 것이다. 교회는 개인 구원과 사회 구원이 동시에 필요한데, 많은 교회들이 고속 성장을 추구하면서 개인 구원에만 치중해 왔다. 그 결과 사회적으로 비난을 받는 경우가 많았다. 하지만 더 큰 문제는 자신들이 왜 비난 받는지를 깨닫지 못한다는 데 있다. 나는 젊은이들이, 안으로는 철저하게 자신을 돌아보는 자기성찰과 밖으로는 끊임없이 표출되는 사랑이 상식이 되었으면 좋겠다고 생각한다. 그리고 '미운 놈 떡 하나 더 준다'는 옛말처럼, 내가 양보하고 물러서는 것을 손해라고 생각하지 않았으면 좋겠다. 양보하면 물질과 자리는 잃을 수 있지만, 대신 사람을 얻을 수 있다. 적을 만들면 내 영혼이 먼저 죽는다.

나는 '다움의 회복'을 늘 곁에 두고 있다. 《논어》는 '군주는 군주답고, 신하는 신하답고, 부모는 부모답고, 자식은 자식다워야 한다'고 말한다.

정치인은 정치인답게, 경제인은 경제인답게, 종교인은 종교인답게, 시민은 시민답게 사고하고 행동했으면 한다. 특히 '젊은이는 젊은이답게' 자신이 원하는 곳으로 힘 있게 달려가길 원한다. 그것이 상식이요, 하나님이 우리 모두에게 넣어 주신 달란트에 부응하는 길이라고 생각한다.

내가 바르지 않으면 누구도 따르지 않는다

《논어》를 보면 노나라의 재상 계강자가 공자와 대화를 나누는 장면이 나온다. 계강자는 당시 노나라의 실권자로서 큰 권력을 휘둘렀다. 그의 아버지는 계환자인데, 폭정을 휘둘러 공자로 하여금 주유천하를 떠나게 만들었던 인물이다. 계환자는 죽을 때가 되어서야 자신이 공자를 떠나보낸 결정이 큰 실책임을 깨닫고 계강자에게 공자를 불러와서 노나라를 잘 다스릴 것을 당부하고 떠난다. 계강자는 여러 정치적인 이해관계로 인해 공자를 직접 기용하지는 않았지만, 정치적 주요 현안에 대해서는 공자에게 자문을 구했다. 공자는 계강자의 멘토인 셈이었다.

계강자가 공자에게 "정치란 무엇입니까?"라고 물었을 때, 공자는 "정치란 바르게 하는 것입니다. 재상께서 바른 도리로 나라를 이끈다면 누가 감히 바르지 않겠습니까?"라고 말했다. 공자의 대답이 마음에 안 들었는지, 계강자는 "나라에 도둑이 많은데 어떡해야 합니까?"라고 물었다. 그러자 공자는 "재상께서 욕심을 갖지 않으면 백성은 절대 도둑질을 하지 않을 것입니다"라고 답했다. 계강자는 다시 물었다. "만일 무도한 자를 죽여서 올바른 도리로 이끈다면 어떻겠습니까?" 그러자 공자는 이렇게 답했다. "재상께서는 어찌 정치를 하면서 죽이는 방법을 쓰려고 하십니까? 자신의 몸이 바르면 명령하지 않아도 행해지고, 자신이 바르지 못하면 비록 명령해도 따르지 않습니다."

왜 한국 교회 안에 갈등이 생기고 교회는 자꾸 신뢰를 잃어 가는가? 왜 성경의 권위가 무너지고 있는 것인가? 이유는 하나다. 올바른 품격을 갖춘 리더가 없기 때문이다. 사람들을 올바로 이끌기 위해서는 자기 자신부터 바로 세우는 일이 우선이다. 자신을 바로 세우는 일은 자기 주변을 잘 정리해 사적인 영향력을 행사하지 않도록 자신과 자신의 주변을 단속하는 것이다. 스스로 바르지 않으면서 남들에게 바르기를 강요한다면 사람들은 따르지 않을 뿐더러, 따르더라도 마지못해 따를 것이다. 먼저 솔선수범하는 자세로 사람들의 마음을 감동시켜야 공동체에 속한 이들이 자발적으로 그 공동체를 위해 몸과 마음을 다하게 된다.

"요즘 젊은이들은 충성심이 없어!"라고 개탄하는 어른들을 종종 본다. 젊은이들의 이기심과 개인주의를 탓하는 말이지만, 이렇게 말하는 사람들이 정작 본인 스스로를 돌아보는 모습은 찾아보기 어렵다. 충성심은 위에서 아래로 강요해서 생기는 것이 아니다. 리더가 먼저 삶으로 신뢰를 보여 줄 때 아래에서 위로 부여하는 것이다. 그런 면에서 예수님은 진정한 리더였다. "인자가 온 것은 섬김을 받으려 함이 아니라 도리어 섬기려 하고 자기 목숨을 많은 사람의 대속물로 주려 함이니라"라고 말씀하셨고, 그것을 실제 삶으로 보여 주셨다. 그래서 많은 이들이 예수님을 따라서 자기를 부인하고 목숨을 내어놓은 것이다. 그렇다. 내가 바르면 거창한 말을 하지 않아도 나를 따르지만, 내가 바르지 않으면 아무리 옳은 말을 해도 누구 하나 나를 따르지 않는다.

신도시 교회 개척 모델(일산 지역)

목회의 큰 뜻을 펼치기 위해 대부분의 목회자들이 교회 개척에 큰 관심을 갖는다. 동시에 어렵다는 것도 잘 알고 있기에 망설이고 주저하게 되는 것이 교회 개척이다. 그러나 교회 개척은 도전해 볼 만한 의미 있는 일이라고 생각한다. 하나님 나라의 확장을 위한 사역에 참여한다는 자체가 상급이 따르는 일이기 때문이다. 복음 전파 사역에 성공과 실패가 어디 있겠는가. 도전한다는 자체가 성공이요, 하나님을 기쁘시게 하는 일이 아니겠는가. 이런 마음 자세로 도전해 보는 것이 중요하다. 이에 먼저 개척한 사람으로서 시행착오를 줄이고 효과적으로 개척할 수 있도록 나의 경험을 나누고자 한다.

1. 개척 준비 사항

1) 지역 선정 시 고려 사항

상대를 알고 나를 알면 백번 싸워도 백번 이긴다는 말처럼, 개척하고자 하는 지역의 특성과 자신의 성향이 맞는지를 비교해 보는 것이 중요하다. 먼저 지역 주민의 생활 정도, 학력 수준, 연령 분포, 인구 수, 직업 등 개척 대상 지역을 파악하는 일이 선행되어야 한다. 그다음 해당 지역과 개척할 목회자 자신의 성향이 잘 맞는지를 고려해야 한다. 가령 민중신학을 한 사람이 강남 압구정동에 개척한다고 하면 이미 실패한 개척이라 볼 수 있을 것이고, 또 고급 승용차를 타면서 달동네에 개척한다고 해도 주민들에게 배척받을 수 있기 때문에 지역 정서와 자신의 성향이 맞는지를 면밀하게 검토해야 한다. 구체적인 예로, 일산에서 50대 이상의 목회자가 개척해서 성공한 경우는 단 한 건도 없다. 개척에 성공한 연령은 모두 30대 후반에서 40대 중반이었다. 우리 교단의 교회만 보아도 한소망, 승리, 일산 광성, 일산 동안, 일산 명성, 일산 세광, 일암, 사랑교회 등의 교육자가 모두 이에 해당된다. 이것은 일산 신도시 주민들의 연령 분포가 30대와 40대가 주축을 이루고 있기 때문이다.

2) 개척 장소와 시기

개척할 때는 유동인구가 많은 지역이 유리하고, 무엇보다 아파트 입주 시기와 때를 맞추는 것이 중요하다. 아파트 입주 후 3년이 지나도 자립하지 못할 경우에는 지역을 옮기는 것을 신중하게 생각해야 한다. 3년 안에 자립했을 경우 자리가 비좁게 느껴지면 교회 확장 또는 이전을 고려해야 한다. 이때 교인들의 동의 없는 무리한 이전은 낭패를 볼 수 있다. 아파트와 주택 단지 사이에 4차선 도로가 있을 경우에는 횡단보도가 가까이 있는지, 차량 진입이 용이한지를 잘 살펴야 한다. 교회 개척론에서 4차선을 왜 '죽음의 4차선'이라 부르는지, 그 이유를 잘 생각해서 위치를 정해야 한다.

3) 차별화

현재 우리나라의 부동산 실태에서 교회를 개척하기란 매우 어려운 것이 사실이다. 땅값, 전셋값이 워낙 비싸기 때문에 좋은 조건을 갖추고 개척하기가 매우 어려워졌다. 또한 적합한 장소에는 각 교단의 교회들이 앞다투어 개척해 들어오기 때문에 생존 경쟁의 치열한 각축전이 벌어지는 경우가 대부분이다. 심지어 같은 교단이 이웃에 개척함으로써 얼굴을 붉히는 경우도 종종 발생한다. 이런 환경 속에서 어떻게 살아남을 수 있을까? 다른 교회와 똑같은 방법으로는 안 된다. '차별화 전략'이 필요하다.

경영 이론에서 말하는 소위 '브랜드 가치'를 높이는 방법이 유력한 차별화 전략의 하나다. 교회 이름에 대한 인지도를 높이고, 높은 가치를 지니도록 홍보하며, 아름다운 소문을 내야 한다. 목사 자체의 브랜드 가치를 높이기 위해 말이나 행동, 일상생활까지도 신중하게 해야 한다. 지금의 거룩한빛광성교회를 개척할 당시 이미 280여 개의 교회가 개척되었고, 대형 교회가 2개, 중형 교회가 10개쯤 자리 잡고 있었으며, 우리가 개척한 곳은 감리교회가 건축해 목회에 실패한 자리였다. 이미 입주가 끝난 도시에 들어가 무모한 개척을 시작한 것이다. 하지만 그 속에서 살아남을 수 있었던 것은 차별화 전략을 구사했기 때문이다. '바른 교회, 깨끗한 목사'가 우리 교회의 브랜드가 된 것이다. 우후죽순처럼 생겨난 신도시 교회들의 개척 시대가 지나가고 재정립 시기에 이르렀을 무렵, 기존 교회에서 성장 위주의 목회 운영으로 인해 상처받은 교인들이 새로운 교회를 찾기 시작했고, 서울까지 교회를 옮겨 나가던 교인들이 지쳐서 결국 가까운 교회를 찾기 시작했던 시기와 맞아떨어졌다.

4) 잠재적 고객

신도시 초기만 해도 전국의 백화점과 대형 할인매장들이 마을마다 셔틀 버스를 운행했다. 대중교통망이 갖추어지지 않은 신도시 주민들은 그 버스를 많이 이용했다. 버스에서 내려 백화점에 들어가는 것이 아니라 지하철을 타고 자기 볼일을 보러 가는 사람들이 더 많다는 것을 알면서도 백화점들은 계속 버스를 운행하며 서비스를 제공했다. 그 이유가 무엇일까? 그것은 버스를 이용하는 모든 사람을 '잠재 고객'으로 생각한 투자의 일환이었던 것이다.

교회의 선교 전략도 이와 같아야 한다. 현재 우리 교회 신자가 얼마 안 된다고 실망할 것이 아니라, 세상의 수많은 사람이 모두 우리 교회의 '잠재적 신자'라는 생각을 가지고 계속 봉사를 하면, 언젠가는 신자가 되고 뜻이 있는 사람은 교회로 돌아온다는 소망을 갖고 장기적으로 큰 그림의 선교 전략을 짜는 것이 중요하다. 거룩한빛광성교회는 사회 선교를 잘해서 성장하는 교회라는 소문이 나 있는데, 이런 선교 전략이 그 밑바탕에 자리 잡고 있었던 것이다. 하나님의 전적인 은혜를 받아 사랑을 빚진 자라는 마음으로 지역 주민을 위해서 아무 조건 없이 문화 강좌, 도서관, 상담실, 수지침 교실, 호스피스 사역, 영어 교실, 컴퓨터 교실 등과 장학 사업을 통해 섬기고 봉사했다. 선한 목적을 가지고 행한 이러한 일들이 결국 좋은 교회로 소문이 나고 교회가 부흥한 원동력이 되었다.

2. 개척의 성공 요소

1) 열정

성공한 목회자들을 조사했을 때 그들의 가장 큰 공통분모는 설교도, 인격도, 심방도, 건물도, 학벌도 아니었다. 그것은 다름 아닌 열정이었다. 크리스티안 A. 슈바르츠 목사는 그의 저서 《자연적 교회 성장》(엔시디 역간)에서 8가지 교회 성장 요소 중 세 번째로 '열정적 영성'을 꼽고 있다.

교회 성장을 위해, 전도를 위해, 복음을 전하기 위해 사도 바울과 같이 미치면 성공할 수 있다. '미쳐야(狂) 미칠 수 있다(扱)'라는 말처럼, 불타는 열정이 최고의 경쟁력이다. 용암같이 솟구치는 열정이 있어야 한다. 교회 일이 즐겁고 좋아야 한다. 억지로 하면 안 된다. 또 '내가 이 일 아니면 먹고살 수 없는 줄 알아?' 하는 자세를 갖고 있으면 성공은 이미 물 건너간 것이나 다름없다. '나는 이 일이 아니면 살 수 없다'라는 마음으로 죽기 살기로 도전해야 성공할 수 있다. 이는 목회뿐 아니라 사회생활도 마찬가지다. 목적의식이 분명하면 열정이 솟구치게 되어 있다. 미국의 경영 연구 기관인 스펜서 스튜어트의 조사에 의하면, 미국에서 존경받는 50대 CEO들의 가장 두드러진 공통점 역시 '자신이 하고 있는 일에 대한 불타는 열정'이라고 했다.

2) 설교

열정이 사람을 교회까지 끌고 오는 '전도'라고 한다면, 설교는 전도된 사람을 교회에 머물게 하는 '정착'이라고 할 수 있다. 전도를 아무리 많이 해도 설교가 뒷받침되지 않으면 다 흘러가 버리고 만다. 그러므로 설교가 중요하다. 설교를 잘하지 못하는데 교회가 부흥하는 경우는 드물다. 성장하는 교회의 설교를 들어 보면, 신학적으로 다소 부족할지 몰라도 교인들의 심령을 움직이는 역동성이 있음을 발견할 수 있다.

좋은 설교는 듣는 이의 정서와 교감이 되는 설교다. 공허한 메아리, 반향 없는 설교는 아무리 신학적이고 고상해도 교회 성장과 상관이 없는 책 속의 설교일 뿐이다. 그러므로 설교의 칼을 갈아야 한다. 좋은 설교를 많이 듣고 설교를 많이 해야 하며, 설교를 직접 작성하는 피나는 훈련을 해야 한다. 또 교인들의 연령층을 고려해서 누가 들어도 쉽게 이해할 수 있고 삶으로 받아들일 수 있도록 설교를 준비해야 한다. 듣는 설교만이 아니라 눈에도 잘 정리되어 보이도록 설교의 핵심이 일목요 연하게 있어야 하며, 명언이나 고사성어를 사용해서 배울 게 있는 설교 가 되도록 하는 것이 중요하다.

3) 건물

현대인들의 삶의 무게는 이전 시대에 비해 가볍다. 고생을 싫어한다. 부담을 싫어한다. 십자가를 지라 하면 버리고 도망간다. 교회가 한 집 건너 하나씩 있는데 구태여 지하상가 교회에서 신앙생활하려 하지 않 는다. 그러므로 자기 건물을 갖는 것이 교회 성장의 중요한 요인이다.

목회자라면 누구나 신앙심이 저절로 우러나는 거룩한 예배당을 원한 다. 그러나 이것을 조급하게 추진하면 교회가 풍파를 겪고, 또 너무 신 중하면 때와 성장을 놓치게 된다. 일산에 자리 잡은 교회들은 역사가 각 양각색이다. 그런 가운데서도 큰 교회를 건축하다가 아픔을 겪은 목회 자들이 더러 있다. 여러 이유가 있겠지만, 교인들의 뿌리의식이 약한 것 이 가장 큰 원인이고, '배운 것은 있어도 가진 것은 없다'라는 신도시 사 람들의 특징을 간과했기 때문이다. 젊기 때문에 목돈이 없고 헌신의 경 험이 적다는 점을 모르고 건축을 무리하게 추진하다가 교회가 아픔을 겪게 되는 것이다.

성장학에서는 '좌석의 80퍼센트가 찰 때 다음 장소를 물색하라'고 말 한다. 그러나 요즘 대한민국 형편에서는 좌석 수 곱하기 두 배의 인원 이 출석할 때 다음을 생각하는 것이 보통이다. 10년 전만 해도 지하 개 척을 권했으나 요즘은 지하 개척을 안 하는 것이 좋다. 상가 개척을 할 때도 과거에는 구입하는 것이 좋다고 했으나 요즘은 전세로 들어갈 것을 권한다. 그 이유는 옮길 때 보증금을 되찾기가 쉽기 때문이고, 상가를 구입했다가 다시 팔 경우 값이 오르는 경우가 드물기 때문이다. 거룩한빛광성교회는 천호동 광성교회에서 개척 자금으로 10억을 받고 건물을 매입해서 개척한 경우다. 정말 큰 은혜를 받았다. 그만큼 성장하는 데 유리한 조건으로 출발했던 것이다. 우리 교회는 24개의 교회를 분립 개척하며 하나님의 은혜에 보답했다. 앞으로 이와 같은 방식으로 교회를 개척하는 운동이 교회에서 일어나야 할 것이다.

4) 건강

열정적으로 모으고, 설교로 정착시키고, 건물에 교인을 가득 채운다 해도 목회자의 건강이 좋지 않으면 유지할 수가 없다. 주변의 작은 교회 목사들은 모여서 운동도 하고 결속도 다지는데, 성장하는 교회의 목사들은 하나같이 건강이 좋지 않아 얼굴에 병색이 완연한 경우를 볼 수 있다. 일중독에 걸릴 정도로 목회에 빠지지 않고는 교회가 성장하기 어렵고, 또 성장하니 일이 많아져 건강을 지킬 수 없게 되는 것이다. 그러나 건강 또한 장기적 목회의 중요한 요인이 되므로 목회의 일과 속에 운동도 포함시켜 규칙적으로 운동하며 건강을 지켜야 할 것이다. 건강은 건강할 때 지켜야 한다.

5) 인격

신학생 시절 은사님에게 들었던 목회 격언 '행정 3년, 설교 3년, 인격 30년'이라는 말이 생각난다. 조직적으로 목회할 수 있는 기간은 짧고,

설교를 잘해도 인격이 뒷받침되지 않으면 교회가 성장할 수 없다. 인격이 갖추어져 있지 않으면 교인들에게 상처를 주고 상처를 받게 된다. 그러면 교회는 천국이 될 수 없고, 늘 파도치는 바닷가의 모래성과 같이 쌓았다가 무너뜨리기를 반복하게 될 것이다.

큰 교회가 목표가 되어서는 안 된다. 그러면 상실감에 젖어 살 수밖에 없다. 바른 교회, 바른 목표를 위해 힘써야 한다. 바른 교회는 얼마든지 커도 괜찮으나, 바르지 않은 교회는 클수록 교계와 사회에 악영향을 미칠 수 있다. 그러므로 공생애를 통해 보여 주신 예수님의 성품이 우리의 인격이 되도록 평생을 갈고닦아야 한다.

기성 교회에 청빙을 받아 목회를 하는 것 역시 귀한 일이다. 그러나 주님이 주신 꿈이 있다면 개척을 하는 것이 바람직하다. 기성품 옷에 내 몸을 맞추는 것이 얼마나 어려운 일인가? 그 옷을 입는다 해도 옷맵시가 나지 않을 것이다. 하지만 옷을 새로 만드는 것은 힘들어도 입으면 맵시가 나는 법이다. 하나님이 원하시고 시대가 요구하고 사람들이 찾는 '바로 그 교회'를 개척하는 일은 진정 흥분될 만큼 멋진 일이다. 힘들어도, 어려워도 해 보자. 할 수 있다. 하면 된다. 우리가 무릎 꿇고 기도할 때 고난을 넘어 힘을 주실 것이요, 주님 주신 소망을 바라보며 한 길로 나아갈 때 기적은 일어난다. 하나님은 기적을 준비하고 계신다.

21세기 목회 전략

21세기를 맞은 우리는 다음의 네 가지를 염두에 두고 목회에 전념해야 한다.

첫째, 영성 목회가 되어야 한다. 기술, 기교, 프로그램만으로는 승부할 수 없다. 교단이 목회를 보장해 주는 것도 아니다. 학벌이 성공을 보장하지도 않는다. 오직 성령의 인도하심만이 우리의 길을 보장해 준다. 그러므로 신령한 은혜를 사모하고 신령한 목회를 추구해야 한다. 교인은 방언으로 기도하는데 목사는 방언을 하지 못한다면 '하라, 하지 마라. 좋다, 나쁘다' 말할 자격이 없다. 초대 교회처럼 성령의 역사가 일어나는 교회를 만들어야 한다.

둘째, 수도사적 영성이 나타나야 한다. 목사의 삶이 스님과 신부보다 낫다는 것을 보여 주어야 한다. 같이 어울려 살면서도 먹는 것, 물질을 사용하는 것, 말하는 것, 생각하는 것, 환경을 생각하는 것, 세상을 이해하는 것 등 모든 면에서 수도의 향기가 배어나도록 본이 되어야 한다.

셋째, 평신도 리더십을 키워야 한다. 교회의 좋은 평신도 자원을 활용해야 한다. 평신도를 목사의 제자로 만들려 하지 말고 예수님의 제자, 교회의 참된 일꾼으로 만들어 나가도록 양육하면, 평신도들이 자발적으로 헌신하면서 교회의 주인이 될 것이다.

넷째, 지역 사회의 문화를 선도해야 한다. 지역을 외면한 채 교회 안에 갇혀 있거나 멀리 나가 외부 활동에 전념하는 것은 지역 복음화의 사명을 저버리는 행위로 직무유기에 해당된다. 지역 사회 일을 한다고 시장, 경찰서장과의 조찬 기도회 같은 것에만 참석해서는 지역 주민들에게 호응을 얻지 못하며, 지역 문화를 이끌어 갈 수 없다. 지역 주민과 함께하는 프로그램을 만들고, 주민들이 편하게 교회를 드나들 수 있도록 문턱을 낮추며, 소외 계층에 눈을 돌려 복지관을 운영하고, 학교를 세워 지혜의 요람을 만드는 등의 운동이 벌어져야 한국 교회에 미래가 있다.

02
큰교회가 아닌
건강한 교회를 꿈꾸라

대마불사(大馬不死)**는 옛말** - 교회도 다이어트가 필요하다

교회도 대마불사 시대는 지나갔다. 인구 절벽에 교회 신뢰도도 추락했기 때문에 생각을 다이어트해야 한다. 지금은 작고 가난한 이를 위한 영성이 필요한 시대다. 나는 신학생 시절 민중 신학을 접하고 가난한 이들과 평생 함께할 것을 결심했다. 전임 전도사로 처음 발 디딘 곳은 충북 음성의 폐광촌이었다. 이후 서울로 돌아와 장신대 신학대학원을 마치고 봉천제일교회와 광성교회에서 부목사 생활을 하다 1997년 '일산 신도시에 280번째'로 교회를 개척했다.

생존 자체가 기적적인 상황임에도 스스로 엄격하게 챙기는 장치들을 마련했다. 사람은 누구나 자기중심적이며, 소유하면 누리고 싶게 마련이다. 처음부터 내 안의 탐욕과 의를 경계하지 않으면 거룩함을 가장한

명예와 욕구를 추구하는 목사가 될 것 같았다. 목사라는 자리는 지금도 두렵고 떨리는 위치다. 밥벌이로 삼자 하면 그만이지만, 잃어버린 한 마리의 양을 찾으시는 주님의 마음으로 제대로 하려 하면 너무도 어려운 길이기 때문이다.

나는 은퇴를 앞둔 2018년에 거룩한빛광성교회의 분립(分立)을 시작했다. 우선 파주 운정지구에 종교 부지를 마련해 800석 교회를 건축했다. 거룩한빛광성교회가 네 개쯤으로 나뉘었으면 좋겠다고 생각했다. 처음 건물인 일산 지하 예배당에 2,450명이 출석할 때 현재의 거룩한빛광성교회 자리에 건물을 지어서 교회를 이전했다. 그때까지만 해도 열심히 심방을 다니다 보면 전 교인의 얼굴은 물론 집안 사정까지도 알 수 있었다. 그런데 그 수를 넘어서니 심방을 할 수 없게 되면서 얼굴을 모르는 교인들이 생기기 시작했다. 하루에 결혼 주례를 세 번씩 하기 위해 오토바이 퀵 서비스를 이용하기도 하고, 한 주에 장례를 아홉 번이나 치른 적도 있었다. 하지만 그렇게 해도 못 챙기는 애경사가 생기면서 '공동체의 아픔도 못 챙기는 게 무슨 목사냐' 하는 자괴감이 들었다. 그래서 2010년부터 교인을 늘리지 않겠다고 선언했고, 분립에 대한 생각을 굳혀 나갔다.

나는 이 시대에 필요한 정신은 '작은 것, 가난한 영성'이라고 생각한다. 가난한 영성, 한 영혼에 집중할 수 있는 영성을 신학교 때부터 가르쳐야 한다. 교인이 1천 명 이하면 목사의 전부가 드러나지만, 그 이상 되면 베일에 가려지게 된다.

한국 교회의 허리가 무너지고 있다

700명 출석하던 교회의 성도가 70명으로 줄어든 경우가 있다. 한국의 중형 교회는 평균적으로 1960년대의 어려운 시절에 탄생해 1970-80년대에 성장을 경험한 후 1980년대에 성장 1세대의 은퇴를 맞이했다. 1990년대부터 2세대 목회자들로 교체됐지만, 교회가 마이너스 성장의 위기를 맞았고, 2000년대에 들어 가파르게 무너지는 상태다. 문제가 산적해 있다. 작은 교회는 정(情), 대형 교회는 시스템을 갖추고 있는데 중형 교회는 그 사이에 끼어 있다는 점이다.

중형 교회들은 대부분 동네 이름을 교회 이름에 걸 정도로 지역 공동체의 대명사였다. 그러나 세월이 흘러 지역이 공동화·슬럼화되거나 재개발 사업이 벌어지면서 변화가 생겼다. 한 예로, 교회 인근에 3천 명의 학생이 다니던 초등학교가 700명 수준으로 감소했는데, 그나마도 중국 교포와 다문화 가정이 절반을 차지하게 되었다고 한다. 기반이 무너진 것이다. 역사가 오래될수록 '고령화'는 더욱 심각하다. 출가한 자녀 세대의 대부분이 신도시 등으로 이주한다. 그러다 보면 교회에는 처음부터 다녔던 교인만 남게 된다. 이런 상태에서 목회자가 교체되면 60대 이상의 교인들 사이에 부임한 40대 목회자는 리더십을 발휘하기가 쉽지 않다. 처음 교회를 창립하거나 부흥할 때 기존 신자들은 '교회=은혜'라는 생각이 강해 자신의 생활을 희생하면서까지 헌금하고 헌신했다. 그러나 젊은 세대는 '충성도'가 약하다. 설교를 1세대에 맞추면 3세대는 교회를 떠난다.

'마천루의 저주'는 교회에도 그대로 적용된다. 교회가 새 건물을 지을 때는 그 교회 성장의 '정점'(頂點)이라는 말이다. 부흥기에는 중형 교회도 지방에 기도원을 지었다. 그러나 성장이 꺾이면서 유지비 자체가 엄청난 부담이 되었다. 이쯤 되면 교회를 이전하자는 이야기가 나온다. 문제는 슬럼화된 동네의 교회 건물은 팔리지도 않는다는 것이다. 중형 교회가 어려워지면서 장로교의 지역 단위 조직인 '노회'에서 개척 교회 신청을 받지 않는다는 이야기까지 나오고 있다. 그동안 개척 교회는 노회 내의 교회들이 십시일반으로 지원했는데, 지금은 여력이 없기 때문이다.

목회사회학연구소(소장 조성돈 교수)가 주최한 '중형 교회'를 주제로 한 세미나에서 대표적 대안으로 교동(敎洞)협의회가 제시됐다. 지역의 교회들이 자치센터와 협조해서 지역 사회를 섬기는 방안이다. 행정 조직이 파악하고 있는 어려운 이들을 지역의 교회들이 교단과 교파를 넘어 돕는 방식이다. '자원봉사센터 운영', '통장(統長) 봉사단' 등도 대안으로 제시되고 있다. 예배가 없는 주 중에는 교회 공간을 주민들이 사용할 수 있도록 제공해야 한다는 의견도 있다. 이날 세미나에서는 '문제는 개별 교회가 아니라, 대형 교회에서 벌어지는 사건 때문에 개신교 전체 이미지가 나빠지는 것이 결국 중형 교회와 작은 교회에는 치명적 타격'이라는 의견도 나왔다.

도랑이 살아야 개천이 살고, 개천이 마르지 않아야 강물이 살아나는데, 지금 한국 교회는 개천이 마르게 된 상황이다. 나는 중형 교회를 살릴 수 있는 방법을 찾기 위해 세미나를 후원했다. 갈수록 전도가 힘들어지는 현실 가운데서 모두가 힘을 합쳐야 한다. 큰 교회는 작은 교회를 위해 좋은 일을 해야 하는 건 알지만 어떻게 해야 할지 방향을 모르고 있다. 전문적으로 작은 교회들을 위해 사역하는 사람들에게 힘을 모아 줘도 좋고, 지역에서 거점이 되는 큰 교회들이 주변의 작은 교회들에게 애정을 쏟으며 함께하는 것도 좋다.

지금은 평신도 사역, 은사 중심 사역이 필요하다. 평신도를 '병신도'가 아닌, 받은 은사대로 섬기는 능력 있는 사람들로 만들고, 목회자 중심적인 모든 사고를 내려놓아야 한다. 목회자들에게는 평신도들의 은사를 발휘할 수 있게 하는 능력이 필요하다. 그러한 '은사 중심적 사역'을 위해서는 연륜 중심의 사고에서 탈피해야 한다. 강한 카리스마가 있다면 모를까, 연륜 중심적 목회로는 인구 감소 때문에 당장 20년 후에 어느 교회든 어려움을 겪을 수밖에 없다. 교회 건물은 그대로인데 성도들이 줄어드는 상황에서, 앞으로는 평신도들이 강한 교회만이 살아남을 수 있을 것이다.

다른 교회가 한다고 해서 모든 부분을 천편일률적으로 따라하려 하지 말고, 각 교회가 가진 장점을 활용해야 한다. 예를 들어, 정말 설교에 자신이 있다면 다른 것이 아닌 설교에만 집중하는 등의 전략이 필요하다. 보통 작은 교회 목회자들은 큰 교회에 반감을 가지고 있다. 하지만 '나도 큰 교회에서 목회하고 싶은데' 하는 생각이 있다면 이는 이중적인 잣대를 가지고 있는 것이다. 지금 한국에는 큰 교회와 크고자 하는 교회만 있을 뿐, 진정으로 작은 교회는 없다고 생각한다. 처음부터 작은 교회를 하겠다고 시작한 사람에게는 상실감이 없다. 사실 '작은 교회'를 생각하는 것은, 정말 의지적이고 똑똑하고 확실하지 않으면 못 하는 것이다.

교회 상생의 길은 양심 회복부터

큰 교회 목회자들의 양심을 회복하는 일이 급선무다. 과거의 대형 교회는 농촌 교회에서 도시로 올라오는 성도들의 증가로 덩치를 키웠는데, 지금의 대형 교회는 수평 이동한 작은 교회 성도들 때문에 규모가 커졌다. 우리 교회만 해도 성도의 50퍼센트 이상이 이사와 편리한 신앙생활을 이유로 수평 이동을 해 온 경우다. 내가 한국작은교회살리기연합을 결성하게 된 것은 일종의 '속죄 행위'인 셈이다. 처음엔 한국작은교회살리기운동본부장인 박재열 목사의 사역을 돕다가 연합회를 결성하게 되었다. 작은 교회 살리기에 나서고 있는 목회자와 평신도들이 의외로 많다는 사실을 발견했기 때문이다. 연합회에 있는 일본 요한동경교회에서 국내 작은 교회 10곳을 선정해 건축비를 지원하기로 했고, 연합회에 동참하고 있는 다른 목사님들은 작은 교회 목회자들에게 제공할 신학교육안을 연구하기도 했다. 목회자들이 개인의 명예와 권력에 정신이 팔려 시간과 돈을 낭비하는 것은 교회를 영적으로 죽이는 일이다. 작은 교회 살리기는 곧 교회와 목회자 자신을 살리는 일이다.

거룩한빛광성교회는 성장 전략이 없다

우리 교회는 성장 전략이 없는 대신, 교회를 건강하게 만드는 여러 전략이 있다. 나는 성숙함을 동반하지 않는 교회의 대형화를 경계한다. 한번도 큰 교회를 목표로 삼은 적이 없다. 스스로 커진 것이며, 이제는 오히려 그 규모를 줄여야 할 때가 왔다. 매년 1천 명씩 늘어나는 교인 수를 줄이기 위해 교회의 개척과 분립을 시도했다. 큰 교회가 좋은 교회가 아니라, 건강한 교회가 좋은 교회다.

한국형 대형 교회가 계속 존립할 수 있을지 고민이다. 요즘 한국 교회는 요셉의 7년 흉년 가뭄에 2년쯤 흐른 시기라고 본다. 7년으로 끝날지 70년으로 끝날지 알 수 없지만, 흉년기에 들어간 것은 분명하다. 지금은 완전 쇠퇴기에 접어들었다. 왜 쇠퇴기에 들어갔을까? 한국 교회가 130년을 지나면서 나이가 많아졌기 때문이다. 결국은 교회가 죽어 가는데, 이를 끊기 위해서는 교회가 젊어지는 방법밖에 없다. 목사들의 영성을 회복하는 길은 야성을 갖는 것이다. 그러기 위해서는 가난에도 처할 줄 알아야 한다. 부유한 시기를 지나면서 목사들이 야성을 잃어버렸다. 마지막 춘궁기 보릿고개를 넘어 봤던, 교회 성장 초기에 진입했던 목사들은 옛날을 생각하며 근본으로 돌아가야 한다. 목사가 가난을 자처하며 건강하고 젊은 교회를 실천하는 길은, 작은 교회를 지향하면서 교회를 계속 분립하고 세우는 것이라고 생각한다.

우리 교회는 교인과 지원금을 분할하는 등 다양한 방법으로 매해 분립 개척을 시도해 23년간 24개의 교회를 세웠다. 개척 3년 반 만에 처음 분립 개척을 시작했다. 대형 교회가 된 다음에 이 일을 시작한 것은 아니다. 성도 수가 1천 명일 때 개척을 시도해 매해 분립 개척을 해 왔다. 왜 분립 개척을 하는가 묻는다면, '교회가 교회를 낳아야 한다'는 당위성과 성장주의에 대한 반성 때문이다. 성장해야 분립할 수 있겠지만, 자칫 성장주의가 되면 자기만 보게 된다. 순복음교회는 분립했지만 결과적으로는 지교회화했다. 이것은 자본주의의 영성이라고 생각한다.

성장주의의 관점을 갖게 되면 예수님의 영성은 사라진다.

신앙 공동체의 본질, 즉 목회학에서 배운 것처럼 '300명' 또는 '153 원리'를 기억한다. '153명'이 신앙 공동체의 적정 규모라는 뜻이다. 목회자 한 명이 교회의 본질을 지키면서 건강하게 목회할 수 있는 교인의 숫자가 최대 153명이라는 것이다. 교회는 절대로 150명을 넘어서는 안 된다는 의미가 아니라, 그 규모 이상으로 성장하더라도 건강하고 투명하며 민주적인 운영으로 그 규모를 넘어야 한다는 것이다.

성도 수가 얼마여야 적당한가의 문제는 목회학에서 계속 논의의 대상이지만, 1천 명을 넘기는 것은 아니라고 생각한다. 총회는 성도 수가 1천 명 이상을 넘지 않도록 규제하는 일을 해야 한다고 생각한다. 그러기 위해서는 의무적으로 교회를 분립하도록 해야 한다. 큰 교회가 거느리는 교회가 아닌 독립된 개척 교회다. 분할하는 이유는, 교회를 더 쉽고 깨끗하고 건전하게 운영하기 위해서다. 큰 교회가 아닌, 집에서 가까운 교회에 교인들이 오게끔 만들어야 한다. 우리 교회도 너무 커졌다. 23년간 교회가 급성장하는 바람에 심방을 못 하게 되었다. 목회자가 장로들 가정마저도 속속들이 알지 못하는 것은 매우 죄스럽다.

많은 교회들이 목회의 본질에 신경을 쓰지 못한 채 관리에 집중하고 있다. 이제는 한국 교회가 성장주의에 빠지지 않도록 총회에서 규제를 가할 필요가 있다. 어떻게 이 땅을 복음화할지 효과적인 길을 찾는 노력을 해야 한다. 끊임없이 반성하지 않으면 한국 교회는 큰 위기에 빠질 것이다.

03

하나님이 주신
목회의 꿈을 펼쳐라

본질을 행하는 교회

최근 한국 교회에서 사회 선교와 사회 참여 그리고 지역 사회에 이바지하기 위한 사역과 활동이 늘어나고 있다. 과거 소수의 의식화된 목사들의 사역으로 간주되던 것에 비하면 고무적인 일이 아닐 수 없다. 하지만 근본적으로 한국 교회가 사회 선교를 복음을 전하기 위한 수단, 즉 부수적이고 비본질적인 사역으로 인식하고 있는 것은 여전히 해결해야 할 과제다.

사회 선교는 교회의 본질이다. 하나님은 고아의 아버지요 과부의 재판장으로 그들을 신원하시며, 나그네를 사랑하사 그들에게 식물과 의복을 주시는 분이다. 하나님이 기뻐하시는 금식은 "흉악의 결박을 풀어 주며 … 주린 자에게 네 양식을 나누어 주며 유리하는 빈민을 집에 들이며 헐벗은 자를 보면 입히"는 것이라고 말씀하셨다. 예수님도 사회적으로 소외 계층이었던 어린아이와 여자들을 축복하셨고, 금기시됐던 사마리아 땅을 밟으셨으며, 수가 성에서 여인에게 복음을 전하셨다. 그뿐 아니라 가난하고 핍박받고 고통 받는 자들을 돌아보셨다. 초대 교회 또한 구제하는 일에 힘썼던 것을 성경을 통해 알 수 있다. 마찬가지로 한국 땅에 복음을 심기 위해 자신을 바쳤던 기독교 초창기 선교사들 역시 사회 선교를 모범적으로 행했다. 배재학당, 이화학당, 연희전문학교 등 최초의 서양식 학교를 세웠으며, 병원과 고아원을 세워 사회 선교를 모범적으로 행했다.

이런 아름다운 전통에 서 있는 한국 교회가 사회 선교를 비본질적이라고 여기게 된 것은 일제의 간교한 정책에 회유되었기 때문이다. 1919년 3월 1일에 일어난 기미 독립 만세 운동을 무력으로 진압한 일본은 독립 운동에 앞장선 교회의 지도자들과 선교사들에게 종교의 자유를 용인하는 대신 정치적인 것과 사회적인 부분에 관심을 갖지 않도록 하는 데 성공했다. 이 영향은 1930년대 이용도 목사 등이 중심이 된 부흥 운동으로 나타나 상처받은 민중의 마음을 위로하고 그들을 피난처 되시는 예수님에게로 인도하는 긍정적인 역할을 했으나, 기독교가 내세 지향적 신비주의로 흘러 세상에 대한 관심을 기울이지 않게 되었다. 이러한 영향이 한국 교회에 깊이 파고들어 교회와 세상을 분리해서 생각하는 이원론적 사고가 보편적으로 자리 잡게 되면서 사회 선교는 교회의 본질적인 요소가 아닌 것처럼 신자들 뇌리에 각인된 것이다.

1997년 지금의 거룩한빛광성교회를 개척할 때부터 개인 구원과 사회 구원이라는 두 날개를 동시에 펼치는 사역을 전개하면서 지역 사회에 좋은 소문이 났다. 물론 교회를 개척하고 급성장하는 시기에도 모든 사람이 목회 방향에 동의하는 것은 아니었다. 대부분의 교인들은 기쁘게 따라왔지만 신앙의 연조가 오래될수록 갈등을 보였다. 때문에 이런 편견을 가진 신자들이 반박하지 않도록 개인 구원에 관한 프로그램도 열정적으로 진행했다. 이를 위해 우리 교회는 매년 50개 반의 성경대학을 개설하고 중보기도학교를 열며, 160개의 중보기도 팀을 운영했다. 특별히 병든 자와 은혜를 사모하는 자들을 위해 목요일마다 치유와 은사를 위한 베데스다 집회를 진행했다. 예배는 역동적으로 드리기에 힘썼으며, 뜨겁게 찬양하고 기도했다. 영성이 바탕이 되지 않는 사회 선교는 오래 지속될 수 없기 때문이다. 이처럼 개인의 영성 훈련과 사회의 선교는 떼려야 뗄 수 없는 동전의 양면과도 같은 것이다.

1995년부터 기독교 인구가 감소했다는 보고가 나오게 되었다. 이런 흐름이 쉽게 역전되지 않을 것이라는 예상이 지배적이다. 기독교가 폭발적으로 성장하던 때와는 달리 경제·문화·사회적으로 많은 것이 변했다. 이와 맞물려 기독교 지도자의 부도덕한 모습 또한 너무 많이 노출되었다. 기독교 내부의 건전하지 못한 모습이 겉으로 드러나면서 한국 교회에 대한 사회적 이미지가 많이 나빠졌다. 기윤실(기독교윤리실천운동)이 조사한 기독교의 사회적 신뢰도가 예전에 비해 낮아진 것은 명백한 사실이다. 이러한 사정으로 인해 한국 교회가 많은 어려움을 겪고 있다. 특별히 작은 교회는 전도가 되지 않는다. 이런 때일수록 전도할 수 있는 접촉점을 늘려야 하는데, 이때 사회 선교가 아주 유용한 선교 전략이 될 수 있다. 아울러 이는 기독교 전체 이미지를 제고하는 일에도 필수적이다. 2007년, 태안 앞바다에 기름이 유출됐을 때 한국 교회가 보여 준 사회적 책임을 다하는 모습과 섬김으로 인해 기독교의 이미지가 많이 개선되었다는 보고서만 보더라도 사회 선교가 얼마나 중요한지 알 수 있다.

이렇게 내부적인 요청 이외에도 사회적인 변화를 보면 한국 교회가 짊어져야 할 사회 선교의 중요성을 알 수 있다. 국제적 경제 위기로 인한 국내 경기 침체와 경제적인 양극화 심화, 청년 실업과 노인 증가, 가족 해체 및 다문화 가정의 증가 등 여러 가지 사회 변화에 따른 사회 복지의 수요가 급격히 증가하고 있다. 사회 복지에 대한 요구는 앞으로 계속해서 확대될 것이다. 정부에서도 많은 예산을 들여 여러 가지 정책을 추진하고 있지만, 기독교의 도움 없이는 불가능한 일이라는 것을 잘 알고 있다. 이미 한국 기독교는 복지 시설의 60퍼센트 정도를 운영하고 있고, 문화 교실, 평생교육원 사역 등을 통해 직접적인 복지 혜택을 받아야 하는 사람들뿐 아니라 복지 사각 지대에 놓인 차상위 계층까지도 감당하고 있다. 그럼에도 불구하고 비난받는 것을 겸허하게 받아들이고 사회 선교에 더욱 힘써야 하는 것이 교회를 향한 하나님의 뜻이라고 생각한다.

날마다 개혁하는 교회

'개혁된 교회는 항상 기억되어야 한다'라는 것이 종교 개혁의 명제다. 그러나 우리나라 개혁 교회는 전통과 관습의 늪에서 허우적거리고 있는 모습이다. 복음의 순수성과 말씀의 역동성을 지켜 나가야 할 전통이 오히려 공동체를 왜곡시키는 아이러니가 교회 공동체에서 많이 발생한다.

나는 우리의 당면한 과제가 교회 개혁이라고 생각한다. 그래서 우리 교회가 한국 교회의 개혁 모델이 되는 것을 5대 비전 중에 하나로 삼았다. 개혁을 외치는 사람은 많지만 실제로 개혁을 실행하는 교회는 많지 않다. 개혁을 위해서는 자기희생을 감수해야 하는데 그게 말처럼 쉽지 않기 때문이다. 이에 우리가 개혁한 사례를 소개하면서 앞으로 더 나은 개선안이 나와 주님의 몸 된 교회가 더욱 굳건히 서 가기를 기대한다.

1. 목사의 권한 제한

나의 목회훈은 '아사교회생', 즉 '내가 죽어야 교회가 산다'이다. 신학생 시절부터 교회 개혁을 마음에 품고 있던 나로서는 이 문구 하나가 교회 개혁의 첫 열쇠가 되었다. 그렇다. 목사 스스로 자신의 권한을 제한하거나 낮아지지 않고서는 그 무엇도 시작할 수 없다는 것을 깨달았다. 그래서 나는 먼저 나 자신을 제한하는 시스템을 강구했다.

1) 65세 은퇴

세상이 얼마나 빨리 변하는지 모른다. 2017년 기준으로 한국 남자들의 평균 은퇴 연령은 52세다. 그런데 교단마다 약간의 차이는 있겠지만, 목사의 은퇴 나이가 70세를 상회한다. 바꿔 말하면, 70세가 될 때까지 교회 공동체의 리더로서 활동하는 것이다. 물론 요즘 평균 수명이 늘어나고 건강이 좋아져서 늦은 나이까지 활동할 수 있다고 반박할지 모르지만, 문제는 목소리나 건강이나 활동력이 아니라, 젊은 사람과의 세대 차이를 극복할 수 없다는 것이다. 이것은 교회 안에서 젊은이들이 사라지고 교회가 활력을 잃게 하는 주요 원인이 되고 있다. 그래서 나는 65세에 은퇴하기를 개척하면서부터 선언했다. 사실 요즘은, 더 일찍 내려놓고 다른 사역을 더 활발하게 했다면 어땠을까 하는 생각을 하기도 한다.

2) 신임 투표

신임 투표는 목사의 독재를 막고 교인들의 뜻을 교회 운영에 받아들이기 위한 방법이다. 조심스럽지만 신임 투표를 하지 않아도 쫓겨날 사람은 쫓겨나고, 신임 투표를 제대로 도입해도 머무를 사람은 머물게 된다. 이는 다만 이러한 제도를 통해 목사 스스로 독단을 부릴 가능성을 차단하고 성도들에게 선택권을 돌려주는 의미가 있다.

3) 원로 목사 폐지

원로 목사는 교단이 약하고 목사 스스로 은퇴 후 생계를 유지할 수 없었던 시절에 만들어진 제도라고 생각한다. 따라서 목사 연금 제도가 잘 갖추어져 있는 지금, 원로 목사로 남아서 교회의 상왕 역할을 해서는 안된다고 생각한다. 무엇보다 교회에서 원로, 명예, 은퇴라는 단어는 없애야 하는 말이라고 생각한다. 모두 하나님 앞에서 섬기는 종일 뿐이다.

4) 보너스 폐지

보너스는 이윤 창출을 목적으로 하는 기업이 직원의 업적이나 공헌도에 따라 지급하는 별도의 보상이다. 그런데 교회는 이윤 창출을 하는 기업이 아니고, 목사는 섬기는 직분이며, 보상은 하늘의 상급을 받는 것이다. 또한 복음을 전하는 자는 두 주머니를 차지 말라는 말씀에 입각해서 보너스는 두 주머니를 차는 것이라고 여겨 이 제도를 폐지했다. 교회에서는 누구도 재산을 쌓을 만큼 사례를 받아서는 안 된다. 교회는 벌어가는 곳이 아니라 내려놓는 곳이기 때문이다. 때문에 목사인 나부터 적은 사례를 받고 본을 보여야 한다고 생각했다.

2. 장로의 권한 제한

장로의 권한을 제한하는 목적은 당회를 개혁하기 위함이다. 당회는 교회의 주요 기관으로 교회 운영의 중요 사항을 의논하고, 결정하고, 진행하는 최고 의결기구다. 그러므로 건강한 당회가 건강한 교회를 만든다. 그러나 한국 교회의 당회는 원로회의 모습을 벗어나기 어려운 실정이다. 사실 당회는 농경 사회의 수직적 구조에 어울리는 제도다. 농경 시대를 벗어나 교회가 폭발적으로 성장하던 시기에는 유교적 전통, 농경 문화 전통, 군대 전통이 교회 내에도 그대로 녹아 있어 당회라는 제도가 좋은 역할을 했지만, 지금은 그렇지 않다. 당회를 없애서는 안 되겠기에 좀 더 건강하게 만들 수 있는 방법을 계속해서 고민해 왔다.

1) 입법·사법·행정권의 분리

국가가 건전하게 운영되기 위해서는 반드시 입법·사법·행정권이 분리되어 서로를 균형에 맞도록 견제해야 한다. 하지만 한국 교회의 당회는 삼권을 다 가지고 있는 무소불위의 조직이다. 때문에 매너리즘에 빠지거나 과도한 권한을 행사하기 쉽다. 그러므로 입법·사법·행정을 철저하게 분리하는 것이 필요하다.

2) 임기제와 연한제의 도입

목사의 신임제와 65세 은퇴에 맞게 장로의 임기제와 연한제 또한 동시에 도입했다. 임기제는 장로 피택 후 당회에는 6년만 들어올 수 있게 했다. 동시에 연한제를 적용해 65세까지만 당회에 들어와 입법·사법 기능을 하도록 했다. 대신 직접 부장이나 위원장을 맡지 못하도록 행정권을 제직회에 일임했다. 65세가 넘거나 6년 임기가 다 끝난 장로는 사역 장로가 되어 위원회를 운영하는 책임을 맡거나 현장에서 직접 뛰기도 하는 등 계속해서 사역을 할 수 있도록 했다. 이처럼 자연적으로 권한을 분리하고 당회와 각 위원회가 서로를 잘 알아 유기적으로 돌아갈 수 있도록 구조화했다.

3) 여성 장로의 확대

우리 교회는 매년 다섯 명의 장로를 세운다. 그중에 한 명은 당연직으로 여성 장로를 세우고 있다. 한국 교회 여성의 비율이 60퍼센트를 넘어 70퍼센트에 이름에도 불구하고 대부분의 장로들이 남자로 구성되어 있어 여성 성도들의 의견이 반영되기 어려운 구조다. 또한 남성 중심의 리더십과 회의 스타일로 인해 교회 안에 갈등이 끊임없이 일어나고 있다. 그런데 여성 장로가 세워지면서 회의 분위기가 바뀌고, 세워진 여성 장로가 남성 못지않게 역할을 잘 수행함으로써 당회뿐 아니라 교회 전체적으로 아주 좋은 영향을 미치고 있다.

4) 당회원 확대

우리 교회 당회 구성은 담임목사, 부목사, 시무장로 이외에 운영협의회장, 안수집사회장, 권사회장, 남선교회연합회장, 여선교회연합회장, 청년연합회장 등 6명이 기관 당회원으로 당회에 참석한다. 이들은 정회원으로 의결권과 발언권을 모두 갖는다. 이를 통해 교회와 당회 간의 소통이 한층 원활해졌다.

3. 평신도의 참여 확대

교회의 주인은 분명 하나님이시다. 그러나 하나님은 교회를 운영함에 있어 목사 한 사람이 아닌 성도의 연합을 통해 하나님의 일을 이루어 나가길 원하신다. 그럼에도 불구하고 한국 교회는 평신도를 동역자로 세우지 못하고 구경꾼으로만 머물게 했다. 그 결과 성도는 많아도 역동성이 없는 교회가 되고 말았다. 평신도가 살아야 교회가 산다. 성도 스스로 참여하고 움직여야 건강한 교회가 될 수 있다.

1) 은사 중심적 사역

전통적 교회 사역 방식은 연륜 중심적 방식이다. 연륜은 경험이 많은 것을 의미한다. 경험이 많다는 것은 아주 좋은 장점이지만, 연륜 중심적 사역은 새로운 사상과 풍조를 받아들이기 어렵고, 젊은 세대와 지식인을 머물게 하는 데 한계가 있다. 인재를 등용할 때도 오래된 사람, 공이 있는 사람을 주로 선발하면 변화에 능동적으로 대처하기가 쉽지 않다. 연륜은 존중해야 하지만, 은사 중심적 사역으로 사람을 고루 등용해야 교회가 부흥할 수 있다. 연륜 중심적 사역을 하면 경험 많고 익숙한 몇 사람이 일을 한다. 반면에 은사 중심적 사역은 경험은 부족하지만 자신이 받은 은사를 십분 발휘할 수 있다. 또 몇몇 사람이 아닌 많은 사람이 함께 참여하면서 부흥이 일어난다. 한국 교회의 건강한 미래를 위해 연륜 중심적 사역을 내려놓고 은사 중심적 사역을 해야 한다.

2) 망할 자유

우리 교회 소그룹 운영의 원칙은 딱 한 가지다. '망할 자유'를 주는 것이다. 성도들의 요구 혹은 교회의 필요에 의해 소그룹을 조직하고 은사에 맞게 배치한 후에는 일체 보고를 받거나 지시하지 않는다. 각 부서의 부장과 위원장을 자신들이 뽑아서 보고하면 당회에서 추인한다. 다만 어려움이 있거나 해결해야 할 문제가 발생할 때는 교역자를 통해 문제를 해결하게 하면서 큰 틀 안에서 운영의 자유를 준다. 방임하는 것 같지만 자율성을 확보하고 보람을 느낄 수 있도록 활동의 장을 마련해 주면 공동체가 실패하는 경우는 거의 없다.

물론 모든 실패를 용인하는 것은 아니다. 가는 곳마다 문제를 일으키는 사람이 있다. 그럴 경우 리더십의 문제인지 환경의 문제인지를 파악하고 적절한 조치를 취한다. 이러한 원칙 아래 우리 교회는 1천여 개의 소그룹, 300개가 넘는 제직 부서, 160개의 중보기도 팀이 자율적으로 운영되고 있다. 그중에는 모임이 활발하게 진행되어 분리되는 경우도 있고, 지지부진한 모임은 통폐합되기도 한다. 대부분의 소그룹들은 역동적으로 운영되고 있다. 참으로 고무적인 일이 아닐 수 없다.

3) 섬기는 교역자

우리 교회는 목사가 나서서 지시하거나 명령하지 못하도록 되어 있다. 다만 뒤에서 섬기며 모자란 부분을 채워 주는 역할을 할 뿐이다. 한 예로, 우리 교회의 부목사들은 식당 봉사를 자처한다. 교구 식구들과 함께 앞치마를 두르고 서빙을 하거나 기쁜 마음으로 설거지 봉사를 하기도 한다. 물론 교역자가 주도적으로 해야 하는 일도 많지만, 위원회에서 자체적으로 토론하고, 토의한 안건일 경우 대부분을 수용하고 진행할 수 있도록 장을 열어 준다.

4. 재정의 건전성과 투명성의 확보

무엇보다 교회 개혁에 있어 성도들의 헌금인 재정의 건전성과 투명성을 확보하는 일이 중요하다. 목사와 장로의 권한을 제한하고 평신도의 참여를 확대시킨 이유도 재정의 건전성과 투명성을 확보하기 위함이다. 나는 개척 후 3개월이 지나면서 교회의 재정 권한을 제직회에 넘기고 일체 관여하지 않았다. 매주 집계한 헌금은 주보에 공개하고, 분기별로 주일 오전에 재정 사용에 관한 내역을 공개한 후 저녁 예배 때 '열린 제직회'를 열어 교회 재정과 교회 운영에 대해 누구든 발언할 수 있게 했다.

종교 개혁이 일어날 당시나 오늘날이나 재정의 문제는 민감하고 중요한 사안이다. 대부분의 문제가 거기에서 기인한다. 나는 재정에 대해 성경적이고 도덕적으로 완벽하게 운영하는 것이 한국 교회가 지향해야 할 방향이라고 생각한다.

교인들을 통해서 함께 일하는 교회

A. 아담스는 교회 행정을 '교인들을 통해서 함께 일하는 것'이라고 정의했다. 짧지만 공감 가는 정의로서, 목회자와 교인이 함께 협력해서 일하는 협력 체계를 강조하고 있다. 이 정의를 잣대로 놓고 볼 때, 한국 교회의 행정은 크게 잘못되었다고 말할 수 있다. 교인들을 통하지도 않고 함께하지도 않기 때문이다. 오히려 목회자와 교인은 서로 협력하는 동반자 관계가 아니라 주종 관계 내지 제사장과 허물 많은 백성의 상하 관계로 자리 잡고 있다.

지금은 과거와는 달리 교회의 지도자인 목사나 장로들의 학력이 교인들보다 월등하다고 말하기 어려울 정도로 고학력 사회가 되었다. 거룩한빛광성교회만 해도 전체 성도의 70퍼센트가 대졸자다. 세상은 급변하고 있는데 교회 안에서는 지도력을 나누고 함께하려는 노력이 좀처럼 보이지 않고 있다. 기껏 한다는 일이 주도권을 목사가 잡아야 하느냐 장로가 잡아야 하느냐 따위의 문제로 시대착오적인 논란을 일으키고 있는 것이다. 이것이 대다수 한국 교회의 실상이다.

세상은 급변하고 있다. 수많은 전문 직업인이 생겨나고 있으며, 20대에 기업을 창업하고 30대에 경영자의 지위에 오르는 사람들도 적지 않다. 1991년, 전도사 박봉을 털어 286 컴퓨터를 어렵게 장만했다. 그러다 컴퓨터를 배우기도 전에 286은 느리고 못 쓴다고 해서 386으로 교체했다. 또 컴퓨터를 배우기도 전에 386은 느리다고 해서 486을 샀다. 지금은 최신 사양의 노트북 컴퓨터를 가지고 있으나 아직도 컴맹을 면하지 못하고 있다.

나 자신의 경험을 통해 세상의 변화를 쉽게 따라가지 못하는 교회의 모습을 본다. 세상은 정보통신 기술의 융합으로 4차 산업혁명의 시대가 되었는데도 교회는 아직 컴맹 수준에 머물러 있다는 데 문제의 심각성이 있다. 교회 행정과 조직에도 변화가 필요한 시대가 되었다. 시대가 변하고 사람들의 사고가 변하는데 유독 교회만 변화를 두려워해서 거부한다면 교회는 사람들로부터 외면을 당하고 말 것이다. 교회의 비본질적인 요소를 부여잡고 본질이 훼손당하는 것처럼 보수를 외쳐서는 안 된다.

그렇다면 변화되어야 할 것은 무엇이며, 과연 그 대안은 무엇인가? 중요한 쟁점 네 가지를 논해 보기로 하겠다.

1. 변화되어야 할 것

1) 계급의식(상하의식)

한국에 기독교가 전래될 당시 조선 사회는 양반과 상민 그리고 천민으로 이루어진 계급 사회였다(이것을 직업별로 사농공상으로 이루어진 신분 사회라고 한다). 이러한 구조는 형태를 달리할 뿐 어느 사회에나 존속하고 있는 것이 사실이다. 그런데 문제는 교회 안에도 집사, 권사, 안수집사, 장로라는 구조가 생겨났다는 것이다. 이들이 신앙생활을 잘하고 타의 모범이 되어 항존직이 되면 문제가 덜 심각한데, 그렇지 않은 경우는 존경을 받지 못하게 되니 군대에서 계급으로 아래 졸병을 누르듯 하는 병폐가 생기게 되었다. 이에 대해 목회자들은 흔히 '묵은 닭은 알도 잘 낳지 못하면서 모이는 많이 먹고 젊은 닭들을 쪼아 댄다'고 비유한다.

2) 장로 제도(장로교 운영 조직)

한국 교회가 급속히 발전해서 세계 기독교를 놀라게 한 동인 중에 큰 비중을 차지하는 요인으로 장로교의 정체(政体)를 말하지 않을 수 없다. 장로교회의 정치 체제인 당회와 장로 제도가 한국 교회를 부흥케 한 공로는 누구도 무시할 수 없을 것이다. 이는 한국 감리교회와 순복음(기독교 대한 하나님의 성회)에서 장로 제도를 도입해 사용하는 것만 보아도 알 수 있다. 한국에서는 장로교가 아니면 안 된다는 말까지도 등장했었다.

장로교가 한국에서 어떻게 깊이 뿌리를 내리고 번성할 수 있었는가 하는 것은 선교 당시 한국의 문화적 토양에서 그 해답을 찾을 수 있다. 우리나라는 조선왕조 500년 동안 유교를 국시로 한 가부장 제도가 확실하게 자리 잡았으며, 각 집안마다 어른들이 존재했다. 교회도 장로라는 어른들이 존재하고 그들의 결의에 따라 복종하는 상하 구조가 분명해, 그러한 교회일수록 부흥할 수 있었다. 그러던 것이 70년대의 산업화를 거치면서 급속한 도시화가 이루어져 핵가족화와 함께 집안에서 어른의 존재감이 약해졌고, 90년대에 들어서는 남성의 존재 자체가 왜소해짐으로 가정에서 수직적 명령 계통이 허물어지고 새로운 가정의 형태가 되었다. 교회라고 예외는 아니었다. 그럼에도 불구하고 교회는 보수적인 종교 집단의 특성 때문에 장로 제도를 더욱 고수해 오고 있다. 이로 인해 충돌이 불가피하게 되었다. 그 충돌이 곳곳에서 일어났다.

① 교회에서의 학생 및 청년층의 감소 현상

사회가 민주화 소용돌이에 휘말렸을 때, 교회는 젊은이들의 요구에 응답하지 못해 의식화된 청년들이 교회를 떠나게 되었다. 그뿐 아니라 교회가 새로운 문화를 수용하지 못해 교회 활동을 통해 음악과 연극, 무용 같은 길을 발견한 젊은이들이 세상으로 흘러들어가 교회와 단절되기에 이르렀고, 그 반대로 세속적 예술 활동을 하던 사람들이 나이 들어 예수 믿고 교회에 돌아옴으로써 교회 문화와 세속 문화가 분별없이 합류해 혼탁해지는 현상을 일으키고 말았다.

② 목사와 장로들의 충돌

교회의 제도를 개혁해 보겠다는 젊은 목회자들과 장로들의 충돌이 목회 현장에서 심심찮게 일어나고 있다. 오죽하면 생사를 걸고 교회 개혁을 외치고 나왔을까? 참으로 심각한 일이라 하겠다. 분명 교리적 잘못으로 종교 개혁을 해야 하는 상황이 아님에도 불구하고, 목숨을 걸지 않으면 개혁하지 못할 큰 벽에 가로막혀 있는 것이 사실이다.

③ 지식인층의 이탈

교회가 보수화되면서 사회적 요구에 부응하지 못했다. 천주교는 민주화 운동을 위해 명동성당이라는 메카를 제공하고 많은 반대급부를 얻었으나, 교회는 나이 먹은 장로 집단의 운영으로 인한 보수성 때문에 반정부 민주화의 물결에 동참하지 못함으로써 대사회적으로 청장년층과 지식인층을 천주교에 빼앗겨 버렸다. 그렇게 사회에 대한 발언권을 빼앗기고 교세의 마이너스 성장이라는 아픔을 겪게 되었다. 이러한 문제에 봉착한 장로교회는 21세기 한국의 미래 사회를 이끌어 갈 교회로 다시 한 번 도약하기 위해 변화를 시도해야 할 당위를 갖게 된 것이다.

3) 당회 제도(교회 운영 제도)

목사와 장로로 이루어진 당회 제도는 대의 제도의 전형인 좋은 제도임에 틀림없다. 하지만 교회가 커지고 구성원이 다양해진 데 반해 다양한 요구와 시대적 변화에는 신속히 대처하지 못하고 있는 것이 사실이다. 한국의 국회가 제 기능을 감당하지 못해 국민들이 국회 폐지론을 말하는 것과 같은 실정이라 하겠다.

기업에서 50세가 넘어도 퇴출당하지 않고 살아남는 사람은 소수의 임원 외에는 없다. 그런데 교회만은 유독 50대, 큰 교회일수록 60대의 노년층이 교회 의사결정기구로서의 당회를 장악하고 있다. 당회에는 교회의 구성비 60퍼센트 이상의 여성을 대변할 비례대표가 한 명도 없는 형편이고, 젊은이들의 요구를 대변할 수 있는 길은 전혀 없다고 해도 과언이 아니다. 교회가 젊은이들의 소리를 듣지 않고서야 어떻게 미래를 담보할 수 있겠는가? 교회가 박물관이 되는 것은 잠시 잠깐 후의 일이 될 수 있다.

4) 교회 행정의 비효율성

모든 조직은 생물체와 같아서 시간이 오래될수록 비대해지고 제도화되어 굳어지는 속성이 있다. 행정의 3대 요소인 조직, 인사, 재정의 운영이 교회만큼 비합리적이고 전근대적인 단체도 드물 것이다. '은혜롭게'라는 말 속에 묻혀서 따질 수 없는 풍토가 되었고, 하나님의 것이라는 성역을 침범할 수 없게 되었다. 특히 행정의 수혜자인 교인들은 일주일에 하루만 교회에 오고 행정 집행자들은 교회에 상주하다 보니 아무도 건드릴 수 없는 고유 영역이 되어 버렸다. 진단 또는 반성의 경험이 전무한 가운데 여러 곳에서 낭비적 요소와 불필요한 일들을 자기도 모르게 행하고 있기 때문에, 효율성 면에서 낙제점을 면키 어렵게 되었다.

2. 대안 제시

1) 섬기는 교회

계급의식에 사로잡혀 있는 사람들이 섬기는 일꾼으로 변화될 때 교회가 새롭게 거듭날 수 있다. 예수님이 이 땅에 오신 목적도 섬기기 위해서였다. 예수의 정신을 따라 섬기는 교회가 되어야 한다. 교회에 직분은 있으나 그것은 계급이 아닌 섬기는 직분일 뿐이다. 그리스도의 종인 목사는 당연히 으뜸 섬김이가 되어야 하고, 장로, 권사, 안수집사들은 버금 섬김이가 되어야 한다. 화장실 청소, 식당 봉사, 교회 청소, 주차 관리와 같이 힘든 봉사의 자리는 당연히 항존직들의 차지가 되어야 한다. 이러한 풍토가 조성된다면 교회에서 직분에 연연하거나 출세욕을 불태울 사람이 줄어들 것이고, 그렇게 될 때 교회는 세상과 구별된 모임이 될 것이다.

2) 임기제 시행

장로 제도의 폐해를 막기 위해서는 임기제가 시행되어야 한다. 이 땅에 하나님의 교회는 존재하지 않고 목사의 교회와 장로의 교회만 존재한다는 비난의 소리가 높아 가고 있다. 교회를 하나님의 교회로 만들기 위해서는 제도적 방지책 없이 70세까지 임기가 보장된 위임 목사 제도와 70세까지 실무 할 수 있는 장로 임기제를 고쳐야 한다. 그 방안으로 크게 두 가지가 거론되는데, 하나는 단임 임기제요, 다른 하나는 신임 투표를 거쳐 다시 봉사하는 방안이다. 두 가지 모두 장단점이 있으나, 신임 투표를 거쳐 재시무를 하는 방안을 시행할 경우 재신임받지 못한 사태가 발생하면 본인의 상처는 물론 교회적 문제가 되는 것을 고려해야 할 것이다. 그러므로 단임제가 좋다. 시무장로는 부서장을 맡지 않고 관리 감독과 결정권만 행사하다가 시무는 단임으로 끝낸 후 오히려 각 부 부장을 적극적으로 맡아 사역을 하는 사역 장로로 구분하는 안이 대안이라 하겠다.

이것을 구체적으로 정리하면, 정년은 목사와 장로를 공히 65세로 하되, 장로 시무 연한은 6년으로 하며, 목사도 6년에 한 번 신임 투표를 하는 것으로 하면 공평할 것이다. 한 가지 중요한 제안을 하고자 하는데, 항존직 감독 지도직은 임기제를 도입하는 동시에 봉사직(집사, 권사)은 70세 정년을 폐지하고 평생 봉사하도록 해야 한다. 교회 각 부서장의 임기를 1년(1천 명 이하 교회는 2년)으로 정하는 것도 검토해 볼 수 있겠다.

3) 당회 제도의 보완

당회에 모든 권한이 집중되는 것을 막기 위해 각 위원회를 만들어 위원회 중심의 교회 운영을 해야 한다. 현재 우리 교회의 경우는 교회의 다섯 가지 기능(예배, 선교, 교육, 봉사, 친교)과 이를 관리할 사역까지 여섯 부분으로 나누어 그 안에 30개 위원회를 조직해 위원회 중심으로 교회를 운영하고 있다. 당회 제도를 개편해야 한다. 당회에 어린이 대표, 학생 대표, 청년 대표, 안수집사 대표, 권사 대표, 여전도회 대표, 남선교회 대표가 참여하는 확대 당회를 한다면 놀라운 변화의 역사가 일어나게 될 것이다.

4) 효율적 교회 운영 방안

로마가톨릭교회의 힘은 눈에 보이는 신부에게 있지 않고 뒤에서 보이지 않게 수고하는 수녀와 수사들의 헌신에 있다. 개신교에도 이러한 헌신자들이 요구된다. 그러기 위해서는 목사를 포함한 교회 유급 직원들의 보너스를 없애고 청빈한 삶의 운동을 펼쳐야 할 것이다. 그 대신 연금 제도를 확대하는 등 노후 대책을 제도적으로 잘 보완해야 할 것이다. 지휘자와 반주자의 무보수 자원 봉사 체제도 정착시켜 나가야 한다. 대신 교육자들의 수를 늘리고 전문 사역자들을 두어 교회의 모든 부분이 고르게 발전하도록 힘써야 한다.

관리 직원들은 파트타임, 하프타임을 고려해서 용역 회사를 통해 관리하는 방안을 도입하는 것도 검토해 볼 수 있겠다. 교회 차량도 대형 버스의 경우 지입제를 도입해 비용 절감을 해야 한다. 그리고 선교비를 최대한 확대해야 한다. 행정의 간소화 및 경량화를 계속 추진해야 한다. 선교 단체나 구제 단체의 사무실이 비대해지면 단체 운영비가 본래의 목적보다 더 소요되기 때문에 문제가 심각해진다. 행정을 간소화하고 비용을 최소화해야 하며, 목적 지향의 행정이 되어야 한다.

집을 고치는 것은 집을 짓는 것보다 어렵다. 마찬가지로 개혁이 혁명보다 어렵고 힘들다. 그럼에도 불구하고 계속하지 않으면 화석화되고 차차 생명력을 잃게 되기 때문에 개혁은 당위의 문제인 것이다. 조직이 개혁되기 위해서는 제도의 개혁이 선행되어야 한다. 제도의 개혁은 의식의 개혁 없이는 불가능하다. 대한제국 시대에 고종의 단발령이 내려졌을 때 많은 사람이 자결했다. 지금 교회 제도를 고치는 것을 부정적으로 생각하는 사람이 있다면 과연 그렇게 지켜야 할 만큼 가치 있고 교회 발전에 도움이 되는 일인지를 냉철하게 생각해 보아야 할 것이다.

교회는 선교 지향적이어야 한다. 선교에 있어서 문화의 이해는 대단히 중요하다. 국경을 넘어서만 다른 것이 아니라, 시대에 따라 달라지는 것을 인식해야 한다. 세상 문화는 급변하고 있다. 잠자리채를 가지고 비행기를 잡을 수는 없는 것이다.

100년 목회를 지향하는 교회

'10년을 보고 나무를 심고, 100년을 보고 인재를 기른다'라고 했다. 인재를 양성하는 일의 중요성을 비유하는 것으로 《관자》에서 나온 말이다. 《관자》에는 "1년에 대한 계획으로는 곡식을 심는 일 만한 것이 없고, 10년에 대한 계획으로는 나무를 심는 일 만한 것이 없으며, 평생에 대한 계획으로는 사람을 심는 일 만한 것이 없다"고 말한다. 이렇게 해서 '교육은 백년대계'라는 말이 생겼다. 인재를 양성하는 일은 국가의 미래가 걸린 만큼 100년 앞을 내다보고 계획을 잘 세워야 한다는 것이다.

한국 최초의 기독교 학교는 1885년 8월 아펜젤러가 세운 배재학당으로, 고종 황제로부터 이름을 하사받고 2명의 학생으로 시작했다. 최초의 여학교는 1886년 5월 스크랜턴이 세운 이화학당이며, 명성황후로부터 이름을 하사받고 1명으로 시작했다. 이 두 학교를 시작으로 1909년까지는 장로교 694개교, 감리교 200개교, 다른 교파 100개교, 총 950여 개교가 설립되었다. 1910년에는 이화학당 대학부가 설립되었으며,

1915년에는 연세대의 전신인 연희전문학교가 설립되었다. 평안북도 예배 처소인 108개의 교회가 세운 초등학교는 총 148개로, 불신자들도 자식은 교회 학교에 보내야 잘된다고 생각하게 되었다. 1897년, 미국 북장로교 선교부의 교육 정책은 무엇보다 이 학생들이 교회의 주류가 되어 토착 교회를 형성하게 하는 데 그 초점이 맞춰져 있었다.

미션 스쿨은 선교사들이 세운 곳들이 대부분인데, 교회나 선교 단체에서 선교와 전도의 목적으로 세워진 학교라서 그리스도인 및 타종교, 종교가 없는 사람들도 들어갈 수 있었다. 보통은 일반 학교와 거의 비슷하며, 차이점이라면 채플을 드린다거나 기독교 관련 과목을 한 과목 정도 수업하는 정도였다. 장신대 교수를 역임한 고용수 교수는 미션 스쿨의 설립 목적을 "교육이라는 측면보다는 전도라는 지상 명령을 수행하기 위해 세워진 학교"라고 정의 내린다. 즉, 설립자인 선교사가 소속되어 있는 교단과 연계되어 운영되며, 교육을 수단으로 선교적 사명의 성취를 목적으로 하고 있다. 그래서 미션 스쿨에는 채플, 성경 과목, 부흥회, 전도 프로그램이 교육 과정에 포함되어 있고, 교단에 소속된 교목이 있으며, 교단과 관련된 인사들로 이사진을 구성한다. 우리나라에서는 연세대학교, 이화여자대학교, 배재대학교, 수원중앙기독초등학교 등 대부분의 기독교 학교들이 미션 스쿨이다.

크리스천 스쿨 또는 기독교 학교는 선교 목적보다는 그리스도인을 제자화하는 목적으로 세워진 학교들이다. 그래서 이런 학교들은 대부분 그리스도인을 모집한다. 기독교 학교이기 때문에 새벽 기도, 기독교 관련 행사 등이 많으며, 학교는 기독교 중심으로 운영된다. 같은 이유로 술과 담배 또한 당연히 금지된다.

그러나 교회 학교의 한계가 드러나고 있다. 입시 위주의 교육으로 경쟁 교육에 학생들이 내몰리고 있으며, 교회의 교육 환경이 세상의 빠른 변화에 대처하지 못하고 있는 실정이다. 또한 교회 지도자들의 관심 부족으로 인한 저조한 재정 투자가 문제가 되고 있다.

요즘 학생 인권이 심각한 문제가 되었다. 학생의 인권이 존중되는 것은 기본적인 일이다. 꽃으로도 아이들을 때려서는 안 된다. 그렇다고 기강이 해이해지면 교육은 무너지고 만다. 무엇보다 교권을 세워 주어야 한다. 좋은 선생님이 좋은 제자를 만든다는 확신이 있어야 한다. 선생님을 신뢰하고 학생을 맡길 수 있을 때 참교육이 이루어질 수 있다. 기독교 학교 교육의 성공 요소로는 재단의 후원, 지도자의 교육 철학, 신앙과 교육관이 확고한 교사, 우수한 학생, 부모의 협조 등을 들 수 있다. 하지만 교장감 부족, 신앙과 교육관이 확고한 교사의 부족, 재정 부족 등으로 기독교 학교의 어려움이 가중되고 있다. 두 마리 토끼를 잡기 위해서는 학생들이 신앙과 실력을 겸비할 수 있게 하고, 믿음을 통해 보다 넓은 세상의 번영을 가져올 수 있는 지도자를 양성하며, 교회와 세상을 위한 훌륭한 인재 및 예수님에게 온전히 헌신된 제자를 양성해야 한다. 한마디로, 공부도 잘하면서 신실한 사람을 만드는 것이 목표다.

설교로 소통하는 교회

설교는 말씀으로 청중들의 삶을 조명하며 그 의미를 찾게 해 주는 도구다. 그런 의미에서 설교자는 말씀이 가지고 있는 본래의 의미를 잘 전달하는 송신자여야 한다. 설교자는 이 두 가지 조건을 동시에 만족시키기 위해 성도들의 삶과 말씀이 유리되지 않도록 각별히 주의를 기울여야 한다.

현대 사회는 권위의 붕괴로 절대적인 것을 인정하지 않으려는 속성이 강하다. 그러다 보니 현대인들은 절대적인 하나님의 말씀까지도 상대적으로 생각하려 한다. 이런 점들은 설교자가 하나님의 말씀을 선포하는 데 큰 도전이며 부담으로 다가온다. 재미없으면 언제라도 채널을 돌리는 그들의 존재가 설교는 '재미있어야 한다'는 강박의식을 설교자에게 불어넣는다. 그리고 이로 인해 하나님 말씀의 진리성과 오묘함이 가리어질지도 모른다는 불안감이 설교자들을 엄습한다.

나에게 설교는 십자가다. 설교의 십자가는 많은 고통을 주면서도 뿌듯한 희열을 맛보게 한다. 목회에서 설교만큼 부담을 주면서도 힘을 얻게 하는 것은 없다. 그 십자가를 지기 전에는 힘들고 두렵고 떨리지만, 지고 나면 그것이 주는 행복으로 인해 무한한 은혜를 맛볼 수 있다. 나에게 설교는 고통의 십자가인 동시에 영광의 면류관인 셈이다.

신학생 때 민중 신학에 심취했던 나는 예수님처럼 가난하고 병들고 소외된 자를 위해 살겠다고 다짐했다. 그리고 나에게는 그런 결심을 뒷받침할 수 있는 설교가 필요했다. 신학교를 졸업하고 폐광촌에 들어가 담임 전도사로 목회를 시작하면서 설교의 고통이 시작되었다. 신학을 공부하면서 내가 원했던 설교의 모델을 만나지 못해 그 괴로움은 더욱 컸다. 다행히 신대원 졸업 논문의 주제인 '강해 설교 방법론'은 이런 나의 고민을 해결하는 데 큰 힘이 되었다. 이때 배운 댈러스신학교의 '3대지 강해 설교 방법론'은 나에게 설교의 기틀을 마련해 주었다.

'강해 설교 방법론' 논문이 설교 방법의 뼈대를 제공했다고 한다면, 천호동 광성교회에서 5년간 사역하며 김창인 목사님으로부터 배운 설교는 내 설교의 살과 피가 되었다. 김창인 목사님의 3대지 설교는 내가 설교에 눈을 뜨는 데 결정적인 역할을 했다. 그때부터 3대지 강해 설교에 대한 확신을 갖게 되었다. 나는 부목사로서 김창인 목사님의 설교에 매주일 은혜를 받았다. 그것보다 더한 복은 없다고 생각한다. 설교를 잘한다는 것은 기승전결, 예화 등이 잘 어우러져 성도들과 소통이 잘 이루어지는 것을 의미한다.

3대지 강해 설교는 구시대의 설교가 아닌, 청중에게 가장 분명한 메시지를 전달할 수 있는 방법이다. 나는 김창인 목사님의 영향으로 웅변조의 설교에서 이야기식 설교로 전환하게 되었고, 예화를 적절히 사용할 수 있게 되었다. 더불어 시간의 정확한 사용을 배웠다. 설교는 30분의 예술이기 때문에 다른 이야기를 할 겨를이 없다. 장광설을 늘어놓을 수도 없다. 설교자는 자신의 설교 내용으로 누가 상처를 받을지, 누가 이해를 못하게 될지를 안다. 설교문을 쓸 때 이미 이런 내용들이 정리된다. 그래서 나는 설교를 통해 비교적 사람의 편을 가르지 않고 상처를 주지 않는다. 이에 반해 성경 공부는 교안을 작성한다 할지라도 많은 것을 자유롭게 이야기할 수 있기 때문에 사람들에게 사고의 혼란을 줄 때가 적지 않다. 이야기가 왔다 갔다 할 수 있기 때문이다. 나의 경우 민중 신학의 영향으로 좌로 갔다가 시대의 변화를 읽고 우로 가기도 했기 때문에, 나에게는 3대지 설교처럼 분명한 메시지를 전하는 설교가 필요했다.

강해 설교를 할 때는 성경 한 권을 장별로 설교하는 경우가 많다. 나는 수요 설교는 주로 장별로 진행했다. 이런 경우 본문을 선택하기 위한 노력 대신 본문 연구에 시간을 할애하면 편리하다. 그러나 장별 설교는 절기와 시사성이 결여될 수 있으므로 주일 설교는 주제를 먼저 생각하고 주제에 따른 본문을 찾은 후 강해 설교를 작성한다. 따라서 주일 설교는 늘 주제 선택에 어려움이 있다.

사회적으로 너무 민감한 문제는 교인들의 마음을 갈라놓을 수 있기 때문에 신중해야 한다. 나이가 들어 가면서는 타이밍을 조금 늦추어 사회적으로 이슈가 정리될 때쯤 종합 정리하는 방식으로 설교를 준비한다. 이런 나를 보면 선지자적 영성은 사라지고 제사장적 영성만 커지는 것이 아니가 하는 생각이 들기도 한다. 주제와 본문 선택을 마치면 제목을 잡는다. 종전에는 제목을 결정하는 데 별 신경을 쓰지 않았다. 그런데 교회 홈페이지 설교 부분의 클릭 수가 설교 제목에 따라 달라지는 것을 보면서 제목 잡기에 신경을 쓰게 되었다. 제목을 결정하면 대지를 나눈다. 본문을 세 번 정도 읽고 묵상하며 대지를 셋으로 나눈 후에 설교 작성에 들어간다. 설교를 작성할 때는 도입 부분에 신경을 많이 쓴다.

설교학에서는 처음 3분이 설교의 성패를 좌우한다고 한다. 보편타당하면서도 신선한 내용으로 도입부를 7-8분 분량으로 작성한다. 서론을 끝내면 설교의 절반을 끝낸 기분이 들 정도로 서론에서 청중들의 공감을 얻기 위해 공을 들인다. 서론을 마치면 본문 강해에 들어가는데, 과거에는 여러 주석을 참고했지만 최근에는 《그랜드 종합주석》(성서원 역간)을 주로 사용한다. 성구사전, 성경사전, 국어사전, 영어사전, 명언사전 등도 참고한다. 3대지 설교를 하면서 가장 주의해야 할 부분은 세 개의 주제가 되지 않도록 하는 것이다. 잘못하면, 마치 곰을 잡으려고 산탄총을 쏘는 우를 범하기 쉽다. 그러므로 하나의 주제를 설명하는 세 가지 이야기가 되도록 주의를 기울여야 한다.

나는 대지마다 적절한 성경 구절을 찾아 마무리 지으며 성경 중심의 설교를 하기 위해 노력했다. 예화는 주로 신문과 책을 참고한다. 일간지 세 개와 교계 주간지, 〈월간 목회〉를 비롯한 월간 잡지 여러 권을 통해 예화와 정보를 얻는다. 역사를 좋아해서 역사에서 예화를 취할 때가 종 종 있는데, 인터넷의 다양한 정보를 이용하는 방식보다는 아날로그적 방식으로 설교를 준비한다. 그래도 영상을 이용해 설교한 지 10년이 넘 었다.

설교는 100퍼센트 수기로 작성한다. 대학노트 12페이지 정도를 작성 하고 타이핑하면 A4 용지로 12페이지 분량이 된다. 설교를 쓰는 데 걸 리는 시간은 6-8시간 정도다. 작성한 원고는 목회지원실에서 타이핑한 후 교정은 내가 한다. 뽑을 영상 자료는 무엇이 있는지 알려 준다. 설교 의 작성은 보통 목요일 밤까지 마무리하며, 늦어도 금요일 오전까지는 마친다. 주보에 실을 설교 요약분과 목장 공부 교재를 주보 인쇄 시간에 맞추어야 하기 때문이다. 설교 작성은 주로 목양실에서 한다. 목양실에 서재가 딸려 있기 때문이다. 전에는 강화도 기도원을 이용했으나 시간 적 여유가 필요해 지금은 교회에서 준비한다. 컴퓨터를 사용할 줄 모르 니 자료 처리에 문제가 있고 시간이 오래 걸려 설교에 대한 스트레스가 클 수밖에 없다. 이런 스트레스에서 벗어나기 위해 가능한 설교를 한두 주 전에 준비하려고 노력한다. 아무리 늦어도 금요일 오전까지는 설교 준비를 마치기 때문에 토요일은 교인들과 편하게 만날 수 있다. 주례도 하고, 아버지학교 강의도 하는 등 자유롭게 시간을 보낸다. 설교 작성을 마친 뒤 리허설은 따로 하지 않고 강단에 올라가기 전에 한 번 읽는 것으로 대신한다. 설교 후 원고는 목회지원실에서 파일로 저장해 두어 설교집을 만들 때 즉시 활용하도록 한다.

설교자들이 가장 절망할 때는 청중들이 변하지 않을 때다. 나는 설교의 주안점을 대부분 삶의 변화와 실천에 둔다. 그래서 '합시다', '삽시다', '해야 합니다' 등을 강조하는 편이다. 이것은 나를 향한 하나님의 외침이라고 생각한다. 설교자인 나부터 변해야 성도가 변한다는 것을 잊지 않으려 노력한다. 설교는 오늘도 큰 부담으로 다가오지만, 말씀에 시간을 들이고 노력하는 만큼 은혜를 길어 올릴 수 있다는 생각에 큰 힘이 된다.

나는 한없이 부족하다. 그러나 후히 주시는 하나님은 오늘도 풍성한 은혜로 함께하신다. 산모에게 아기를 낳은 후에 또 아기를 낳을 것이냐고 물으면 다시는 낳지 않겠다고 말한다. 그러다가도 아기가 자라면서 재롱을 부리고 엄마를 부르면 출산의 고통은 다 잊은 채 또다시 아기를 낳는다. 이처럼 한 편의 설교를 만드는 것은 출산의 고통이지만, 설교 후에 오는 은혜는 또다시 설교를 준비하게 하는 힘이 된다. 하나님은 날마다 이런 은혜로 부족한 사람을 강단으로 이끌어 주셨다.

진정한 회개로 미래로 나아가는 교회

1. 하나님은 회개하는 자를 회복시키고 생명을 주신다

예수님은 공생애를 시작하면서 "회개하라 천국이 가까이 왔느니라"고 말씀하셨다. 회개는 천국 문을 여는 열쇠다. 회개는 범죄한 인간이 하나님에게 나아가기 위한 필수적인 조건이다. 외국을 여행하려면 그 나라의 비자를 발급받아야 하는 것처럼, 천국에 들어가려면 회개라는 비자를 발급받아야 한다.

그렇다면 회개란 구체적으로 무엇인가? 회개는 헬라어로 '메타노이아'라고 하는데, 이는 '가던 길을 돌아서다'라는 뜻이다. 회개는 전인격적으로 옛 생활을 떨쳐 버리고 전면적으로 새로운 생활에 들어가는 것을 말한다. 회개는 지옥을 향해 가던 발걸음을 돌이켜 천국을 향해 가는 것이다. 멸망을 향해 가던 발걸음을 돌이켜 천국을 향해 가는 것이다.

'왜 회개해야 하는가?' 죄는 하나님과 우리 사이를 갈라놓기 때문이다. 이사야 선지자는, 죄를 지으면 하나님이 얼굴을 돌리고 우리의 말을 듣지 않으시기 때문에 회개해야 한다고 말했다. 다시 말해서, 죄는 하나님과 불통하게 만든다는 것이다. 하나님과 불통한 인간들의 발은 행악하기에 빠르고 무지한 죄를 흘리기에 신속하다. 그들의 생각은 악하고 점점 더 죄악에 빠져 마귀의 종노릇을 하게 된다. 이런 상태를 깨닫고 회개하는 자만이 그의 영이 회복되고 새 생명을 얻을 수 있다는 사실을 믿어야 한다.

새가 창공을 날기 위해서는 알을 깨고 나와야 하는 것처럼, 한국 교회가 일어나 함께 생명을 노래하려면 죄를 회개해야만 한다. 우리 모두는 부흥을 소원한다. 이 땅에 생명이 넘치기를 소원한다. 그러나 회개가 없이는 부흥도 없다. 회개가 없이는 회복도 없다. 회개가 없이는 새 생명을 얻을 수도 없다. 1907년 대부흥 운동은 장대현교회 길선주 장로의 회개로부터 시작되었다는 사실을 우리 모두 잘 알고 있다. 진정 한국 교회의 부흥을 원한다면 우리는 먼저 회개해야 한다. 그러면 우리로 인해서 이 땅에 다시 한 번 부흥의 불길이 타오르게 될 것이라 믿는다.

이스라엘 백성은 굵은 베옷을 입고 재를 뒤집어쓰고 옷을 찢으며 회개했다. 그런데 요엘 선지자는 "너희는 옷을 찢지 말고 마음을 찢고 너희 하나님 여호와께로 돌아올지어다"라고 말했다. 하나님은 통회하고 자복하는 자를 용서하신다는 뜻이다. 우리는 마음을 찢으며 통회하고 자복하는 신앙을 다짐해야 한다. 이사야 선지자는, "오라 우리가 서로 변론하자 너희의 죄가 주홍 같을지라도 눈과 같이 희어질 것이요 진홍 같이 붉을지라도 양털같이 희게 되리라"라고 말했다. 우리는 이 말씀을 믿음으로 자신의 죄뿐만 아니라 교회와 사회와 나라와 민족의 죄를 회개하며, 이 땅에 무너진 방벽을 막아서는 애국적 그리스도인이 되어야 할 것이다.

그렇다면 우리가 함께 회개해야 할 것은 무엇인가? 먼저는 일제 말기에 신사참배한 죄와 해방 후 이를 철저히 회개하고 반성하기보다는 변명하거나 혹은 정죄하며 반목한 잘못을 회개해야 한다. 정신대 할머니들이 수십 년간 시위할 동안에 교회가 함께하지 못한 것을 회개해야 한다. 민족 분단과 한국전쟁으로 이어지는 민족의 대립과 갈등의 역사 속에서 한국 교회가 화목하게 하는 직분을 감당하지 못한 죄를 회개해야 한다. 민족을 분열하게 하는 마귀의 노략질에 휘둘려 남북이 분단되고 싸우는 것도 서러운데, 보수와 진보가 적대시하고, 노사가 대립하고, 빈부가 양극화되고, 세대가 단절되고 불통하게 한 분열의 죄를 회개해야 한다. 독일의 통일 비용이 막대하다는 것을 알게 된 후에, 우리의 소원은 통일이라고 부르던 노래를 더 이상 부르지 않고 통일에 대해 무관심했던 죄를 회개해야 한다. 5천 년 민족 역사 속에 가장 부강한 시대를 살게 하시고 세계 10위권 내외의 경제 대국이 되게 하셨건만 은혜에 감사하지 않은 채 사치하고 낭비했던 죄를 회개해야 한다. 또한 북한의 동포들은 죽어 가는데 흥청망청 소비하며 살아온 죄를 회개해야 한다. 경제적 성장 과정에서 발생한 소외와 상대적 빈곤, 성장의 그늘에 가린 새터민, 여성, 장애인, 외국인들과 다문화 가정 등 사회적 약자들을 따뜻하게 돌보지 않고 섬기지 못한 죄를 회개해야 한다. 하나님이 주신 금수강산을 지키지 못하고 환경을 파괴한 죄 또한 회개해야 한다.

OECD 국가 중에서 자살률, 성범죄율, 출산율, 행복지수 최하위의 부끄러운 나라가 되기까지 생명의 존엄성을 지키지 못한 죄를 회개해야 한다. 신앙의 문제와 신학적 차이를 내세웠으나 실제로는 세속적 이해관계와 지역적 배타주의와 감투욕 때문에 교회를 분열하게 한 죄를 회개해야 한다. 예수님이 원하시는 바른 교회를 세우지 못하고, 교회에서도 지방색을 타파하지 못해 복음의 능력을 약화시킨 죄를 회개해야 한다. 한국 교회를 대표하는 기관이 넷으로 나누어져 다른 목소릴 냄으로 정부에게 업신여김을 당하고 세상으로부터 불신당해서 하나님의 영광을 가린 죄를 회개해야 한다. 교회마다 목사와 장로가 서로 섬기지 못하고 분쟁한 죄와 교회의 직분을 계급으로 여기고 군림해 온 죄를 회개해야 한다. '너희는 세상의 소금이요, 빛이라' 하셨는데, 교회 안에만 머물다가 어두운 세상을 밝히지 못하고 부패한 세상을 정화시키지 못한 죄를 회개해야 한다. 교회는 도피성이 되어야 하고 목사는 존경받아야 하며 성도라고 하면 보증수표로 인정받아야 하는데, 오히려 세상의 손가락질을 받아 하나님의 영광을 가린 죄를 회개해야 한다. 개교회주의에 빠져 작은 교회를 살리지 못하고 농어촌 교회를 돌아보지 못한 죄를 회개해야 한다. 황금만능주의, 성장만능주의에 빠져 한 영혼의 소중함을 잊고 많은 영혼을 실족하게 한 죄를 회개해야 한다. 세상 사람들과 같은 가치관을 가지고 육신의 정욕과 안목의 정욕과 이생의 자랑을 따라 살아온 죄를 회개해야 한다.

예수님은 유대인들에게 말씀하셨다. "너희도 만일 회개하지 아니하면 다 이와 같이 망하리라." 이것은 모든 그리스도인들에게 주시는 경고의 말씀이다. 회개하지 않으면 개인도 망하고, 나라도 망하고, 민족도 망한다. 그러나 회개하면 용서하고 회복시켜 주신다. 하나님은 회개한 니느웨를 구해 주셨다. 모세의 중보기도를 들었을 땐 이스라엘을 다시 살리셨다. 하나님은 회개의 대상을 제한하지 않으신다. 누구든지 회개만 하면 진노의 재앙을 거두고 긍휼을 베푸사 용서해 주신다. 이 나라의 통일과 복음화도 우리의 회개로부터 시작될 것이다. 이 나라의 평안과 번영도 우리의 회개로부터 시작될 것이다. 회개가 없이는 죄 사함도 없다. 하나님은 회개하는 자를 회복시키고 새 생명을 주겠다고 이사야 선지자를 통해 약속하셨다.

2. 신사참배의 회개

2018년 10월 28일, 서울 종로구 광화문 세종대로 사거리에서 열린 '한국 교회 신사참배 80년 회개 및 3·1운동 100주년을 위한 일천만 기도대성회'는 한국 교회가 연합과 일치로 거듭나는 집회였다는 평가를 받았다. 관건은 향후 한국 교회의 방향이다. 사람들은 신사참배가 단순히 일제의 총칼에 머리를 숙인 사건으로 알고 있다. 한국 교회는 1938년 일본까지 가서 신사에 참배했으며, 신사참배에 반대하는 무리를 처벌해야 한다는 총회장 명의의 공문을 발표했었다. 심지어 목사들이 서울 한강과 부산 송도 앞바다에서 일본 승려들이 행하던 '미소기하라이'라는 침례를 받았다. 침례를 받을 때 '천조 대신보다 더 높은 신은 없다'라는 신앙 고백을 했으며, '천조 대신이 높으냐 여호와 하나님이 높으냐'는 질문에 천조 대신이 높다고 서명한 문서를 관청에 제출했다. 이때부터 교회에서는 '가미다나'라는 일본 신들을 모시는 우상 단지를 교회 안 동편에 두고 그것을 향해 예배했다. 그리고 주일 예배 중에 12시 정오 사이렌이 울리면 예배를 드리다가도 일어나서 일본 천황이 사는 동쪽을 향해 절을 했다. 충격적인 일이 아닐 수 없다.

신사참배는 선대의 죄다. 하지만 우리가 회개해야 한다. 성경에 우상을 숭배하면 3-4대까지 저주가 있다고 기록되어 있다. 이에 한국 교회가 3·1운동 100주년을 1년 앞두고 80년 전 신사참배 결의를 회개하기 위해 나선 것이다. 그동안 회개했는데 또 회개해야 하는가라는 지적도 있었다. 일부 교단과 노회 등이 신사참배를 회개했지만 산발적인 회개만 있었을 뿐 모든 교회가 함께 진심으로 회개한 적은 없었다. 그리고 신사참배의 심각성을 교육하거나 알리지 않고 피상적으로만 회개했던 것이다. 오늘날 한국 교회가 잘못을 반복하는 이유도 과거의 죄를 제대로 가르치지 않고 숨기면서 진정으로 회개하지 않았기 때문이다. 독일은 지도자가 바뀔 때마다 나치의 만행을 사죄함으로써 과거 나치와의 연관 관계를 끊었다. 한국 교회도 하나님 앞에 진정으로 회개하고 새로운 미래로 나아가야 한다. 지난 세월 잘못된 흔적들이 많이 발견된다 할지라도, 이제는 분열 대신 한국 교회가 하나 되는 연합 사업에 힘썼으면 한다. 이제는 서로를 품고 폭넓게 이해해야 한다. 나와 다르다고 해서 적을 만드는 일은 절대 없어야 한다.

민주적인 방법으로 회의하는 교회

한국 교회의 역사는 다툼의 역사였다고 해도 과언이 아니다. 교회에서 싸우게 되는 이유가 무엇인가에 대해 생각해 보았다. 먼저 신학적인 문제로 싸우는 경우를 생각해 보자. 목사님이 삼위일체론을 설교하면서 "양태론은 이단입니다"라고 말한다고 장로님들이 "양태론이 왜 이단이 됩니까?" 하고 싸우는 경우는 거의 없다. 아마 1퍼센트도 안 될 것이다. 다음은 윤리적인 문제로 싸우는 경우다. 윤리적인 문제로 다투는 경우는 가끔 있다. 목사님이 어느 권사와 가깝다느니, 재정을 마음대로 썼다느니 하는 문제로 다툼이 일어나는 것이다. 아마 이 경우 10퍼센트 정도 될 것이다. 그다음은 회의를 하다가 싸우는 것인데, 대부분의 교회에서 다툼이 일어나는 경우가 여기에 해당된다. 아마 90퍼센트 정도는 될 것이다.

한 교회가 상가 2층에서 개척을 시작해 은혜롭게 성장했다. 땅을 사고 교회도 아름답게 건축했다. 실내를 꾸미고 입당을 앞둔 어느 주일, 제직회에서 '강대상 카펫은 어떤 색으로 하면 좋을까?' 하는 의견을 나누다가 장로님이 의견을 냈다. "전통적으로 강대상 카펫은 붉은색으로 해 왔으니 붉은색으로 합시다. 붉은색은 예수님의 보혈을 상징하는 것입니다." 그러자 젊은 집사님이 자신의 의견을 말한다. "요즘은 고상한

색상을 많이 쓰는 추세입니다. 붉은색은 너무 강하니까 녹색으로 하지요. 녹색은 성장과 생명을 의미합니다." 발끈한 장로님이 가만히 있지 않고 더 강하게 주장했다. "붉은색으로 해야 합니다. 전통을 존중해야 합니다!" "전통, 전통 하지 마십시오! 그게 어디 성경에 있는 이야기입니까?" "아니, 젊은 집사가 버르장머리 없이 어디 장로의 의견에 반박하고 난리야!"

어떻게 되었겠는가? 감정싸움이 벌어져 패가 나뉘게 되었다. 그래서 제직회가 엉망으로 끝나고 말았다. 결국은 화해하지 못하고 교회가 둘로 나누어져 한쪽은 기어코 강대상을 붉은 카펫으로 깔고, 한쪽은 기어코 강대상을 녹색 카펫으로 깔았다. 참 극단적인 이야기지만 교회에서 회의하는 모습을 들여다보면 이런 이야기가 수긍이 간다. 노회나 총회 때도 마찬가지다. 그래서 나는 교회를 운영해 나가는 데 신앙 못지않게 중요한 것이 회의법이라고 생각한다. 서로의 의견을 존중하며 회의만 잘 진행하더라도 "교회가 평안하여 든든히 서 가고 주를 경외함과 성령의 위로로 진행하여 수가 더 많아지니라"라고 한 사도 바울의 말대로 교회가 평안하고 그만큼 성장하게 될 것이다.

1. 모범 회의(Model Parliament)

역사를 공부하다 보면 '모범 회의'라는 것을 배우게 된다. 1295년 11월, 영국의 에드워드 1세가 귀족과 고위 성직자 120명 및 각 주교관구의 하급 성직자 두 명씩, 각 주의 기사 두 명씩, 각 도시의 시민 두 명씩으로 의회를 구성해서 회의를 했는데, 후세 사람들이 의회 구성의 모범이 되었다고 해서 '모범 회의'라고 부른 것이다. 이 회의는 귀족의 횡포를 막고 국왕을 중심으로 하는 국정 운영 확립 및 중세 제도의 확립을 위해서 만든 최초의 신분제 의회였다.

기독교 역사상 최초의 회의는 '예루살렘 공의회'다. 이 회의는 서기 49년 예루살렘에서 열렸다. 회의의 주요 안건은 '구약의 율법에 대한 신약 성도의 자세는 어떠해야 하는가?', 다시 말해, 그리스도인이 된 이방 출신 성도들이 할례를 받아야 하는가 하는 문제였다. 의장은 예수님의 동생인 야고보서의 저자 야고보였다. 참석한 회원은 사도들과 장로들, 바울과 바나바 그리고 안디옥교회 대표들로 구성되었다. 이 회의는 할례를 받지 않아도 되지만 우상에게 바쳐진 제물은 먹지 말 것과 음행을 피할 것 그리고 짐승의 피는 먹지 말 것을 권하는 것으로 결론짓고 마무리되었다. 사도행전 15장에 나오는 이 최초의 회의가 모범적이고 은혜롭게 끝났기 때문에 이방인 신자와 유대인 신자들 사이에 벌어질 갈등을 미연에 방지하게 되었다. 이와 같이 회의는 역사적으로도 교회사적으로도 매우 중요하다.

사도행전은 모범적인 회의가 갖추어야 할 조건을 다음과 같이 말하고 있다.

첫째, '논제'가 있어야 한다. 회의를 할 때는 반드시 토론할 의제를 가지고 회의해야 한다. 의제가 없이 회의를 하게 되면 빈 수레가 요란한 것처럼 이 말 저 말 생각 없이 하다가 다툼이 나고 갈등을 일으킬 소지가 있다. 따라서 의논할 안건이 없으면 구태여 회의를 소집할 필요가 없으며, 정례 회의라도 안건이 없으면 업무 보고 후에 마치는 것이 좋다.

둘째, '토의'가 있어야 한다. 논의할 안건이 올라오면 반드시 토론에 붙여서 찬성과 반대를 묻고 수정할 바를 수정해야 한다. 이때 토론은 하던 이야기를 또 하고, 같은 안건을 반복하면서 맴돌아서는 안 된다. 물 흐르듯 토론이 흐르게 만들어야 한다. 이를 위해 의장은 진행 방향을 바르게 잡아 나가야 한다. 누구나 결과에 승복할 수 있도록 의견을 발표할 기회를 주고 토론해야 한다.

셋째, '권고'가 있어야 한다. 어떤 문제를 다룰 때 회원들이 판단하기 어려운 문제가 있다면 전문가의 의견을 들을 수 있도록 식견이 높은 사람을 미리 초청하거나, 교회에서 해당 분야의 전문성을 가진 성도에게 부탁해 설명이나 조언을 들을 수 있도록 하면 일을 훨씬 순조롭게 처리할 수 있다. 예루살렘 공의회에서도 베드로와 의장인 야고보의 권고가 있었음을 알 수 있다.

넷째, '결정'을 내려야 한다. 결정을 내릴 때는 가부(可否)를 분명히 물어야 하고, 찬성·반대가 있거나 동의·개의가 있을 때는 반드시 정확하게 표결해야 한다. 그리고 이런 과정을 거쳐 결정된 것은 정확히 선포하거나 결정 사항을 공고하며, 미참석한 회원들에게도 내용을 통보해야 한다. 예루살렘 공의회에서는 회의에서 결정된 내용(할례를 받지 않아도 되지만 우상에게 바친 제물과 음행을 피하고 짐승의 피를 먹지 말 것)을 가결하고 그 사실을 안디옥교회에 전달하기 위해 바울, 바나바, 유다, 실라를 사절단으로 보냈다. 그리고 편지로 수리아와 길리기아에 있는 이방인 형제들에게 결정 사항을 전달했다. 지금으로부터 2천 년 전의 초대 교회가 지금 우리 시대의 교회보다도 훨씬 지혜롭고 분명하게 일을 처리했음을 볼 수 있다. 초대 교회는 지혜의 영인 성령의 인도하심을 받는 교회였기 때문이다.

2. 회의를 하는 이유

그러면 회의는 왜 해야 하는가? 회의는 왜 필요한 것인가?

첫째, 교회 구성원의 동질화를 위해서 필요하다. 회의는 의사소통을 원활히 하고 함께 결정해 나가는 가운데 교회 공동체 구성원들의 생각이 같아지고 결속력을 만드는 유익이 있다. 교인이라고 늘 함께 지내는 것은 아니기에 각기 생각이 다를 수 있다. 하지만 회의를 통해서 같은 생각, 같은 수준으로 교인들을 결속시킬 수 있기 때문에 회의가 필요하다.

둘째, 문제 해결을 위해서 필요하다. 문제가 있을 때 소수의 사람들이 모여 문제를 해결하게 되면 나머지 사람들은 주인의식이 결여되어 나그네, 손님과 같은 방관자만 늘어 가게 된다. 이렇게 되면 교회는 힘을 모을 수 없다. 함께 문제를 풀어 가면서 능력을 배양하면 점점 더 큰 문제를 해결할 수 있는 능력 있는 공동체로 성숙해지는 것을 경험하게 된다.

셋째, 서로간의 대화 함양, 횡적 대화를 위해서 필요하다. 교회의 구조가 수직적인 상명하복의 구조가 되어서는 안 된다. 명령과 복종의 구조가 되어서도 안 된다. 만민이 하나님 앞에 평등함을 알되 예의를 지켜 서로 대화하고 의무를 이행하며, 직분에 맞는 권위는 인정하되 타인의 의사를 존중하는 민주 시민, 더 나아가 만인 제사장의 정신을 구현해야 한다.

넷째, 교회의 공동 목적 달성을 위해서 필요하다. 주님이 교회에 맡기신 복음 전파와 선교, 봉사, 이웃 사랑 등의 공동 목표를 달성하는 방안들을 회의를 통해 축적해 나가야 한다. 그래서 교회 공동체 안에서 행복을 맛보고 누리는 삶이 되도록 만들어 가는 것이 궁극적으로 회의가 필요한 이유다.

3. 회의법이 필요한 이유

그런데 여기서 중요한 것이 있다. 회의의 필요성을 아무리 역설해도 회의가 원만하게 진행되지 않으면 싸움이나 다툼이 나기 쉽다. 따라서 원만한 회의 진행을 위해 회의법을 알아 두고 그대로 진행하는 것이 중요하다.

첫째, 예의를 지키기 위해서 필요하다. 회의할 때 가장 중요한 것은 예의를 지키는 것이다. 일단 회의에 들어가면 남녀노소, 빈부귀천, 유식무식을 떠나 모두가 동등한 권한을 갖는다. 그러므로 반말을 한다든지, 상대방을 비난한다든지, 화를 낸다든지, 인신공격을 한다든지 하는 것은 회의 정신에 어긋나는 것임을 회의법을 통해 가르쳐야 한다.

둘째, 질서를 지키기 위해서 필요하다. 회의법은 네거리의 교통경찰 같아서, 신호를 보내고 흐름을 원활하게 해 소통이 잘되도록 하는 기능이 있다.

셋째, 절차를 따르기 위해서 필요하다. 사람이 옷을 입을 때 겉옷을 먼저 입고 속옷을 입으면 꼴불견인 것처럼, 절차를 어기면 법적으로 무효가 되고 만다. 그래서 회의법을 준수하는 것을 가르쳐야 한다.

4. 회의의 두 가지 구성 요소

그리고 회의를 할 때 없어서는 안 될 두 가지 중요한 요소가 있다. 하나는 의장이고, 다른 하나는 회원이다. 의장은 야구경기의 투수와 같다고 할 정도로 매우 비중이 높다. 회의 성공의 절반 이상을 의장이 차지한다고 볼 수 있다. 따라서 의장은 회의를 진행할 때 많은 유의 사항을 잘 숙지해야 한다.

우선 의장은 회의법에 대한 지식이 있어야 한다. 그리고 탈선, 중복, 지연, 질서 문란 등을 방지하기 위해 회의를 이끌어 나가는 진행 기술이 있어야 한다. 회의 전에 토의 안건을 검토하고, 회의를 진행하면서 의장의 개인 의견을 지나치게 주장해서는 안 된다. 회의와 관련된 내용을 회원들에게 간단명료하게 설명해야 하며, 겸손한 마음을 갖고 편파적이거나 자신의 지도력을 과신하지 않아야 한다. 회원의 충동적인 행동을 막아야 하고, 정한 시간을 지켜서 회의를 끝내도록 해야 한다. 그리고 같은 회기 내에는 표결에 붙인 문안을 다시 상정하면 안 된다는 사실에 유의해야 한다.

다음으로 의장 못지않게 중요한 역할을 하는 요소가 회원이다. 의장이 회의를 아무리 잘 이끌어도 회원이 없으면 회의는 이루어지지 않는다. 의장이 아무리 유의 사항을 잘 지켜도 회원들의 협조가 없으면 회의를 잘 마칠 수 없다. 회원은 야구경기의 타자와 같다. 투수인 의장이 아무리 공을 잘 던져도 타자들이 안타를 치지 못하면 점수가 나지 않고 시합에서 이길 수가 없다. 따라서 회의에 임하는 회원의 자세가 매우 중요하다.

회원은 예의를 지켜야 한다. 어떠한 경우에도 언쟁은 금물이다. 발언할 때는 의장의 허락을 받아 발언하도록 하며, 의제를 벗어난 말은 하지 않도록 한다. 필요할 때 발언을 회피해서는 안 되며, 의장을 향해 발언해야지 상대방을 향해서 발언하면 오해를 불러일으킬 소지가 있음에

주의해야 한다. "좀 전에 ○○○의 말씀에 의하면…" 하는 식으로 먼저 발언한 사람의 이름을 말해서는 안 된다. 발언 시간을 지키고, 한 안건에 대해 세 번 이상 발언하면 안 되며, 인신공격은 금물이다.

5. 회의 시 준수 사항

교회에서 은혜롭게 회의하기 위해 꼭 지켜야 할 사항들이 있다.

먼저, 회원은 의장의 권위를 존중해야 한다. 의장은 전임 회장보다 높고 전체 회원을 대표한다. 의제를 가지고 토론하며, 서로의 인격을 존중해야 한다. 안건과 사람을 분리하지 못해서 자신의 안건에 반대하는 사람을 적대시하는 경우가 자주 발생하는데, 절대적으로 안건과 사람을 분리해서 생각해야 한다.

다음으로 의장은 민주적으로 회의를 진행해야 한다. 의장 자신의 편견을 버리고 회원의 독주를 막아 모든 회원에게 동일한 기회를 주어야 한다. 의장도 자신의 의견을 말할 때는 회원들의 동의를 구해야 한다. 자유로운 토론의 분위기를 유도하고, 표결되면 승복하도록 만들어야 한다. 의장은 또한 회의를 신속하게 진행해야 한다. 준비된 의안을 제안 설명하고 찬성과 반대 의견을 교대로 발언하도록 해야 한다. 의장은 회의를 부드럽게 진행하되, 언성을 높이거나 감정을 자극하고 대립하는 것을 막아야 한다. 의장은 가능하면 만장일치를 유도하는 것이 좋다. 억지로 하면 부작용이 일어날 수 있으니 분위기를 봐서 한마음으로 묶어 내는 것이 좋다. 문제를 만들지 않기 위해, 팽팽한 긴장이 감돌거나 표결했을 때 찬성과 반대의 수가 비슷해서 승복하기 어렵다고 느껴지면, '다음 기회로' 미루는 것이 문제를 미연에 방지하는 데 도움이 된다.

이 외에도 최소한의 표결을 위한 절차와 용어의 뜻을 잘 알아야 한다.

- 동의(動議): 회의 중에 안건을 제의하는 것이다.
- 재청(再請): 동의에 대해 찬성하는 것으로, 동의는 재청이 있을 때만 성안이 된다. 재청이 있을 때는 가부를 묻기 전에 이유를 말할 수 있다.
- 개의(改議): 동의에 대해 다른 의견을 제시하는 것으로, 동의에 대해 이의가 있는 회원은 가부를 묻기 전에 개의를 제기할 수 있다.
- 재개의(再改議): 동의와 개의 둘 다 반대해서 회의에 또 다른 방안을 제시하는 것이다.
- 표결(表決): 가부를 표시해서 결정하는 것으로 재개의, 개의, 동의 순으로 찬성을 물어 결정한다.
- 변론정지동의(辯論停止動議): 어떤 안건이 성안되어 있는데도 불구하고 논전을 벌일 때 제가하는 것이다.
- 보류동의(保留動議): 어떤 안건을 심의하는 중에 그 안건을 보류하자고 동의하는 것이다. 보류동의가 제기될 경우 의장은 즉시 가부를 물어야 한다.
- 재론동의(再論動議): 이미 결정된 사항을 다시 논의하자는 것이다. 재론동의는 결의 직후 제기할 수 없으며 다른 안건을 처리한 후에 제기할 수 있는데, 그건 3분의 2 이상의 찬성을 얻어야 한다.
- 긴급동의(緊急動議): 회의에서 긴급을 요하는 안건이 있을 때 우선적으로 처리하기를 요구, 제안하는 것이다. 긴급동의에는 회의의 일시를 정하는 동의, 폐회 동의, 휴회 동의 등이 있다. 발언이 진행 중이거나 투표 시 폐회 시간이 정해져 있을 때, 다음 회의 장소와 시간에 대해 토의 진행 중일 때는 긴급동의가 성립되지 않는다.

이상으로 회의법의 중요 부분을 요약해 보았다. 회의법은 두꺼운 책 한 권이 될 정도로 방대하지만, 여기서는 모두가 꼭 알아야 할 사항을 정리해 보았다. 하지만 회의법보다 더 중요한 것은 회의에 임하는 교인들의 마음가짐일 것이다.

6. 거룩한빛광성교회의 '회의 5대 약속'

끝으로 거룩한빛광성교회에서 지키고 있는 '회의 5대 약속'을 소개한다.

회의 5대 약속

1. 3분 이상 발언하지 않는다.
2. 인신공격 발언을 하지 않는다.
3. 한 안건에 대해 다른 회원들의 발언이 끝나기 전에 거듭 발언하지 않는다.
4. 제안자는 발언하지 않는다(당회에서 제안한 안건을 제직회에서 처리할 때, 장로들은 답변만 하며 개인 의견을 이야기할 수 없다).
5. 시간을 오래 끌어 다툼이 일어나지 않도록 찬성, 반대 의견을 각각 3회 청취 후 자동 표결한다.

이런 회의법을 교인들에게 가르치고 회의의 5대 약속을 지키면서 회의를 진행하자, 회의 중에 언성을 높이거나 얼굴을 붉히는 일 없이 은혜롭게 회의를 진행하게 되었고, 성숙한 공동체로 성장하게 되었다. 거

룩한빛광성교회는 예배가 끝난 후 제직회를 하는 것이 아니라, 주일 저녁 예배 중에 제직회를 한다. 교회 안에 소외 계층이 생기지 않도록 하기 위해서다. 그러다 보니 예배에 참석한 어린이, 학생, 청년, 심지어 예배를 드리기 위해 방문한 다른 교회 교인들까지도 제직회에 참석하게 된다. 그리고 참석한 모든 사람에게 발언권을 준다. 결정만 제직들이 할 뿐이다. 우리 교인들은 이 제직회를 '열린 제직회'라고 부른다. 이렇게 열린 제직회에 누구나 참여하다 보니, 교인들은 자신의 의견이 교회 운영에 반영되고 있다는 자부심을 갖게 된다. 심지어 당회에도 운영협의회장, 안수집사회장, 권사회장, 남선교회연합회장, 여전도회연합회장, 청년연합회장 등 여섯 명의 기관 대표들이 정식 당회원으로 참여한다.

이렇게 의사소통의 단계를 줄이고 교인의 참여를 확대하니 사랑의 공동체를 구현하는 데 큰 유익이 되었다. 또 예배 중에 제직회가 열리기 때문에 회의에 소요되는 시간을 미리 정해서 회의를 하는 만큼 회의가 무한정 길어지거나 지루해서 회의를 기피하는 현상은 일어나지 않는다. 이 모든 것에 사랑이 바탕이 되어 오늘의 거룩한빛광성교회로 성장했다. 모든 일은 사랑으로 행해야 한다. 사랑이 없으면 아무리 큰 교회를 세웠어도, 이름 있는 목사가 되어도 아무 소용이 없다. 교회에는 신파·구파, 주류·비주류, 소장파·노장파, 지연·혈연 같은 것이 있어서는 안 된다. 오직 사랑으로 하나 되어야 한다. 싸우면서 할 만큼 좋은 일이란 없다.

받은 은사대로
교회를 일구라

유전자가 다르듯 각자의 은사도 다 다르다

밖에 나가 친구를 만나면서 이야기를 나누어야 에너지가 충전되는 사람이 있는 반면, 집에서 조용히 독서를 하면서 쉬어야 새로운 힘을 얻는 사람이 있다. 이런 현상은 각 사람이 가지고 있는 유전자가 다르기 때문이라고 의학자들은 말한다. 이렇게 각자의 유전자가 다르듯 서로의 은사 역시도 다 다르다. 자신이 갖고 있는 은사로 일을 해야 성과가 나며 기쁘고 즐겁다. 또한 성도가 각자의 은사로 봉사하고 헌신해야 교회가 성장하고 부흥할 수 있다.

'건강한 교회 공동체의 8가지 특징'으로 유명한 독일의 슈바르츠 박사는 세계 곳곳의 1천여 개 교회를 대상으로 조사했다. 그 결과, 건강하게 성장하는 교회는 그냥 우연히 성장한 것이 아니라, 여덟 가지의 질적인 특성을 잘 활용한 것으로 나타났다. 슈바르츠 박사가 제시한 여덟 가지 특성 중 두 번째 특성이 '은사 중심적 사역'이다. '은사 중심적 사역'에는 두 가지 반대되는 개념이 있다.

첫째는, '목회자 중심적 사역'이다. 한국 교회의 사역이 여기에 해당된다. 교인은 목회자의 가르침을 수동적으로 듣고 목회자의 지시에 따라 하라는 일만 순종해서 잘하면 양순하고 충성된 일꾼으로 여겨졌다. 이런 경우에 자신이 하나님에게 받은 은사와 맡은 일이 일치하는가, 일치하지 않는가는 별로 중요하지 않다. 둘째는, '연륜 중심적 사역'이다. 이는 역사가 오래된 교회일수록 교회의 오래된 신자와 중직들을 중심으로 사역을 맡아 진행하는 경우다. 이런 경우에 중요한 일을 은사와 상관없이 오래된 신자나 중직자들이 맡기 때문에, 교회에 등록한 지 얼마 안 되는 교인이나 상대적으로 젊은 교인들은 하나님에게 받은 은사를 사용할 수 있는 기회가 제대로 주어지지 않는다. 이것이 바로 전통적인 교회에서 은사를 가진 사람들이 하나님에게 받은 은사대로 일하는 데 걸림돌이 되는 요인이다.

그러므로 이러한 요인들을 제거하고 은사 중심적 사역을 하기 위해서는 먼저 신학적 의미를 상고할 필요가 있다. 중세 교회를 개혁하면서 종교 개혁자들이 외친 원리 가운데 하나가 '만인 제사장설'이다. 이 원리는 종교 개혁의 가장 기본적이며 두드러진 원리 가운데 하나다. 이 원리는, 모든 신자는 대제사장이신 그리스도를 통해 하나님에게 직접 나아갈 수 있으며, 따라서 중보자인 사제는 필요 없다는 의미다. 더 나아가, 모든 그리스도인은 하나님 앞에서 타인을 위해 기도할 수 있고, 하나님에 관한 것들을 다른 사람에게 가르칠 자격이 있다는 것이다. 따라서 하나님 앞에서 특별한 직위나 도덕성을 가진 성직자의 특수 집단이 있다는 것을 부인한다. 그러면 만인 제사장설에 근거해서 목사직은 어떻게 이해해야 하겠는가? 목사는 실제적인 직무상의 일로서 교회를 맡아서 교인들을 가르치고 설교하고 인도하는 전문직으로 이해할 수 있다. 이런 만인 제사장설의 근거가 되는 베드로전서의 구절은 다음과 같다.

"그러나 너희는 택하신 족속이요 왕 같은 제사장들이요 거룩한 나라요 그의 소유가 된 백성이니 이는 너희를 어두운 데서 불러내어 그의 기이한 빛에 들어가게 하신 이의 아름다운 덕을 선포하게 하려 하심이라."

이 말씀에서 성도 모두를 제사장이라고 부르고 있음을 확인할 수 있다. 모든 성도가 하나님이 주신 은사를 가지고 하나님의 일을 주도적으로 행할 수 있음을 증거로 받은 것이다. 그러므로 이제 한국 교회는 목회자 중심적 사역에서 벗어나 모든 성도들이 하나님이 주신 은사를 따라 하나님의 역사를 이루어 나가야 한다. 어떻게 하면 하나님으로부터 받은 은사를 따라 하나님의 역사를 이루는 성도가 될 수 있을까?

은사는 부러움도, 질시의 대상도 아니다

사도 바울은 교회를 몸으로 비유했다. 몸에 많은 지체가 있는 것처럼 교회에도 많은 성도가 있다는 것이다. 몸에 있는 지체 중에 머리만 일하고 나머지 지체는 가만히 있다면 그 교회는 병든 교회요, 장애가 발생한 것이다. 마찬가지로 교회에서 성직자만 일하고 성도들은 가만히 있다면 그 역시 병든 교회인 것이다. 모든 지체가 활발하게 자기의 기능을 행해야 건강한 사람인 것같이, 모든 성도가 자기의 은사를 따라 열심히 일하는 교회가 건강한 교회다.

여기서 한 가지 의문을 가질 수 있다. 여러 지체, 곧 많은 성도들이 각자 받은 은사대로 일을 하다 보면 혼란하고 무질서할 텐데, 오히려 교회가 평안하고 든든하게 서 가는 것을 볼 수 있다. 그 비결은 무엇일까? 바로 하나님이 각 사람에게 나눠 주신 믿음의 분량대로 일하기 때문이다. 하나님은 어느 하나라도 부족하거나 넘치는 것 없이 믿음의 분량에 따라 교회에 맞게 적절한 은사를 주신다.

교회 안에 있는 모든 성도들에게는 각자 그 믿음의 분량대로 하나님이 주신 은사가 있다. 따라서 모든 성도는 그 믿음의 분량에 따라 하나님이 각양의 은사를 주신 만큼 그 은사들을 최대한 발휘해야 한다. 자신의 은사를 최대한 발휘해서 주님의 몸 된 교회를 세워 나가는 것, 그것이 바로 하나님이 우리 각자에게 은사를 주신 목적이다. 하지만 성도는 부족함이 많은 존재인지라 공동생활에서 서로 다투고 갈등하며 분쟁이 일어날 수 있다. 이것을 방지하기 위해 사도 바울은 로마서에서 "마땅히 생각할 그 이상의 생각을 품지 말고"라고 말했던 것이다.

이 말씀의 뜻을 이해하려면 마태복음 25장에서 예수님이 말씀하신 달란트 비유를 생각하면 된다. 주인이 종들에게 다섯 달란트, 두 달란트, 한 달란트를 주었듯이 하나님도 우리 각자에게 믿음의 분량에 맞게 은사를 나누어 주셨다. 따라서 자신이 받은 능력이 다른 사람의 능력에 미치지 못한다고 남을 질시하거나 부러워할 이유가 없다. '믿음의 분량'이라고 할 때의 믿음은 구원에 이르는 믿음이 아닌, 변화된 그리스도인들에게 주신 영적인 능력, 곧 은사를 말하는 것이다. 영적인 능력,

곧 은사는 내가 갖고 싶다고 가질 수 있는 것이 아니라 하나님이 각 사람에게 적절하게 나누어 주시는 것이다. 그러므로 분량 이상의 생각을 품는 교만을 경계하고 하나님이 주신 은사의 분량대로 겸손하게 섬겨야 한다.

우리 교회는 철저하게 목회자 중심의 교회를 벗어나 성도들이 함께 일하는 평신도 사역을 지향한다. 그래서 믿음의 분량대로 사역자를 세워 나가는 일에 힘쓰고 있다. 우리는 다섯 달란트를 받았든지, 두 달란트를 받았든지, 아니면 한 달란트를 받았든지 자신이 받은 은사와 분량을 헤아려 최선을 다해 봉사하는 성도가 되어야 한다.

'은혜'와 '은사'

세상을 살다 보면 비슷하면서도 서로 다른 개념 때문에 혼동을 겪는 경우가 가끔 있다. 예를 들면, '지혜'와 '지식'이라는 말이 그렇다. 지혜와 지식은 비슷하면서도 다른 뜻을 지니고 있다. 그런데 막상 어떻게 다른지 설명하려면 쉽지 않다. 국립국어원 표준국어대사전에 보면 '지식'은 "어떤 대상에 대하여 배우거나 실천을 통하여 알게 된 명확한 인식이나 이해"라고 나온다. 그리고 '지혜'는 "사물의 이치를 빨리 깨닫고 사물을 정확하게 처리하는 정신적 능력"이라고 말한다. 가령 "그 사람은 만물박사야, 모르는 게 없어"라는 말은 지혜보다는 지식이 많다는 쪽에 더 가까울 것이다. 또 "목사님한테 가면 헝클어진 실타래를 푸는 것같이 문제가 술술 풀린다"라고 말할 때는 지식보다는 지혜가 많다는 뜻이 더 강할 것이다. 그렇지만 지식 없이 지혜가 빛나기 어렵고, 또 지혜 없이 지식을 발휘하기는 힘들 것이다. 지혜와 지식, 이 둘은 칼로 두부를 자르듯이 나눌 수 있는 것이 아니다.

성경에도 이와 같이 혼동하기 쉬운 개념이 여럿 있다. 그중에 대표적인 개념이 '은혜'와 '은사'다. 은혜는 헬라어로 '카리스'라고 한다. 종교개혁자 마틴 루터는 "은혜란 그리스도로 말미암아 죄와 율법으로부터 구원받음을 의미한다"라고 말했다. 이런 정의를 염두에 두고 현재 우리가 사용하는 은혜라는 말이 제대로 쓰이고 있는지 생각해 보자. "오늘 목사님 설교에 은혜 받았습니다." "오늘 성가대 찬양에 은혜가 넘쳤습니다." 이 말을 틀린 말이라고 할 수는 없지만 꼭 맞는 말도 아니다. 왜냐하면 은혜는 구원과 관련해서 사용하는 말이기 때문이다. 사도 바울은 로마서에서 "우리가 아직 죄인 되었을 때에 그리스도께서 우리를 위하여 죽으심으로 하나님께서 우리에 대한 자기의 사랑을 확증하셨느니라"라고 말했다. 이 말씀에 담긴 의미대로, 은혜란 그리스도를 통해 나타난 하나님의 사랑이다. 그 사랑 때문에 우리가 구원을 받은 것이다. 따라서 은혜란 '구원'과 관계된 말이다.

그렇다면 은사는 무엇일까? 은사는 헬라어로 '카리스마'라고 한다. 우리말로도 은혜와 은사가 비슷하듯이 헬라어로도 은혜와 은사는 카리스와 카리스마로 비슷하다. 은사는 값없이 주어진 하나님의 선물을 말하는데, 값없이 주어진다는 측면은 은혜와 같지만, '구원'에 관계된 것이 아니라는 의미에서 은혜와는 다르다. 은사는 "이는 성도를 온전하게 하여 봉사의 일을 하며 그리스도의 몸을 세우려 하심이라"고 말한 것처럼 일과 관계가 깊다. 즉, 은사는 사역을 위해 주신 하나님의 선물인 것이다. 흔히 사람들이 "그 목사님의 카리스마는 대단해"라는 말을 한다. 이럴 때 카리스마는 '사람을 끄는 매력', '사람을 휘어잡는 능력'이라는 뜻이다. 그러나 카리스마의 본래 의미는 '하나님의 거룩한 선물'이다. 은혜는 구원에 관계된 것이기 때문에 믿는 자는 누구나 똑같이 다 받는 보편성을 가지고 있다. 따라서 은혜 받지 못했다는 말은 구원받지 못했다는 말이요, 천국에 갈 수 없다는 말이다. 그러므로 목사님의 설교를 듣고 나서는 '감동적이었습니다', '좋았습니다'라고 말하는 것이 맞다고 생각한다.

다양성 안에서 일치를 이루라

사도 바울은 로마서에서 다음과 같이 말했다. "그러나 이 은사는 그 범죄와 같지 아니하니 곧 한 사람의 범죄를 인하여 많은 사람이 죽었은즉 더욱 하나님의 은혜와 또한 한 사람 예수 그리스도의 은혜로 말미암은 선물은 많은 사람에게 넘쳤느니라."

위의 말씀에서 은사는 하나님이 주시는 선물임을 알 수 있다. 그런데 하나님이 주신 선물은 천편일률적으로 똑같은 것이 아니다. 하나님의 은사는 사람과 환경에 따라 각각 그 모양이 다르다. 한 가지가 아니라 여러 가지로 다양하다. 그렇다고 은사에 좋고 나쁨과 크고 작음이 있는 것은 아니다. 사람이 볼 때는 좋고 나쁜 것, 크고 작은 것이 있을 수 있으나 하나님은 각 사람에게 가장 적당한 것을 주신다. 또 사람들의 생각에는 은사가 다양하기 때문에 다툼이 일어나고 충돌할 수 있지 않을까

우려하기도 한다. 그러나 진정한 은사를 주신 분은 하나님이시기에 그분의 선하심을 믿고 기쁨으로 교회를 위해 활용한다면 다툼이나 분란은 일어나지 않는다.

교회에서 은사 중심적 사역이 이루어지기 위해 가장 중요한 것은, 자신의 은사가 무엇인지 아는 것과 이 은사를 하나님이 주셨다는 확신을 가지는 것이다. 자신의 은사가 무엇인지 분명하게 알며 하나님이 주셨음을 확신하게 되면 다른 사람의 은사를 부러워하지도 않고, 기웃거리지도 않게 된다. 이는 마치 부부가 각각의 배우자를 하나님이 맺어 주신 천생배필이라 확신할 때 제아무리 예쁜 여자, 잘난 남자가 유혹해도 흔들리지 않는 것과 같다. 그런데 그런 믿음이 없으면 지나가던 남자나 여자의 눈짓 한 번으로도 마음이 흔들리게 된다.

교회 안에서 은사 중심적 사역이 이루어지기 위한 두 번째 요소는, 무엇보다 은사의 다양성을 인정하는 것이다. 사람은 참으로 생김새와 성격이 모두 다르다. 어느 누구도 똑같은 사람이 없다. 백 사람이 있으면 백 사람의 성격이나 특색이 모두 다르듯이 은사도 마찬가지다. 성경에 나타난 은사만 헤아려 봐도 지혜, 지식, 믿음, 영 분별, 방언, 통역, 사도, 선지자, 교사, 능력, 병 고침, 도움, 다스림, 예언, 섬김, 권위, 구제, 긍휼, 기도, 찬양, 친절 등 참으로 다양한 은사들이 있다. 그런데 일부 교회에서는 이렇게 다양한 은사들을 활용하지 않고 제한하는 경우가 많다. 그 까닭은 나와 같기를 바라는 마음 때문이다.

사도 바울은 모든 사람이 자기와 같기를 원했다. 그가 자기와 같기를 바랐던 은사는 무엇일까? 바로 독신의 은사다. 사도 바울은 독신의 은사를 받은 사람이었다. 그래서 할 수 있다면 자신과 같이 결혼하지 않았으면 좋겠지만, 사람마다 받은 은사가 다르니 강요할 수는 없다고 말했다. 이 말을 따른 사람들이 가톨릭 사제인데, 처음부터 그런 것은 아니었다. 1073년, 그레고리 7세가 교황이 되자마자 결혼한 사제들은 이혼할 것, 앞으로 결혼하면 사제가 될 수 없다고 선포했다. 이때부터 가톨릭 신부들이 모두 독신이 된 것이다. 사도 바울은 꼭 독신으로 살라는 것이 아니라 받은바 은사대로 행하라고 말한 것이었는데, 11세기 들어 그레고리 7세가 자기 마음대로 법을 만든 것이다. 이와 같이 지나치게 은사를 강요해서는 안 된다. 없는 은사가 강요한다고 생기겠는가? 부작용만 낳을 뿐이다. 사도 바울은 각각 달리 받은 은사로 즐겁게 봉사하라고 가르쳤다. 각각 받은 은사가 다양하기 때문에 합력해서 선을 이룰 수 있고, 일치하면 시너지 효과가 일어나기 때문이다. 우리는 서로 합심, 협력해서 하나님 나라를 이 땅에 세워 나가는 열심 있는 일꾼이 되어야 한다.

공동체에 유익을 주어야 한다

자신의 은사가 무엇인지 알 수 있는 간단한 방법이 있다. 그 은사를 가지고 일할 때 기쁨이 있으면 하나님이 주신 은사요, 괴로우면 은사가 아니다. 전도하는 일이 즐겁고 신나고 전도가 잘된다면 하나님이 전도의 은사를 주신 것이다. 찬양하는 것이 즐겁고 기쁘고 찬양 연습을 아무리 많이 해도 힘든 줄 모르겠다면 하나님이 찬양의 은사를 주신 것이다. 그렇다면 등산을 할 때마다 즐겁고 기쁘고 신나는 사람은 등산을 은사로 받았겠는가? 아니다. 자신은 기쁠지 몰라도 교회 공동체에는 전혀 기쁨이 되지 않기 때문에 은사라고 할 수 없다. 사도 바울은 고린도전서에서 "각 사람에게 성령을 나타내심은 유익하게 하려 하심이라"고 말했다. 여기서 '성령을 나타내심'이란 은사를 말한다. 은사는 교회 공동체에 유익을 주기 위해 하나님이 주신 선물이다. 그러므로 자신에게는 아무리 즐거움이 될지라도 남에게 해를 끼치게 된다면 그것은 은사가 아니다. 가령 자신은 찬양을 좋아하는데 듣는 이가 괴롭다면 그것은 은사가 아니다. 은사가 되려면 자신에게는 기쁨, 형제에게는 덕, 공동체에는 유익, 하나님에게는 영광이라는 네 박자가 맞아야 한다.

개봉교회의 오세철 목사님은 제자에게 담임목사직을 물려주고 은퇴하셨는데, 정신여고 교목 시절 틴라이프 중창단을 만들고, 또 틴라이프 선교회를 만들고, 한국제자훈련원을 세워 제자 훈련을 하신 것으로 유명하다. 목사님이 한창 목회를 하실 때 워낙 성령 충만하고 훌륭한 인품을 소유하신지라 많은 제자들이 그분을 따랐다. 그래서 부흥회 요청도 종종 받으셨는데, 그때마다 사양하셨다고 한다. 그런데 한 번은 "저는 부흥회는 잘 못합니다. 다른 강사를 찾아보시는 게 어떨까요?" 하며 정중히 거절했는데, "목사님, 그냥 교회에서 하시는 대로만 해 주시면 됩니다" 하는 말에 할 수 없이 부흥회를 맡게 되었다. 그런데 오 목사님은 설교를 잘하는 편이 아니었다. 설교가 재미없는 것을 자신도 잘 알았다. 그래서 부흥회 첫 시간을 인도한 후에 꼭 유명한 강사나 촉망받는 제자를 데리고 가서 성도들에게 소개하고 자신은 물러갔다.

목사님 본인이 설교하는 것이 싫어서 그랬겠는가? 자신은 좋아도 부흥회에 참석한 교인들이 은혜 받지 못할 것을 알기에 교회의 유익을 위해 잘하는 사람을 앞세우고 자신은 물러나신 것이다. 그랬을 때 교회에 유익이 되고, 하나님에게 영광이 돌아가며, 그런 태도로 인해 목사님은 더욱 존경을 받으셨다. 은사 중심적 사역이란 바로 이렇게 사역과 은사가 맞는 사람을 찾아 배치하는 것을 말한다. 인재를 적재적소에 배치해야 나라가 잘되듯이, 은사자들을 그 사역에 맞게 적재적소에 배치해야 교회가 성장하고 부흥한다. 그렇게 되면 일하는 사람에게 기쁨이 있고, 교회는 흥이 나며 신명이 나는 법이다. 이는 슈바르츠 목사의 조사에서도 증명된다. 자신의 은사와 교회에서 하는 일이 꼭 맞을 때 기쁨을 누리고 만족하고 행복감을 느끼며 신앙생활을 한다는 결과가 나왔다.

인재를 적재적소에 배치하는 것을 현대 학문으로는 '인사 관리'라 하고, 교회에서는 '은사 배치'라 한다. 한비자는 "닭에게는 새벽을 알리게 하고 고양이에게는 쥐를 잡게 해야 한다"고 말했다. 은사 배치를 잘해야 함을 말한 것이다. 이와 같이 누구에게나 은사가 있다. 받은 은사를 바르게 사용하려면 선한 청지기같이 봉사해야 한다.

그리스도인이라면 누구나 먼저 자신의 은사를 발견해야 한다. 그리고 이 은사를 가지고 선한 청지기같이 봉사해서 자신에게는 기쁨이 되고, 형제에게는 덕을 세우며, 교회에는 유익을 주고, 하나님에게는 영광을 돌려야 한다.

교회는 평신도가 받은 은사를 따라 일해야 한다

모든 은사는 하나님으로부터 온다. 그러므로 하나님으로부터 받은 은사는 당연히 은사를 주신 하나님의 뜻에 맞게 사용해야 한다. 하나님은 당신의 뜻대로 각종 다양한 은사를 각각의 사람에게 나누어 주셨다. 그런데 어찌된 일인지 교회에서는 다양한 은사가 나타나지 않는다. 하나님은 성도들이 구경꾼의 자리에서 일어나 함께 경기에 임하는 선수들이 되기를 원하신다. 하나님의 뜻은, 각 성도들은 선수가 되고, 부교역자는 코치가 되고, 담임목사는 감독이 되어 선수들이 안타를 치고, 홈런을 치고, 환성을 지르며 흥겨운 잔치 한마당을 벌이는 것이다.

그런데 대부분의 교회에서는 목사가 열심히 뛰고 장로들이 목사의 일을 지도·감독한다. 이렇게 목사가 열심히 일하느라 바쁘고 지친 교회와 교인들 그리고 구경꾼이 된 교회는 절대로 성장할 수 없다. 모든 일을 목사가 해결해야 하다 보니 목사에게서 병목현상이 일어나고 과부하가 걸려서 더 이상 나아가지 못해 멈추어 버리고 만다. 한 사람이 교회의 모든 필요를 다 채운다는 것은 절대 불가능한 일이다. 그러므로 건강한 교회, 성장하는 교회가 되기 위해서는 평신도가 받은 은사를 따라 일해야 한다. 이것이 하나님의 뜻이다.

이제는 교회 지도자도 철저하게 은사 중심적으로 접근해야 한다. 은사 중심적 접근이란, 어떤 그리스도인이 어떤 사역을 감당할 것인가를 목사가 정해 주는 것이 아니라, 하나님이 주권적으로 정하셨다는 믿음에서 접근하는 것을 말한다. 이때 지도자의 역할은 교인들이 자신의 은사가 무엇인지를 발견하도록 도울 뿐 아니라, 자신에게 맞는 은사를 따라서 사역할 수 있도록 배치하고 잘 조정해 주는 것이다. 이렇게 하나님의 뜻을 따라 주어진 은사를 가지고 섬길 때, 인간의 힘으로 가는 부분은 줄어드는 대신 성령의 능력 안에서 이루어지는 일은 더 많아지게 된다. 이런 공동체는 놀라운 일을 할 수 있다. 이런 결과를 두고 사람들은 기적이라고 말한다. 이런 기적을 이루기 위해 모든 교회의 일꾼들은 맡은 사역을 위해 훈련받아야 한다. 훈련을 통해 받은 은사가 더 확실해지고 확대되기 때문이다.

은사를 받은 사람은 하나님의 뜻대로 자신의 은사를 사용해야 한다. 보내신 이의 뜻을 어기면 그 은사가 소멸되고 말기 때문이다. 한국 교회가 가장 소홀히 하는 것이 바로 성도의 은사 활용이다. 교회는 성도들이 받은 은사를 발견하고 계발해서 사용하도록 해야 한다. 구원의 확신 다음으로 중요한 것이 은사의 확신이다. 가장 위험하고 어리석은 일은 은사 없이 교회 일을 하는 것이다. 교회의 봉사는 자신에게 주어진 은사를 따라 하는 것이 효과적이다. 하나님이 주신 은사대로 봉사할 때 성령의 역사가 나타나며, 자신도 즐겁고 교회에도 유익을 끼치게 된다.

무조건 열심만 가지고 많은 일을 맡아서 봉사하는 것보다 은사에 맞추어 자기에게 맞는 일을 하는 것이 중요하다. 이것이 은사를 주신 하나님의 뜻이다. 하나님의 뜻대로 할 때 하나님이 그 사역을 축복해서 형통하게 해 주신다. 예수님도 아무리 많은 일을 하고 큰일을 하더라도 하나님 뜻에 맞지 않는 일은 은사가 아니라고 말씀하셨다. 하지만 아무리 작고 하찮은 일이라도 하나님이 주신 은사라면 귀하게 여기시며, 불가능도 가능하게 해 준다고 말씀하셨다.

은사를 주시는 분도 하나님이시요, 일하게 하시는 분도 하나님의 영인 성령님이시다. 하나님은 일하라고 은사를 주셨다. 당신은 하나님이 주신 은사가 무엇이라고 생각하는가? 당신이 받은 은사를 묻어 두지 않고 사용할 때 성령님이 함께하셔서 큰 역사를 이루게 하실 것이다. 하나님에게 받은 은사를 하나님에게 돌려드리자. 그래서 하나님의 마음을 시원하게 하고, 교회 성장의 일익을 담당하는 성도가 되자.

각 사람의 은사대로 섬기는 교회

사도 바울은 로마서를 통해 "우리에게 주신 은혜대로 받은 은사가 각각 다르니 혹 예언이면 믿음의 분수대로, 혹 섬기는 일이면 섬기는 일로, 혹 가르치는 자면 가르치는 일로, 혹 위로하는 자면 위로하는 일로, 구제하는 자는 성실함으로, 다스리는 자는 부지런함으로, 긍휼을 베푸는 자는 즐거움으로 할 것이니라"라고 말했다.

거룩한빛광성교회는 성도들의 직분이나 신앙의 연수로 사역을 결정하지 않는다. 각자 자신이 받은 은사 중심으로 사역을 권장한다. 사역 부서의 장을 직분이나 연수에 관계없이 은사를 가진 사람이 맡고 있어, 집사가 팀장이 되고 장로가 팀원이 되기도 한다. 각양 분야에 은사를 가진 사람들의 요청이 있으면 언제든 사역의 문을 열어 놓는다. 그러다 보니 23년 동안 17개 사역 분야에 31개 위원회 그리고 360개 팀으로 사역이 점차 확대되었다. 이렇게 거미줄처럼 많은 사역을 펼쳐 놓고 많은 성도가 각자의 의사에 따라 섬길 수 있는 길을 열어 두었다. 내가 평소 자주 하는 말로, '평신도를 병신도를 만들어서는 안 된다'라는 원칙을 세우고 각 성도들의 받은 은사에 따라 섬길 수 있는 길을 열어 두었다.

이는 처음 교회에 나온 사람들이나 지역 주민들을 전도할 수 있는 귀한 계기가 되었다. 특별히 남성들의 경우는 교회의 문화나 언어 등에 적응하기가 쉽지 않다. 이때 같은 취미와 문화를 공유한 사람들과의 만남은 그들을 보다 쉽게 교회 안에 적응하게 하는 매개체가 되고 있다. 스포츠 선교위원회 산하 20개 팀은 각 종목으로 편성되어 초신자 및 지역 주민이 보다 쉽게 교회로 들어올 수 있는 창구 역할을 하고 있다.

05

생명력 있는 교회는
소그룹이 살아 있다

소그룹과 교회 예배의 두 날개

우리 몸을 이루고 있는 최초의 단위는 세포다. 그러면 우리 몸은 몇 개의 세포로 이루어져 있을까? 사람은 약 60-65조 개의 세포로 이루어져 있다고 한다. 더욱 놀라운 것은, 이렇게 많은 사람의 세포가 모두 같은 크기를 가지고 있지 않다는 것이다. 큰 세포도 있고 작은 세포도 있다. 가장 작은 세포는 정자고, 가장 큰 세포는 난자다. 난자와 정자의 크기 차이는 실로 엄청난데, 난자가 정자보다 자그마치 10만 배나 크다고 한다. 정자는 한 번에 약 4억 개 정도가 방출되는데, 그중 단 한 개의 정자만이 난자와 결합해서 사람으로 태어나는 것이다. 우리는 모두 4억분의 1이라는 확률 속에 오늘의 내가 된 것이다. 이렇게 대단한 확률로 태어났으니 '나는 굉장한 사람'이라는 자부심을 가져도 좋을 듯하다.

그런데 이 세포들이 한 번 생기면 사람의 생애와 운명을 같이할까? 그렇지 않다. 세포의 수명은 다양해서 어떤 세포는 3일 만에 죽고, 오래 사는 세포는 30년을 살기도 한다. 그러니까 30년 이상을 산 사람은 태어날 때 가지고 있던 세포가 하나도 남아 있지 않은 것이다. 자신이 미처 깨닫지도 못한 가운데 거듭남을 체험한 것이다. 이렇게 우리 생명을 이루고 있는 기본 단위인 세포를 떼어 놓고 보면 아주 작고, 보잘것없고, 그곳엔 생명이 없을 것만 같다. 하지만 과학이 발달하면서 속속 밝혀지는 내용은 사람들을 계속 놀라게 하고 있다. 왜냐하면 그 작은 세포 속에 완벽한 생명이 존재하고 있기 때문이다.

세포는 세포질과 핵으로 이루어져 있다. 그 속에 세포를 움직이기 위해 동력을 일으키는 공장이 미토콘드리아다. 놀라운 사실은, 핵 속에 DNA라는 유전자가 있는데 이 속에는 세포의 역할, 모양, 기능이 모두 입력되어 있다는 것이다. 그런데 아무도 이것들을 입력하지 않았다. 이는 사람이 할 수 없는 일이다. 결국 과학자들은 과학을 깊이 연구하면 할수록 DNA 속에 수많은 정보를 입력하신 분은 '하나님밖에 없다'는 고백을 하게 된다고 한다. 하나님의 능력이 세포 속에 담겨 있는 것이다.

자연적으로 성장하는 교회들이 가지고 있는 특성인 '전인적 소그룹' 역시 우리 몸의 세포와 같음을 알 수 있다. 교회를 몸으로 볼 때 소그룹은 세포에 해당된다. 그 이유는, 세포는 비록 작지만 그 안에 생명이 존재함과 같이 '전인적'이라는 말은 '온전한 생명'을 뜻하기 때문이다. 전인적이라는 말의 사전적 의미는 "인간의 세 가지 심적(心的) 요소인 지성, 감정, 의지를 균형 있게 갖추어 원만한 인격을 지닌 사람의 것"(고려대한국어대사전)이다. 이전까지 교회에서는 소그룹을 전인적으로 보지 않왔다. 과거 사람들이 세포의 가치를 알지 못해 그 속에 생명이 있음을 깨닫지 못했던 것과 같다. 그러나 예수님은 이미 소그룹의 중요성을 인식하셨다. 예수님의 3년 공생애 기간 중 수많은 사람들이 모여들었고 따랐으나, 예수님은 열두 명의 소그룹만을 제자로 삼고 양육하셨다. 예수님이 십자가에 달려 돌아가셨을 때 사람들은 모두 예수님을 실패자로 여겼다. 그러나 결국은 실패가 아닌 성공이었다. 열두 제자에 의해 복음이 세계만방에 전해졌기 때문이다.

오랫동안 이런 소그룹의 중요성이 잊혔다가 현대에 들어와 다시 부각되고 있다. 그 원인은 교회 밖과 교회 안 모두에서 찾을 수 있다. 소그룹의 중요성이 나타나게 된 교회 밖의 원인으로는 산업화 사회에서 정보화 사회로 변화하고 있는 것을 들 수 있다. 산업화 사회는 대량 생산 위주의 사회로 생산자 중심의 가치관이 자리 잡고 있었다. 그러나 정보화 사회는 소수 정예화된 사회로 벤처 산업이 발달해 소비자 중심의 가치관이 자리하고 있다. 더욱이 정보화 시대의 흐름은 이전 발신자 중심에서 수신자 중심으로 그 중심이 이동되었다. 다시 말해, 과거에는 인쇄된 신문을 손에 들게 되면 처음부터 끝까지 다 보아야 하고, TV나 라디오의 뉴스도 접하게 되면 다 듣고 보아야 했지만, 지금은 인터넷 덕분에 소비자가 알고 싶은 뉴스, 관심 있는 정보들만 볼 수 있게 되었다. 소비자들이 직접 뉴스와 정보를 선택하는 것이다. 이런 세상의 변화가 소그룹의 중요성을 낳게 된 것이다.

반대로 소그룹의 중요성이 부각된 교회 안의 원인으로는, 소그룹에 눈뜬 교회들이 성장하고 있으며 크기와 상관없이 왕성한 선교를 하고 있다는 사실이 정보망을 통해 전 세계 교회에 알려졌기 때문이다. 그래서 나온 운동이 셀(cell) 교회 운동이다. 셀 교회 운동은 교회의 세포라 할 수 있는 구역(목장) 하나하나를 살아 있는 세포, 온전한 생명을 가진 세포와 같이 생동감 넘치는 구역, 생명력 있는 구역으로 만들자는 운동이다. 그래서 셀 교회에서는 소그룹과 교회 예배라는 두 날개를 강조하고 있다. 어떤 의미에서 셀 교회들은 교회 예배보다 소그룹의 발전에 더 역점을 두고 있다. 그렇게 되기 위해서는 먼저 소그룹이 전인적 소그룹이 되어야 한다는 전제가 뒤따른다. 이 말은 혹 소그룹이 작다고 반쪽 생명만 가지고 있어서는 안 되며, 교회가 가지고 있는 역할을 동일하게 행하는 온전한 모임이 되어야 함을 의미한다.

온전한 사람으로 양육하는 소그룹

전인적 소그룹이 확산되어 가기 위해서는 우리의 뇌리에 박혀 있는 큰 것을 동경하고 좋아하는 심리를 벗어 버려야 한다. 이제 생각을 바꿔야 한다. '작은 것이 아름답다'라는 말도 있듯이, 교회도 작고 알찬 교회가 많아져야 하고, 교회가 커졌다 할지라도 작은 그룹이 많아져야 건강한 교회가 될 수 있다. 사도 바울은 에베소서에서 "우리가 다 하나님의 아들을 믿는 것과 아는 일에 하나가 되어 온전한 사람을 이루어 그리스도의 장성한 분량이 충만한 데까지 이르리니"라고 말했다. 이처럼 온전한 사람, 온전한 믿음을 가진 사람이 되어야 장성하고 성령 충만한 그리스도인으로 성장해 갈 수 있다. 이렇게 온전한 믿음의 사람으로 양육하기 위해서 가장 적합한 구조가 바로 소그룹이다.

영어 교육에 종사하는 사람의 말을 들으니, 학생 수가 여섯 명이 넘으면 효율적으로 영어를 가르치기 힘들다고 한다. 소그룹이어야 한다는 것이다. 지식을 가르치는 데도 소그룹이 효율적일진대, 하나님의 생명을 전달하고 나누는 교회에서는 두말할 나위가 없다. 소그룹은 온전한 실력자, 온전한 신앙인을 양육하는 데 대단히 중요하다. 실천신학자 힐트너는 목회의 세 기둥을 '전달, 목양, 조직'이라고 말했다. 설교는 이들 중에 '전달'에 속한다. 그러나 설교는 일방적으로 듣게 되어 있기 때문에, 설교를 듣다가 궁금한 것이 있어도 설교 시간에 "질문 있습니다" 하고 물을 수가 없다. 그러나 소그룹 모임을 통한 성경 공부에서는 질문과 토의가 가능하기 때문에 훈련이 되고 양육이 가능한 것이다.

또 소그룹은 목회자에게 성도 개개인의 신앙 성장을 관찰할 수 있는 기회를 제공함으로 목회 전반에 도움을 받을 수 있다. 임상적으로 볼 때 소그룹에 참석한 교인들이 소그룹에 참석하지 않고 예배에만 참석하는 교인들보다 성장이 훨씬 빠른 것을 알 수 있다. 우리 교회에서도 일대일 제자 양육을 받은 성도들이나 부부 목장에 참석하는 남자 성도들의 신앙이 빠르게 성숙해 가는 것을 볼 수 있다. 진정한 교육은 서로를 알 때 가능하다. 그런데 대중 교육, 집단 교육의 방식으로는 서로를 아는 것이 불가능하다. 인격적 만남이 이루어질 수 없고, 눈높이 교육이 불가능하다. 집단 교육을 통해서는 10퍼센트의 똑똑한 사람을 위해서 90퍼센트의 보통 사람이 희생 제물이 되는 경우가 종종 발생한다. 자기가 알아서 깨닫고 스스로 자라야 하는 교육이 집단 교육이다.

이러한 병폐를 씻는 대안이 소그룹이다. 소그룹은 하나님의 축복이다. 주일 예배에서 맛보지 못한 감격과 사랑의 교제를 맛보고 마음 문을 활짝 열 수 있는 곳이 소그룹이다. 사실 현대인은 외롭다. 군중 속에서 고독을 느끼며 컴퓨터나 기계와 대화를 나누니 정에 굶주려 있다. 멀쩡한 사람들 같지만 가슴을 열고 보면 구멍이 크게 뚫려 있다. 공허한 마음을 부여안고 살아가는 것이 현대인이다. 이들의 영혼이 동병상련의 아픔을 나누며 교제하고, 말씀으로 치유와 양육을 받을 수 있는 자리가 바로 소그룹이다.

이 소그룹의 가장 대표적인 것이 구역(목장)이다. 그러기에 구역이 살아야 교회가 산다는 말이 나오는 것이다. 누적 교인이 80만 명이나 되는 여의도순복음교회는 세계에서 제일 큰 교회다. 이 교회는 바로 구역이 전인적 소그룹이 되었기에 부흥한 대표적인 교회다. 아마 여의도순복음교회 교인들이 드리는 구역 예배에 참석한 경험이 있거나, 이웃에 여의도순복음교회 교인이 살았던 사람들은 이해할 것이다. 그들은 구역 예배 시간에 성경 공부만 하지 않았다. 주일 예배와 다름없는 열정적인 찬송과 부르짖는 기도, 불신 이웃 초청 등 모든 것이 어우러진 전인적 예배를 드린다. 그때 장로교인들은 순복음교회 교인들을 흉보았다. 무식한 사람들이 모여서 동네가 떠나가도록 시끄럽게 해 교회 망신 다 시킨다고 흉을 보았다. 그러나 그들은 그들의 구역을 전인적 소그룹으로 만들었고, 그 결과 여의도순복음교회는 놀라운 성장을 하게 되었다.

예수님은 두세 사람이 당신의 이름으로 모인 곳에는 예수님이 함께하신다고 말씀하셨다. 작다고 움츠리면 안 된다. 작은 것이 아름답다. 우리의 구역, 성경 공부 모임, 우리의 사역 팀이 비록 작은 것 같지만, 이런 작은 모임을 통해 온전한 신앙인을 양육하는 전인적 소그룹을 만들 수 있다.

상처받은 심령을 치유하는 소그룹

세상에는 사랑하지 못할 만큼 가난한 사람도 없고, 사랑받지 않아도 될 만큼 부요한 사람도 없다. 사람은 누구든지 작든 크든 상처를 안고 살아간다. 그 상처를 치료받지 못하면 언젠가 반드시 종기가 되어 터지고 만다. 그런데 큰 모임에서는 진정한 만남이 이루어지지 않기 때문에 모두가 마음의 문을 열지 않는다. 그러니 당연히 치유가 될 수 없다. 그러나 작은 모임에서는 쉽게 친교할 수 있는 장점이 있기에 마음을 열게 되고, 따라서 상처를 치료받게 되는 것이다.

상처받은 심령은 그 상처 때문에 영이 자라지 못하게 되어 어린아이의 상태로 머물고 만다. 겉은 멀쩡한 신사 숙녀요, 어엿한 기반을 닦은 저명인사라 할지라도 속은 어린아이인 경우가 얼마나 많은지 모른다. 이처럼 소그룹은 성도의 교제가 결여된 현대 교회, 특히 대형 교회에서도 친밀한 교제를 가능하게 해 준다. 큰 교회에는 소외되는 교인이 많다. 이때 소그룹 목회는 개인에게 목회적 관심을 기울이게 하며 양질의 목회를 제공할 수 있다. 그러기 위해서 소그룹의 리더들(구역장/목자, 성경 공부 지도자 등)은 작은 목회자가 되어야 한다. 소그룹은 상호 격려와 후원을 통해서 교인 상호간의 신앙 성장에 많은 도움을 줄 수 있다.

바울이 로마 감옥에 갇혀 있는데 오네시모라는 젊은이가 감옥에 들어왔다. 그는 바울의 전도를 받고 회개해서 예수를 믿고 세례를 받게 되었다. 그런데 오네시모가 자신의 죄를 회개하는 내용을 들으니 참 기가 막히다. 바울이 전에 골로새에서 빌레몬이라는 부자를 전도하고 그의 집에 골로새교회를 세웠다. 그러니까 빌레몬은 바울의 충성된 제자다.

그런데 감옥에서 예수를 믿고 회개한 오네시모라는 젊은이가 바로 빌레몬의 돈을 훔쳐 로마로 도망친 노예였던 것이다.

그가 노름을 하다 잡혀 왔는지, 돈을 탕진하고 도둑질하다 잡혀 왔는지는 모르지만, 그 당시 노예가 도망쳤다 잡히면 사형을 당할 수도 있는 중범죄에 해당되었다. 그런데 이러한 중죄인 오네시모가 예수를 믿고 완전히 변화되었다. 바울의 사랑과 성령의 감동과 말씀의 능력으로 완전히 새사람이 된 것이다. 상한 심령에 치유함을 받았다. 그래서 그가 형기를 마치고 출소하게 되었을 때 바울은 친히 주인 빌레몬에게 편지를 써 보내며 오네시모를 용서하고 형제로 받아들일 것을 권면했다.

오네시모가 바울과 함께한 소그룹의 양육을 통해 자신의 상처를 치유 받았듯이, 교회는 치유 공동체가 되어야 한다. 특히 구역(목장) 모임과 봉사 팀 모임과 성경 공부 모임마다 심령을 치유하는 사랑의 역사가 일어나는 전인적 소그룹이 되어야 한다.

풍성한 생명의 번식이 일어나는 소그룹

교회 건물이 좋고, 교인 수가 많고, 소그룹이 아무리 화기애애하고 치료가 잘된다 할지라도 전도하고 배가되지 않으면 그 소그룹은 죽은 것이다. 그것은 전혀 영적인 모임이 아니기 때문이다. 생명이 있는 모든 것은 열매를 맺게 마련이다. 나무의 목적은 열매에 있지 않고 그 씨를 통해 또 다른 나무를 키우는 데 있다. 살아 있는 세포는 분열하며 번식한다. 하나가 둘로, 둘이 넷으로, 넷이 여덟로…. 그래서 눈에 보이지도 않는 정자와 난자가 합해서 어머니 배 속에서 열 달을 자라는 동안 새로운 생명이 태어나게 되는 것이다. 생명 있는 그리스도인은 범사에 자라야 한다. 생명 있는 소그룹은 항상 자라야 한다. 계속 번식하며 또 번식해야 한다. 그리스도인은 그리스도에게까지 자라며 번식해야 한다. 생명의 특징은 성장이요, 사람이 장성하면 부모를 떠나 독립하는 것처럼 소그룹은 계속 번식에 번식을 거듭해야 한다.

소그룹 속에 살아 있는 하나님의 말씀이 임하고 성령의 능력이 함께 하시면 말씀과 기도의 힘과 사랑이 자라나 믿지 않는 영혼들을 변화시키고 전도하게 된다. 그러므로 교회의 모든 소그룹은 전인적 소그룹이 되어야 한다. 구역(목장)과 성경 공부 모임뿐 아니라 남녀 선교회와 찬양팀, 등산 선교 팀, 골프 선교 팀, 야구 선교 팀, 축구 선교 팀, 십 대들의 둥지, 도서관, 문화 강좌, 호스피스, 상담실 등 모든 소그룹은 전인적 소그룹이 되어야 한다. 단순히 등산만 하고 야구만 하는 것으로 끝난다면 아무런 의미가 없다. 말씀이 있어야 한다. 기도가 있어야 한다. 서로를 위해 치유하는 사랑의 손길이 있어야 한다. 그리고 불신 영혼을 전도하기 위한 계획과 실천이 따라야 한다. 그런 모임을 가리켜 '전인적 소그룹'이라고 부르는 것이다.

소그룹은 인간관계를 통해서 자연스럽게 전도할 수 있다. 교회에 가서 예배드리자고 권하는 것보다 우리 집에 와서 차 한 잔 마시자고 하는 것이 보다 더 효과적인 전도가 될 것이다. 거룩한빛광성교회는 얼마든지 접근이 용이하도록 접촉점을 많이 만들어 놓았다. 소그룹은 전도해서 배가되고 반드시 번식해야 한다. 하나님은 생명체를 지으실 때, 그 생명체가 어느 정도까지 자라나서 때가 되면 생식 기능을 통해 닮은꼴들을 만들어 생명이 연장되도록 하는 오묘한 법칙을 주셨다. 그러므로 나누는 것을 불안해하면 안 된다. 우리는 이것을 당연히 받아들여야 한다.

출애굽한 이스라엘 공동체를 모세 혼자 다스릴 때 모세도 지치고 백성도 지쳤다. 그렇지만 소그룹 리더들을 세우니 문제가 해결되었다. 초대 교회 공동체에서 사도들이 모든 일을 다 할 때 문제가 발생했다. 하지만 일곱 집사를 세워 일을 나누니 교회가 더욱 성장하게 되었다. 일꾼을 세우고 그룹을 번식시키는 모임이 생명 있는 모임이다. 모든 소그룹은 시작할 때부터 차기 리더를 세워 번식에 대비해야 한다. 사도 바울은 디모데를 소그룹의 리더로 세웠다. 디모데는 자기 제자 중에서 리더를 세워 소그룹을 만들어 주었다. 또 디모데의 제자가 리더를 세워 소그룹을 만들어 주면서 복음의 핵분열이 일어났다. 당신의 소그룹에 풍성한 생명의 번식이 있는가? 이제부터 우리 교회의 소그룹에 풍성한 생명의 잔치가 벌어지는 복된 역사가 일어나게 되기를 소원한다.

소그룹에서 예배가 드려져야 한다. 전도와 봉사, 교육과 친교가 행해져야 한다. 이를 위해 섬기는 헌신이 이루어져야 한다. 그럴 때 전인적 소그룹, 온전한 소그룹, 살아 있는 작은 교회가 마을마다, 사회마다, 나라마다 이루어져 하나님 나라가 이 땅 위에 널리널리 퍼져 나가게 될 것이다.

4부

–

거룩한빛광성교회, 개혁을 돌아보다

: 교회 개혁에 대한 교인들의 평가 및 의식 조사▼

▼ 본 '평가 및 의식 조사서'는 창립 15주년(2012년) 기념 목회사회학연구소의 평가 보고서를 기초로 작성했다.

본 '거룩한빛광성교회 개혁에 대한 교인들의 평가 및 의식 조사'는 '섬기는 교회, 인재를 양성하는 교회, 상식이 통하는 교회'라는 3대 목표와 '지역 사회 문화 중심, 고양 파주 성시 본부, 한국 교회 개혁 모델, 북한 선교 전초 기지, 세계 선교 중심 센터'라는 5대 비전을 내세워 창립 23년 만에 분립 개척 24곳, 재적 교인 1만 8천 명, 출석 교인 1만 1천 명의 교회로 성장한 거룩한빛광성교회가 목회사회학연구소(소장 조성돈)에 의뢰해서 목회사회학적 관점에서 다면적 평가를 받은 보고서다.

교회에서 회중은 교회 구성 요소 중 가장 핵심을 이루는 요소라고 할 수 있다. 그것은 교회라는 말 자체가 예배 처소나 건물을 가리키는 것이 아니라 믿는 이들의 모임을 뜻하기 때문이기도 하다. 그리고 목회의 차원에서도 회중은 매우 중요한 의미를 갖는다. 교회의 인적 요소인 회중을 제대로 알지 못하고서는 대중에게 적절한 목회가 되지 않으며, 목회자의 입장에서 일방적이고 획일적인 목회가 될 수 있기 때문이다. 뿐만 아니라 교회의 공동체성을 회복하기 위해서는 교회 회중들 사이에 깊이 있는 교류와 다양한 활동에의 참여가 필수라고 할 수 있다.

거룩한빛광성교회는 창립 이래 성도들의 영적 성숙뿐 아니라 지역 사회를 위한 다양한 사역을 통해 한국의 대표적인 개혁 교회로 성장했다. 그러나 현재의 수준에 만족하지 않고 교회가 안팎으로 직면한 다양한 상황 등을 적절하게 파악함으로써 보다 신실한 신앙 공동체를 이루고자 한다. 이러한 문제의식에 따라, 본 조사는 거룩한빛광성교회 성도들의 신앙생활 실태와 교회에 대한 의식을 파악하고, 교회 사역에 대한 교인들 스스로의 평가를 받음으로써 교회가 앞으로 더 온전한 신앙 공동체를 이루고 하나님 나라를 확장하는 데 많은 도움이 될 것이다. 교회에서 교인들의 의식을 파악하기 위해 500명에 가까운 표본을 대상으로 의식 조사를 실시한 예는 거의 없다는 점에서, 이번 조사는 한국 교계에도 상징성이 있는 조사라 하겠다. 따라서 이번 조사는 기본적으로 거룩한빛광성교회에 속한 교인들의 의식을 파악하고자 실시된 것이지만, 다른 교회들에서도 참고 자료로 활용할 수 있을 것이다. 이번 조사는 거룩한빛광성교회가 창립 15주년을 맞이해서 교회 개혁에 대한 교인들의 평가와 의식을 파악해 교회가 제2의 도약을 하기 위한 목적으로 실시되었다.

01
자료의 성격

조사 방법

이번 조사는 앞에서 말한 바와 같이 거룩한빛광성교회 성도들의 의식을 파악하기 위해 조사되었다. 표본 추출은 교회 일람을 이용해서 성별과 직분을 고려해 비례층화추출 방법을 사용했고, 설문 조사는 2011년 9월에서 10월까지 교역자들의 도움을 받아 두 달에 걸쳐 실시되었으며, 총 500부를 배포해서 479부를 회수했다. 이 설문지는 여론 조사 전문기관인 'G. H. 코리아'에 자료 입력 및 통계 처리를 의뢰해서 조사 결과를 도출했다.

설문 문항 구성

　설문 문항은 '목회사회학연구소' 연구위원들이 거룩한빛광성교회의
당회원들과 일반 교인들을 대상으로 한 면접 조사에서 파악한 교인들
의 의식과 교회 상황을 고려해서 구성했다. 설문 문항의 내용은 먼저,
교인들의 교회 출석 동기와 교회 생활에 대한 만족도, 자신의 신앙생활
에 대한 평가, 교회에 대한 평가 그리고 통계 처리를 위한 인구학 변수
들에 관한 문항으로 구성되었다.

02
조사 결과

응답자 특성

응답자 총 479명 중에서 남성 190명(39.7%), 여성 279명(58.2%), 무응답 10명(2.1%)으로 여성의 비율이 다소 높게 표집되었다. 연령은 20대 53명(11.1%), 30대 93명(19.4%), 40대 196명(40.9%), 50대 이상 125명(26.1%), 무응답 12명(2.5%)으로 40대가 다소 높게 표집되었는데, 교회 연령 구성이 반영된 것으로 보인다. 이 중 학력은 중졸 이하 25명(5.2%), 고졸 125명(26.1%), 대졸 이상 329명(68.7%)으로 나타났다. 직분은 장로 20명(4.2%), 안수집사 42명(8.8%), 서리집사 260명(54.3%), 무직분자 123명(25.7%), 무응답 34명(7%)이었다.

교회 생활

1. 출석 동기

교회 생활과 관련해서 먼저 교회 출석 동기에 대해서는, 가장 많은 47.8%가 '목사님의 좋은 설교'라고 응답했으며, 다음으로 36.3%는 '교회의 좋은 이미지'로 두 항목이 80% 이상의 다수를 차지했다. 그 밖에 민주적인 교회 운영(4.2%), 교회의 위치(4.2%), 교회 프로그램(1.3%), 친구·지인의 권유(1.0%)라는 응답이 있었다. 또한 2순위까지 복수 응답한 것을 합산하면, 가장 많은 전체의 73.9%가 '목사님의 좋은 설교'라고 응답했고, 39.2%가 '교회의 좋은 이미지'라고 응답했으며, '민주적인 교회 운영'이라는 응답도 29.6%로 상대적으로 높게 나와, 이 세 가지가 거룩한빛광성교회에 출석하게 된 주요 동기라는 것을 알 수 있다.

2. 교회의 3대 목표와 5대 비전에 대한 인지도

교회의 3대 목표와 5대 비전에 대한 인지도는 30.3%가 '매우 잘 인식하고 있다'고 응답했고, 50.3%가 '대체로 인식하고 있다'고 응답해서 전체 응답자의 80% 이상이 긍정의 응답을 했다. 연령별로는 20대와 30대에서 '매우 잘 인식하고 있다'는 응답이 10%를 밑돌아 낮은 인지도를 나타냈으며 '잘 모르고 있다'는 응답이 20% 안팎으로 다소 높게 나타났다.

3. 3대 목표와 5대 비전에 대한 동의 여부

다음으로 3대 목표와 5대 비전에 동의하는지를 물어보았는데, 전체 응답자의 55.3%가 '매우 그렇다', 36.3%가 '대체로 그렇다'고 응답해서 91.6%가 동의하는 것으로 나타났다. 연령별로 차이가 있었는데 20대는 긍정률이 80%에 미치지 못했다. 또한 학력에는 반비례하는 반면, 직분과 출석 연수에는 비례하는 경향이 나타났다.

4. 3대 목표와 5대 비전에 대한 교회의 효율적인 노력 여부

3대 목표와 5대 비전을 이루기 위해 교회가 효율적으로 노력하고 있느냐는 질문에 28.6%가 '매우 그렇다', 53%가 '대체로 그렇다'고 응답해서 81.6%의 긍정률을 나타냈다. 연령과 학력에는 반비례하고 직분과 출석 연수에 비례하는 경향은 이 문항에 대해서도 마찬가지로 나타났다. 다만, 교회에서 실무 책임을 맡고 있는 안수집사들이 권사나 서리집사들보다 낮게 평가해서 긍정률이나 평균이 낮게 나온 것이 특징이다.

5. 교회 프로그램 참여도

다음으로 교회 프로그램 참여도를 조사했는데, 전체 63%가 교육 프로그램을 1년 이상 받았다고 응답했다. 참여한 프로그램(복수 응답)에 대해서는 가장 많은 50.3%가 '알파'라고 응답했고, 48.3%는 '생활 신앙', 32.5%는 '일대일', 11.9%는 '성경 대학'이라고 응답했다. 교회 프로그램에 참여하는 것이 신앙 성숙에 도움이 되느냐는 질문에 54.7%가 '매우 그렇다', 39%가 '대체로 그렇다'고 응답해서 93.7%의 높은 긍정률을 보였다. 특히 교육 프로그램에 1년 이상 참여한 사람들의 65.2%가 '매우 그렇다'고 응답했다.

6. 교인들의 사역 수

다음으로 교인들이 현재 교회에서 하는 사역의 수를 물어보았는데, 가장 많은 28.8%가 '1개'라고 응답했고, 다음으로 25.1%가 '2개', 11.9% '3개', '4개 이상'이 5.6%였으며, '없다'는 응답은 26.7%로 나왔다. 이 결과로 볼 때 교인 4명 중 3명은 한 개 이상의 사역을 하고 있는 것을 알 수 있다. 참여하는 활동으로는 가장 많은 50.3%가 소그룹 활동이라고 응답했고, 31.5%는 성경 공부 모임, 24.6%는 선교회 모임, 16.3%는 찬양대, 15.3%는 중보기도 모임, 14.4%는 전도 활동, 10.2%는 교회 내 봉사 활동, 7.1%는 심방이라고 응답했으며, 교회 밖 활동과 관련해서는 6.7%가 교회 밖 신앙 활동, 6.1%가 교회 밖 봉사 활동, 3.3%가 교회 밖 사회 활동이라고 응답해서 교회 밖의 활동에 대한 참여는 저조한 것으로 나타났다.

개인의 신앙생활

1. 성도 자신의 신앙 평가

성도 자신의 신앙생활과 관련해서는 먼저 자신의 신앙을 평가하도록 했다. 선택식 문항으로 4개의 선택지를 제시했는데, 1단계로 '나는 하나님을 믿지만 내 믿음은 삶에서 큰 비중을 차지하지 않는다', 2단계는 '나는 예수님을 믿으며 그분을 알기 위해 여러 가지 노력을 하고 있다', 3단계는 '나는 그리스도와 가까이 있으며 매일 그분의 인도하심을 의지한다', 4단계는 '하나님은 내 삶의 전부이며 나의 모든 일은 그리스도를 드러낸다'였다. 이에 가장 많은 35.9%가 3단계로 평가했고, 다음으로 35.1%는 2단계, 15.1%가 1단계였고, 4단계로 평가한 사람은 가장 적은 11.9%였다.

2. 자신의 신앙에 대한 다면 평가

다음으로 자신의 신앙을 여러 가지로 평가해 보도록 했는데, 먼저 '나는 교회 각종 예배와 집회에 잘 참석하고 있다'에 대해서 전체의 34.9%가 '매우 그렇다', 33%가 '조금 그렇다'고 응답해서 67.9%의 긍정률을 보였다. '나는 십일조나 헌금 생활을 매우 적극적으로 하고 있다'에 대해서는 각각 26.3%와 25.9%가 응답해서 52.2%의 긍정률을 보였고, '나는 열심히 기도 생활을 하고 있다'에 대해서는 각각 10.6%, 23.4%가 응답해서 34%의 긍정률을 보였다. 또 '나는 열심히 성경 말씀을 읽고 묵상한다'에 대해서는 각각 10.2%, 20.9%가 응답해서 31.1%의 긍정률을 보였고, '나는 교회 봉사 활동을 적극적으로 하고 있다'에 대해서는 각각 13.4%와 22.1%가 응답해서 35.5%의 긍정률을 보였다. '나는 늘 전도를 하고자 노력한다'에 대해서는 각각 8.8%, 14.8%가 응답해서 매우 낮은 23.6%의 긍정률을 보였다. 이 결과로 볼 때, 예배와 집회에 참석한 것과 헌금을 하는 것은 비교적 양호하다고 할 수 있으나, 성경을 읽고 기도하는 개인 경건 생활은 다소 취약하며, 교회 봉사와 전도에 대해서는 스스로 낙제로 평가하고 있다는 것을 알 수 있다.

다음으로, '나는 교회 성도들과 매우 적극적으로 교제를 나누고 있다'에 대해서는 각각 15.2%, 25.3%가 응답해서 40.5%의 긍정률을 보였다. '나는 교회 안에 목장 활동을 적극적으로 하고 있다'에 대해서는

31.7%가 '매우 그렇다'라고 응답해서 '조금 그렇다'(18.4%)는 응답보다 높았으며, 긍정률은 50.1%로 나타났다. '나는 지난 1년 동안 이웃이나 단체에게 물질적인 기부를 한 적이 있다'에 대해서는 가까이 22.8%와 30.3%가 응답해서 53.1%의 긍정률을 보였다. '나는 지난 1년 동안 개인적으로 고아원이나 양로원 등에서 봉사 활동을 한 적이 있다'에 대해서는 각각 5.2%와 7.9%가 응답해서 매우 낮은 13.1%의 긍정률을 보였다. 이 결과로 볼 때 다른 교인들과의 교제나 목장 활동은 비교적 양호한 편이고, 물질적인 기부도 정기적으로 하고 있으나, 이웃을 위해 직접 봉사 활동을 하는 데까지 이어지지 못하고 있다는 것을 알 수 있다. 교인들의 활동이 교회 내부 활동으로 편향되어 있지 않은지 점검하고 대안을 마련할 필요가 있겠다.

다음으로 '나는 실제 생활하면서 매 순간 하나님이 내 삶의 주인이라고 생각한다'에 대해 45.9%가 '매우 그렇다'고 응답했고, 28.2%가 '조금 그렇다'고 응답해서 74.1%의 가장 높은 긍정률을 보였다. '나는 나를 평가할 때 성령의 아홉 가지 열매를 다 갖고 있다고 생각한다'에 대해서는 각각 1.3%와 11.1%가 응답해서 12.4%의 가장 낮은 긍정률을 보였다. '사회생활을 하다 보면 어쩔 수 없이 정직하지 못할 때가 많다'에 대해서는 6.5%가 '전혀 그렇지 않다', 25.9%가 '별로 그렇지 않다'고 응답해서 32.4% 부정률을 보였다. 마지막으로 '나는 사람들로부터 '참된 신앙인'이라는 얘기를 자주 듣는다'에 대해서는 각각 4.2%, 19%가 응답해서 매우 낮은 23.2%의 긍정률을 보였다. 이 결과로 볼 때, 교인들 스스로는 주 되심(Lordship)에 대해서 분명하게 인정하고 있지만, 스스로 열매 맺는 신앙인이라는 데는 매우 낮게 평가하고 있으며, 사회생활에서 정직하지 못한 경우가 많고, 주변의 평가도 그리 긍정적이지 못하다고 생각하는 것으로 나타났다. 따라서 매일의 삶 속에서 어떻게 그리스도인답게 생활하고 열매 맺을 수 있는지에 대한 구체적인 교육이 필요하다고 하겠다.

3. 전도 생활

다음으로 전도 생활과 관련해서 지난 1년간 전도자 수를 물어보았는데, 가장 많은 29.9%는 없다고 응답했고, 다음으로 20.3%가 2명, 20.2%가 1명, 18.2%가 5명 이상, 7.7%가 3명, 1.9%가 4명이라고 응답했다. 다음으로 지난 1년간 교회로 인도한 사람 수를 물어보았는데, 가장 많은 70.1%는 없다고 응답했고, 다음으로 14.8%가 1명, 6.1%가 2명, 1.7%가 3명, 1.7%가 5명 이상, 1.3%가 4명이라고 응답했다. 전체 범주 중에서 평균이 1명 이상인 경우는 장로와 권사가 1.1명으로 가장 많았다.

교회 제도에 대한 평가

1. 담임목사의 재신임

교회 제도에 대한 평가에서는 먼저 현재 시행되고 있는 담임 목회자 재신임에 대한 찬반 의견을 물었는데, 전체의 50.3%가 '매우 찬성한다', 39.5%가 '대체로 찬성한다'고 응답해서 89.8%의 찬성률을 나타냈다. 연령별로는 20대만 69.8%의 찬성률을 보였다. 그리고 직분이 없는 교인들과 교회 출석 연수가 2년 이하인 교인들은 다른 그룹에 비해 낮은 찬성률을 나타냈다.

2. 장로 임기제

장로 임기제에 대한 의견은 '매우 찬성한다'가 34.7%, '대체로 찬성한다'가 50.9%로 85.6%의 찬성률을 나타냈고, 담임 목회자 재신임보다 약간 낮은 찬성 의견을 나타냈다.

3. 담임목사의 설교에 대한 만족도

다음으로 담임목사의 설교에 대한 만족도를 물어보았는데, 전체의 60.8%가 '매우 만족한다', 35.5%가 '대체로 만족한다'고 응답해서 96.3%의 긍정률을 보였다. 이와 관련해서 교회 이외의 인터넷이나 방송을 통해 정기적으로 듣는 설교가 있는지를 물어보았는데, 전체의 9.6%가 '정기적으로 듣는 설교가 있다'고 응답했고, 48.6%는 '정기적이지는 않지만 간혹 듣는다'고 응답해서 58.2%가 정기적으로 듣는 설교가 있다는 응답을 나타냈다.

교회 사역에 대한 평가

1. 개인 구원과 사회 구원

교회 사역과 관련해서 먼저 교회가 개인 구원과 사회 구원 사이에 균형을 이루고 있다고 생각하는지 물어보았는데, 전체의 69.5%는 '균형이 잘 이루어져 있다'고 응답했고, 다음으로 9.6%는 '사회 구원에 치우쳐 있다', 4.0%는 '개인 구원에 치우쳐 있다'고 응답했고, 16.9%는 '잘 모르겠다'고 응답했다.

2. 교회가 가장 잘하는 사역

교회가 가장 잘하고 있는 사역으로는 27.3%가 '민주적인 교회 운영'을 꼽았고, '교회 재정의 투명성'이라고 응답한 비율이 비슷하게 25.1%가 나와 성도들은 이 두 가지를 교회의 가장 큰 자랑거리로 생각하고 있는 것으로 나타났다. 다음으로 20.9%가 '다양한 교육 프로그램', 15.9%가 '사회봉사 및 참여 활동', 7.3%가 '깊이 있는 예배', 2.7%가 '주일학교 교육'이라고 응답했으며, 기타 응답으로 다양한 프로그램, 남선교회, 성가대 등이 있었다.

3. 개선해야 할 사역

다음으로 개선해야 할 사역을 복수 응답으로 질문했는데, 가장 많은 37.2%가 '보다 친밀한 교우 관계'를 꼽았고, 이와 비슷한 34.7%는 '부서 이기주의'라고 응답해서, 교회가 대형화되면서 교우 관계가 깊지 못하고 많은 부서가 경쟁하듯이 사역을 하면서 나타나는 부서 이기주의를 교회의 가장 큰 문제로 생각하는 것으로 나타났다. 다음으로 29.2%는 '보다 깊이 있는 예배', 26.1%는 '주일학교 교육 강화', 15.5%는 '사회봉사 및 참여 활동의 강화', 12.5%는 '교육 프로그램 강화', 10.9%는 '보다 민주적인 의사 결정', 10.4%는 '바람직한 교회 재정의 사용'이라고 응답했다.

4. 교회의 우선적 목표

교회가 현 시점에서 우선적으로 추구해야 할 목표에 대해서는 가장 많은 66.3%가 '성도의 신앙 성숙'을 꼽았고, 다음으로 16.8%는 '교회 체제의 정비', 9.5%는 '사회봉사 및 참여 활동'이라고 응답했으며, '교회의 부흥과 성장'이라는 응답은 4.1%에 불과했다. 직분별로 장로는 '교회 체제의 정비'라는 응답이 50%로 가장 많았고, 안수집사도 '교회 체계의 정비'라는 응답이 36.6%로 상대적으로 높았다. 또한 교회 출석 연수가 10년 이상인 성도들에게도 '교회 체제의 정비'라는 응답이 상대적으로 높아, 전체적으로 성도의 신앙 성숙이 최우선 목표지만 교회 체계를 정비하는 것도 매우 시급한 과제라고 보는 것으로 나타났다.

5. 교회가 자랑할 만한 기관이나 시설

교회가 가장 내세울 만한 기관이나 시설로는 가장 많은 27.3%가 '광성드림학교'를 꼽았고, 다음으로 21.1%는 '광성평생교육원', 10.3%는 '한나래유치원', 9.5%는 '해피천사운동본부', 9.2%는 '파주시노인복지관', 9%는 '해피뱅크', 5.9%는 '광성해비타트', 5.5%는 '지저스아트홀' 등을 꼽았다.

그 밖의 교회에 대한 평가

교회의 여러 가지 측면에 대한 평가에서 먼저 '예배 시간에 하나님의 임재를 경험하게 한다'에 대해서는 35.5%가 '매우 그렇다', 43.6%

가 '조금 그렇다'고 응답해서 79.1%의 긍정률을 보였다. '그리스도와 인격적인 관계를 맺도록 도와준다'에 대해서는 43.6%가 '매우 그렇다', 42%가 '조금 그렇다'고 응답해서 85.6의 긍정률을 보였다. '신앙생활의 다음 단계로 가도록 도와준다'에 대해서는 47%가 '매우 그렇다', 36.5%가 '조금 그렇다'고 응답해서 83.5%의 긍정률을 보였다. '성경을 더 깊이 이해하도록 도와준다'에 대해서는 46.6%가 '매우 그렇다', 38.4%가 '조금 그렇다'고 응답해서 85%의 긍정률을 보였다. '소속감을 느끼도록 도와준다'에 대해서는 38.6%가 '매우 그렇다', 34.2%가 '조금 그렇다'고 응답해서 72.8%의 긍정률을 보였다.

다음으로 '영적 멘토를 찾도록 도와준다'에 대해서는 23.6%가 '매우 그렇다', 30.9%가 '조금 그렇다'고 응답해서 54.5%의 긍정률을 보였다. 그리고 마지막으로 '우리 교회는 관계 중심이라기보다는 일 중심이다'라는 부정적 진술에 대해서는 8.8%가 '전혀 그렇지 않다', 22.1%가 '별로 그렇지 않다'고 응답해서 30.9%의 부정률을 보인 반면, 34%의 긍정률을 보이고 긍정의 의견을 나타내는 사람들이 더 많았다. 거룩한빛광성교회의 성도가 된 것에 대한 만족도는 59.3%가 '매우 그렇다', 34.3%가 '대체로 그렇다'고 응답해서 93.6%의 긍정률을 보였다. 교회 전반적인 사역을 10점 만점으로 평가해 달라는 질문에 가장 많은 41.8%가 8점이라고 응답했고, 다음으로 23.8%가 9점, 8.4%가 10점이라고 응답했다. 평균은 8.1점으로 비교적 높게 나왔다. 거룩한빛광성교회가 한국 교계의 개혁 교회 또는 건강한 교회의 모델로 제시될 수 있느냐는 질문에는 가장 많은 62.8%가 '비교적 좋은 모델이라고 생각한다'라고 응답했고, 33.2%가 '가장 좋은 모델이라고 생각한다'에 응답해서 96%가 긍정적으로 생각하는 것으로 나타났다.

교회에 대한 잠재적인 불만을 알아보기 위해 '만일 교회를 떠난다면 어떤 이유겠느냐'는 질문을 했는데, 가장 많은 전체의 27.3%가 '대형교회로서의 문제'를 꼽아 교회 규모가 너무 큰 것이 가장 큰 잠재적 불만으로 지목되었다. 다음으로 '이사/지역적 위치'가 17.5%였고, '교우들과의 갈등' 22.9%, '교회 건축 문제' 7.1%, '교회 운영의 문제' 6.9%, '예배의 문제' 5.6% 순으로 나왔으며, 목회자와의 갈등은 가장 낮은 3.8%였다.

마지막으로 한국 교회에 대해 질문했는데, '현재 한국 교회의 모습이 우려스럽다'에 대해 55.9%가 '매우 그렇다', 35.9%가 '조금 그렇다'고 응답해서 91.8%의 긍정률을 보였다. 그리고 '한국 교회의 부정적인 모습이 자신의 신앙 성장에 저해가 된다'에 대해서는 6.5%가 '매우 그렇다', 20.9%가 '조금 그렇다'고 응답해서 27.4%의 긍정률을 보였다. 이러한 결과로 볼 때 거룩한빛광성교회 성도들은 한국 교회의 상황에 대해서는 매우 우려했으나 거룩한빛광성교회 성장에는 별로 영향을 미치지 않은 것으로 인식하고 있었으며, 특히 자신의 신앙 성장에는 거의 무관하다고 인식하는 것으로 나타났다.

03
결론 및 제언

  이번 거룩한빛광성교회 교인 의식 조사 결과를 요약해 보면, 교회 생
활과 관련해서 먼저 교회 출석 동기에 대해서는 절반에 가까운 47.8%
가 '목사님의 좋은 설교'라고 응답했으며, 다음으로 36.3%는 '교회의
좋은 이미지'로 두 항목이 80% 이상의 다수를 차지했다. 교회의 3대 목
표와 5대 비전에 대해서는 전체의 80% 이상이 인지하고 있었으며 90%
이상이 이에 동의하는 것으로 나타났고, 80% 이상이 교회가 이를 위해
효율적으로 노력하고 있다는 전체적으로 긍정적인 응답을 했다. 그러
나 구체적으로 살펴보면 이러한 응답이 연령과 학력에는 반비례하고
직분과 출석 연수에 비례하는 경향이 나타나 교인들 사이에 의식의 차
이가 있는 것으로 드러났다.
  성도 자신의 신앙생활과 관련해서 먼저 자신의 신앙에 대한 평가로
는 3명 중 1명꼴로 3단계인 '나는 그리스도와 가까이 있으며 매일 그분

의 인도하심에 의지한다'라고 평가했다. 신앙의 영향에 대한 평가에서는 예배와 집회에 참석해서 헌금을 하는 것은 비교적 양호하다고 할 수 있으나 성경을 읽고 기도하는 개인 경건 생활은 다소 취약하며, 교회 봉사와 전도에 대해서는 낮게 평가하고 있었다. 성도들이 지난 1년간 복음을 전한 사람의 수는 평균 1.9명이었고, 지난 1년간 교회로 인도한 사람의 수는 평균 0.5명이었다. 그리고 다른 교인들과의 교제나 목장 활동은 비교적 양호한 편이고 물질적인 기부도 정기적으로 하고 있으나, 이웃을 위해 직접 봉사 활동을 하는 데까지는 이어지지 못하고 있었다. 따라서 교인들의 활동이 교회 내부 활동으로 편향되어 있지 않은지 점검하고 대안을 마련할 필요가 있다. 그리고 교인들 스스로는 주 되심 (Lordship)에 대해서는 분명하게 인정하고 있지만 스스로 열매 맺는 신앙인이라는 데에는 매우 낮게 평가하고 있으며, 사회생활에서 정직하지 못한 경우가 많고 주변의 평가도 그리 긍정적이지 못하다고 생각하는 것으로 나타났다. 따라서 매일의 삶 속에서 어떻게 그리스도인답게 생활하고 열매 맺을 수 있는지에 대한 구체적인 양육이 필요하다.

교회 제도에 대한 평가와 관련해서 담임 목회자 재신임에 대해서는 90% 가까운 높은 찬성률을 나타냈고, 장로 임기제에 대해서는 이보다 약간 낮은 찬성 의견을 나타냈다. 이에 대해서 20대와 직분이 없는 교인, 교회 출석 연수가 2년 이하인 교인들의 찬성률이 평균 이하를 나타내 이들의 교회 정신에 대한 공감이 다소 낮은 것으로 나타났다. 또 담임목사의 설교에 대해서는 100% 조금 못 미치는 매우 높은 긍정률을 보여 교회 출석 동기의 중요한 요소임을 증명했다. 교회 사역과 관련해서 먼저 전체의 3분의 2는 교회가 개인 구원과 사회 구원 사이에 균형을 이루고 있다고 생각했고, 교회가 가장 잘하고 있는 사역으로는 '민주적인 교회 운영'과 '교회 재정의 투명성'을 꼽았다. 반면에 앞으로 개선해야 할 사역으로는 '보다 친밀한 교우 관계'와 '부서 이기주의'를 꼽았다. 교회가 대형화되면서 교우 관계가 깊지 못하고 많은 부서가 경쟁하듯이 사역을 하면서 나타나는 부서 이기주의를 교회의 가장 큰 문제로 생각하는 것으로 나타났다. 특히 중직자들과 교회에 오래 다닌 성도들은 부서 간 이기주의를 매우 심각한 것으로 보고 있는 것으로 나타나 이를 극복하기 위한 방안이 시급한 것으로 드러났다.

교회가 현 시점에서 우선적으로 추구해야 할 목표에 대해서는 3명 중 2명이 '성도의 신앙 성숙'을 꼽았으나 장로, 안수집사 그리고 교회 출석 연수가 10년 이상인 성도들에게서는 '교회 체제의 정비'라는 응답이 상대적으로 높아, 전체적으로는 성도의 신앙 성숙이 최우선 목표지만 교회 체계를 정비하는 것도 매우 시급한 과제로 나타났다. 거룩한빛광성교회 성도가 된 것에 대해서는 10명 중 9명 이상이 만족하고 있었으며, 특히 교회 출석 연수와 정비례하는 경향을 보여 교회에 다닐수록 더 만족하는 것으로 나타났다. 그래서 역시 10명 중 9명 이상이 거룩한빛광성교회가 한국 교계의 개혁 교회 또는 건강한 교회의 모델로 제시될 수 있다는 의견을 가지고 있었다. 교회의 전반적인 사역에 대한 평가로 10점 만점에 8.1점을 줘서 상당히 높은 만족도를 나타냈다. 교회에 대한 잠재적인 불만으로는 '대형 교회로서의 문제'를 꼽았고, 교회 출석 연수가 10년 이상인 성도들은 '교회 건축 문제'를 상대적으로 높게 꼽아 앞으로 계획되어 있는 교회 건축 문제를 지혜롭게 결정해야 할 것으로 보인다.

이상의 조사 결과를 볼 때, 거룩한빛광성교회와 담임 목회자에 대한 교인들의 만족도는 매우 높고 그 이면에 깔린 교회에 대한 자부심도 대단하다고 할 수 있다. 이런 내용들이 창립 23년째인 2019년 현재 24개 교회를 분립 개척하면서도 재적 교인 1만 8천 명, 출석 교인 1만 1천 명의 교회로 성장시킨 요인이라 해도 과언이 아닐 것이다. 물론 설문 조사에서는 드러나지 않는 담임 목회자의 탁월한 리더십이 중요한 축을 이루고 있으며, 심층 면접 조사에서 드러났듯이 사모의 역할도 단단히 한 몫을 하고 있는 것을 알 수 있다. 그러나 한편에서는 15년 된 교회(조사 시점)가 아직도 개척 교회와 같은 측면이 있다는 말처럼, 체제가 덜 정비되었고 이에 따라 부서 간의 이기주의도 문제로 드러나고 있다. 또한 교회 규모가 급속하게 커짐에 따라 교우들과의 관계가 소원해지고 신앙 공동체로서의 특성이 악화되는 측면도 있다. 이것이 거룩한빛광성교회가 앞으로 나아가야 할 과제라고 판단된다. 모든 조직이 그러하듯이 교회 역시도 규모가 커지면 점차로 관료화되고 심지어 과두화되면서 공동체성이 약화되는 문제로부터 자유롭기 어렵다. 만일 교회를 떠난다면 대형 교회로서의 문제 때문이라는 조사 결과는 이 문제의 잠재적인 심각성을 드러내고 있다. 그러나 반대로 공동체성만 강조한다면 일의 효율성이 떨어지고 조직과 부서 간 조율이 어려워질 수도 있다. 이 딜레마를 어떻게 풀 것인가에 대해서 교회 공동체 구성원들이 함께 마음을 모아 지혜를 구해야 할 것이다.

04
교회가 직면했던 위기

지난 23년간 하나님이 베풀어 주신 은혜 속에서도 여러 차례 위기가 있었다. 교회를 개척해서 지금까지 가장 어렵고 힘들었던 시기는 교회가 부흥해서 새롭게 예배당을 신축할 때였다. 지하 150평에서 더 이상 예배를 드릴 수 없을 정도로 교회가 폭발적으로 성장해서 교회를 신축하게 되었다. 건축이 마무리되어 입당해야 하는데 입당 두 달 전에 건축회사의 자금난으로 하청업체에 공사 대금을 주지 못하면서 공사가 중단되었다. 이로 인해 교회는 입당도 하지 못하고 공사도 마무리되지 못한 상황에 처하게 되었다. 이때 모든 성도들이 함께 기도했다. 그리고 곧바로 직영 체제로 전환했다. 담임목사가 직접 진두지휘해서 공사를 마무리시켜 계획한 날짜에 입당할 수 있게 되었다. 이것이 목회 23년 동안의 가장 힘들었던 기억이며 가장 은혜로운 순간이었다.

그 후 또 한 번의 큰 어려움이 있었다. 교회 내규를 제정할 때 반대하는 장로 한 분 때문에 마음고생이 심했다. 나는 반대도 자유라고 생각하고 그분의 생각을 존중했다. 결국 내규를 만들고 찬반 투표를 실시했는데 반대가 3.5퍼센트밖에 나오지 않으면서 일이 잘 수습되었다. 이후 교회는 지속적으로 개혁의 박차를 가할 수 있었다. 거룩한빛광성교회는 개인 구원과 사회 구원의 두 날개를 활짝 펴 주님 오시는 그날까지 어려움에 처한 이웃과 사회 그리고 나라와 함께하면서 교회 개혁의 엔진을 멈추지 않을 것이다.

05
거룩한빛광성교회의 성장 요인

개척 이후 23년 동안 재적 교인 1만 8천 명, 출석 교인 1만 1천 명 그리고 24개 교회를 분립 개척할 수 있었던 요인은 다음과 같다.

전적인 하나님의 은혜

우리 교회는 교회와 지역을 위해 시간과 물질을 아끼지 않았다. 한나래유치원, 드림초등학교와 중학교, 초등학생과 청소년을 위한 예수배움터, 장년을 위한 광성문화원과 광성평생교육원, 노인을 위한 노아스쿨을 통해 인재를 양성하고, 해피월드복지재단과 해피천사운동본부, 해피뱅크와 파주시노인복지관, 고양시덕양노인종합복지관, 파주시문산종합사회복지관 그리고 고양시원당종합사회복지관 등을 통해 지역 사회를 섬기며 작은 교회 세우기 운동을 할 수 있었던 것도 전적인 하나님의 아이디어요, 하나님의 은혜다.

개혁적인 운영

예산을 철저히 세우고 투명하게 재정을 운영하고 평신도에게 권한을 위임했다. 진정한 교회 개혁은 모두가 동참할 때 가능하다. 목사 혼자, 당회 중심의 운영으로는 급격하게 변하는 세상을 선도할 수 없고, 따라갈 수도 없다. 우리의 몸도 매일 씻지 않으면 때가 끼는 것처럼 교회도 날마다 개혁하지 않으면 뒤처지고, 부패하고, 예수의 정신에서 벗어나고, 하나님의 교회가 아니라 사람의 교회가 될 위험이 크다. 그래서 스스로를 돌아보아 비본질적인 부분은 과감하게 바꾸고, 새로운 것을 도입하는 것을 주저하지 않았다. 교회의 모든 언로를 터서 막힘이 없게 하고, 은사 중심적으로 사역해서 교인들이 보람을 느낄 수 있도록 권한을 위임하고 일을 맡겼다. 다만 본질적인 부분을 놓치지 않기 위해 노력했다.

종교 개혁 시대에 외쳤던 '오직 믿음', '오직 성경', '오직 은혜'라는 구호가 오늘날 교회가 외쳐야 할 구호라고 생각한다. 그래서 세속화를 거부하고, 겸손하게 사회를 섬기며, 성경대로 믿는 교회, 한국 교회의 개혁 모델이 되는 교회로 만들어 나가고자 애쓴 것이 많은 사람들에게 공감을 주었다고 생각한다. 우리 교회는 매주 주보와 홈페이지에 헌금 수입 내용을 기재하고 있다. 또한 모든 헌금 내용을 분기별 결산 보고서를 통해 성도들에게 간지와 홈페이지를 통해 보고하고, 의문 사항이나 문의 사항은 제직회를 통해 자유롭게 질문하고 답변한다. 자산·부채 현황까지도 보고함으로써 온 교인들이 구경꾼이 아닌 주인 된 마음으로 교회의 사정을 살피며 섬기고 있다.

은사 중심적 사역

은사 중심적 사역으로 교인들이 교회 운영에 적극적으로 참여했다. 교회와 하나님의 사역을 위해 하나님이 모든 성도들에게 은사를 주신다는 것을 믿고 교회 안에서 받은 은사를 적극적으로 활용했다. 각종 사역과 봉사의 장을 만들고 자율적으로 운영했다. '망할 자유를 준다'는 것이 조직 관리의 원칙이다. 성도들은 자율적이고, 적극적이고, 능동적으로 교회 운영에 참여했다. 그 결과 360개의 사역 및 제직 부서가 세워졌다. 모든 성도는 은사에 따라 기획, 관리, 예배, 제1찬양, 제2찬양, 사회 선교, 문화 선교, 전도 사역, 봉사 사역, 미디어 사역, 교회 학교(제1교육[교회 학교], 제2교육[어른 교육]), 선교 사역, 스포츠 사역, 중보기도 사역 등 각각 자신의 은사대로 사역에 참여하고 있다.

가장 보람 있었던 일은 개척해서 지금까지 23년 동안 24곳에 교회를 분립 개척한 일이다. 2000년 파주광성교회(현 주사랑교회), 안산광성교회를 시작으로 2018년 거룩한빛운정교회까지 24개 교회를 분립 개척했다. 거룩한빛광성교회에서 거룩한빛운정교회로 3개 교구, 4,029명을 떼어 내보냈다. 115억 원이라는 건축비가 들어갔으며, 초반 세팅 작업이 많이 힘들었다. 새 교회에 모든 조직을 갖추어서 들어가야 했기 때문이다. 하지만 감사하게도 한 달 만에 정착되었다. 앞으로 우리 교회에서 개척한 교회들이 하나님의 은혜로 더 부흥하기를 원하고, 무엇보다 예수 이름 안에서 개혁 정신을 실천하는 건강한 교회가 되기를 원한다.

5부

–

개혁의 끝자락에서
나는 오늘도 죽는다

01
고난의 무게만큼
의의 면류관도 무겁다

복음을 전파하는 그리스도인

마귀와 대적하기 위한 교회의 전투 방법은 무력을 가지고 싸우는 것이 아니다. 이는 혈과 육에 대한 것이 아니기 때문이다. 그러면 무엇을 가지고 싸우겠는가? 하나님의 말씀, 예수님의 말씀, 진리의 말씀인 복음을 가지고 싸우는 것이다.

농부는 씨를 뿌릴 때 옥토에만 씨를 뿌리지 않는다. 자갈밭에도 뿌리고, 가시밭에도 씨를 뿌린다. 복음을 전파하는 사람도 마찬가지다. 밭이 좋든 안 좋든 때와 환경을 탓하지 않고 항상 복음을 전파하는 데 힘써야 한다. 전하는 것은 교회의 책임이요, 성도들의 책임이다. 그리고 복음이 결실하는 것은 전적으로 하나님의 뜻이다. 그러므로 때를 얻든지 못 얻든지, 결실이 될 것인지 안 될 것인지를 염려하지 말고 항상 복음을 전파해야 한다.

'항상 힘쓰라'는 말씀은 헬라어로 '가까이에 있다'라는 뜻이다. 그리스도인들은 항상 사람들 가까이에서 말씀을 전하라는 뜻이다. 나도 생명이 다하는 그날까지 복음 전파에 힘쓰기를 원한다.

고난을 자처하는 그리스도인

그리스도인에게는 예수님의 명령에 따라 복음을 전하고 가르치는 두 가지 직무가 있다. 그런데 이것은 결코 쉬운 일이 아니다. 세상 사람들은 돈 되는 이야기, 재미있는 이야기는 돈을 내고라도 가서 들으려고 하지만 영생을 얻는 복음을 듣는 데는 귀를 막는다. 그들은 영의 세계를 모르기 때문에 그렇다.

이처럼 세상 사람들은 교훈을 받지 않고 허탄한 이야기만 들으려고 한다. 그러므로 전도인이 된다는 것은 고난을 감수함을 의미한다. 이렇게 고난을 당하면서도 복음을 전할 수 있는 것은, 현재 당하는 고난보다 장차 나타날 영광의 크고 놀라운 것을 영적인 눈으로 바라볼 수 있기 때문이다. 이쯤 되면 고난은 즐기는 것이다. 이것이 바로 십자가의 길이다. 내가 존경하는 조남봉 전도사님은 시골 교회를 담임하시다 70세에 은퇴하고 공주 원로원에서 편히 사실 수 있게 되셨는데도, 퇴임 후 20년 동안 고난을 자처하며 교회 없는 마을에 들어가 여러 개의 교회를 개척하셨다. 스스로 예수님의 가르침대로 십자가의 길을 걸어가신 것이다. 모세는 80세에 민족의 십자가를 졌다. 갈렙은 85세에 "이 산지를 내게 주소서"라고 외치며 나아가 헤브론을 점령했다. 나 역시 고난의 십자가를 지고 주님 부르시는 그날까지 복음을 전할 십자가 지기를 다짐한다.

최후 승리를 얻기까지 싸우는 그리스도인

사도 바울은 마라톤과 같은 선교 사역을 마치고 이제 골인 지점에 이르러 우승 테이프를 끊는 심정으로 자신의 복음의 여정을 술회했다. "전제와 같이 내가 벌써 부어지고 나의 떠날 시각이 가까웠도다 나는 선한 싸움을 싸우고 나의 달려갈 길을 마치고 믿음을 지켰으니 이제 후로는 나를 위하여 의의 면류관이 예비되었으므로 주 곧 의로우신 재판장이 그날에 내게 주실 것이며 내게만 아니라 주의 나타나심을 사모하는 모든 자에게도니라." '전제'라는 말은 '관제'라고도 하는데, 제물 위에 포도주를 부어서 드리는 제사를 의미한다. 그러니까 술을 다 따라 부어 제사를 드림같이 자기 생명을 주님에게 드리게 되었다는 말이다. 자신이 순교할 최후가 가까웠음을 말하고 있는 것이다.

그러면서 바울은 위대한 고백을 한다. "나는 선한 싸움을 싸우고 나의 달려갈 길을 마치고 믿음을 지켰으니." 이 얼마나 위대한 고백인가! 낙엽이 아름다운 것은 추운 겨울을 나무가 견딜 수 있도록 자신을 희생하는 붉은 마음 때문일 것이다. 나도 주를 위해 죽기까지 충성하는 사도 바울을 본받기를 원한다. 사도 바울에게는 은퇴가 없었다. 자신을 몽땅 제물로 드렸다. 이제 남은 것은 사도 바울이 '나를 위하여 의의 면류관이 예비되었다'라고 고백한 것같이 면류관을 쓰는 일이다. 의의 면류관은 사도 바울만의 것이 아니라, 주의 나타나심을 사모하는 모든 자, 곧 주의 재림을 사모하고 선한 싸움을 끝까지 싸워 최후 승리한 모든 성도들에게 예비된 것임을 믿어야 한다.

우리는 그리스도가 주신 지상 최대의 명령을 따라 복음을 전파하기 위해 항상 힘써야 한다. 지상 최대의 명령을 수행하기 위해 고난을 자취하며, 불타는 심정으로 전도인의 직무를 감당해야 한다. 그래서 마침내는 선한 싸움을 모두 싸우고 최후 승리를 얻어 의의 면류관을 받아 써야 한다.

02
교회를 위해 봉사할 수 있는 일은
얼마든지 있다

　2018년 겨울, 나의 평소 지론인 대형 교회 분립의 롤모델이 되기 위해 거룩한빛광성교회의 등록 교인 4천여 명을 이끌고 거룩한빛운정교회로의 '이주'를 감행했다. 나는 교회가 지나치게 덩치를 불리는 것을 경계하고 후배 목회자들을 훈련시켜 지속적인 분립 개척을 추진했다. 거룩한빛운정교회는 내가 진행한 24번째 분립 교회다. 본 교회인 거룩한빛광성교회는 이를 위해 2018년 10월에 40대의 후임 목사를 미리 선정했다. 교회의 다양한 구성원들로 청빙 위원회를 구성하고 지속적으로 의견을 수렴해서 객관적 평가 기준을 만들어 후보자 선정을 추진했다. 모든 과정은 투명하게 모든 교인에게 공개됐다. 거룩한빛운정교회 역시 모교회가 지향했듯이 복지관 운영을 비롯한 사회 선교 사업에 주력하고, 교회가 커지면 이곳 역시 분립을 시도한다는 점에 모든 교인이 동의했다.

목회자들은 은퇴 후에도 다른 방식으로 세상을 위해, 교회를 위해 봉사할 수 있는 일이 얼마든지 있다. 나는 교회 목회에 전념하느라 시도하지 못했던 일들을 추진할 계획이다. 새로운 일을 생각하면 나도 모르게 입가에 미소가 번지고 마음이 설렌다. 나는 새로운 분야의 선교 사업을 위해 '십자가의 길'이라는 뜻을 가진 '크로스로드'(Cross Road) 선교회를 조직했다. 이 선교회를 중심으로 '개혁 목회'를 준비하는 젊은 목회자들의 교육을 위한 '다윗의 물맷돌', 민통선 안의 작은 교회에서 통일을 대비하며 함께 기도하는 '통일 기도의 집', 성인이 되어 보육원을 떠나는 고아들을 돌보는 '비빌 언덕'과 같은 사역들을 하나하나 펼칠 계획이다. 그중 통일 기도의 집은 민통선 안 해마루촌에 위치한, 민족의 평화와 복음화적 통일을 위해 기도하는 수도원으로 세웠다.

03
북한 선교는
통일 한국의 마중물이다

"통일이 되면 큰이모도 만나고 형아도 만난다 / 전쟁이 또 나면 안 된다 / 그럼 만나고 싶은 가족을 못 만난다 / 통일이 되면 만나서 즐겁고 재밌게 놀아요 / 보고 싶은 사람 만나고 많은 사람도 만난다"

_ 김민성, 〈우리나라 통일〉

"오늘은 헤어진 가족 만나는 날 / 옛날 사진 챙기고 이쁜 옷도 입고 / 차를 타고 도착하니 빨리 보고 싶네 / 기다리고 또 기다리고 계속 기다리네 / 북한에서 온 나의 헤어진 가족 만나니 / 눈물 뚝뚝 또르르르 흘러내리네 / 나의 가족이여 다시 만나세 / 빨리 통일되어 만나세 / 그럼 안녕… 또르륵…"

_ 송지현, 〈눈물바다〉

교회 부설 해피월드복지재단의 새꿈터는 지난 한 해 탈북민 가족 자녀 '꼬마 시인' 20명이 남한에 정착해 보고 배우고 느낀 점을 쓴 시를 엮은 동시집《소망의 노래》를 발간했다. 동시집에는 총 97편의 시가 담겼다. 아동들이 1년간 쓴 시 가운데 가장 마음에 드는 작품을 3-5점씩 골라 실었다. 식물, 동물, 우리, 통일 등이 주제다.

20명 남짓한 작은 지역아동센터인 새꿈터는 탈북민 가족 어린 자녀들의 맑고 순수한 동심을 담는 글쓰기 교육을 하고 있다. 아이들은 즐거운 일이나 슬픈 일, 새로운 일이 있을 때마다 마음속 이야기를 동시로 그려 냈다. 동시에는 하루빨리 남북이 통일되길 바라는 간절한 마음이 묻어난다. 특히 새꿈터 김선희 교사와 함께 '생태 학습', '자연 관찰', '대한민국 전통 민속놀이' 등의 수업을 하면서 느낀 점을 오롯이 담았다. 동시집에는 동시를 쓴 아이들의 그림이 함께 실려 시의 정취를 더했다.

교회는 오후 3시 30분부터 저녁 8시 30분까지 새꿈터를 운영한다. 간식을 제공하고 한글과 영어, 수학, 과학, 음악, 미술 등을 가르치며 한국 적응을 돕고 있다. 접경 지역에서 멀지 않은 곳에 위치한 교회로서 통일 한국 시대를 준비한다는 의미도 있다. 직원 4명을 포함해 자원 봉사자 50여 명이 교사와 석식 보조, 차량 운전 등으로 돕고 있다.

나는 그들이 거듭난 하나님의 자녀로 변화되어 국가와 사회, 가정에서 빛과 소금의 역할을 할 수 있는 건강한 인격의 소유자가 되도록 교육하는 데 주력했다. 앞으로도 이 아이들의 시에서처럼 헤어진 가족들이 만나고 형제자매가 만날 수 있도록 돕는 데 조그만 힘이나마 보태고 싶다.

북한 선교 전초 기지

남한 최북단의 접경에 위치하는 거룩한빛광성교회는 교회의 5대 비전 중에 하나로 '북한 선교 전초 기지'를 내세울 정도로 개척 초기부터 북한 선교에 관심을 가져 왔으며, 교회 내에 통일선교위원회를 세워 새터민(탈북민) 사역에도 힘써 왔다. 작년에만 세 차례 열린 남북 정상회담과 한 번의 북미 정상회담으로 인해 남북한 관계가 화해의 급물살을 타면서 명실상부한 남북한 평화의 시대가 오고 있다고 이야기할 수 있는 이 시기, 바야흐로 선교의 문이 열리고 있다고 판단할 수 있는 이 시기에, 우리가 북한 선교에 관해 생각해야 할 점 세 가지를 제시하고자 한다.

첫째, 북한의 교회에 관한 역사적이고 실질적인 이해가 필요하다. 북한 지역은 해방 이전까지만 해도 선교사들의 선교 활동과 1907년 평양 대부흥 운동으로 교회가 크게 성장한 지역이었지만, 공산 정권의 등장과 한국전쟁 이후의 지속적인 반종교 정책으로 인해 진정한 의미의 공식적인 교회는 완전히 사라졌다. 현재 북한의 공식적인 기독교 기관인 북조선기독교도 연맹 아래에서 인정받는 교회들이 몇몇 있지만, 이 교회들은 북한 공산 정권의 절대적인 영향력 아래서 주체사상을 받아들인다는 점에서 온전한 의미의 교회라고 보기 힘들며, 오직 지하 교회 형태의 가정 교회만이 온전한 신앙을 유지하고 있다. 따라서 남북한 평화의 시대에 북한 선교의 문이 열릴 것을 기대한다면 현재 북한 지역에 있는 공식 교회의 성격을 정확하게 이해하고 가정 교회의 실태를 조사해서 잠재적인 선교를 위해 동역자들을 파악할 필요가 있다.

둘째, 북한 주민들의 의식 구조를 이해해야 한다. 해방 이후 북한의 주민들은 지속적인 반종교 선전의 분위기 속에서 살아왔다. 특별히 기독교의 경우 반미 정서의 영향으로 집중적인 비판과 핍박을 받았다. 이러한 이유로 해방 이전에 신앙을 받아들인 세대는 자신의 신앙을 부인하거나 숨기고 살아갈 수밖에 없었고, 자녀 세대에게 신앙을 전달할 수도 없었다. 그리고 전후 세대는 반기독교적인 정서에 젖어 지금까지 살아왔다. 이러한 반기독교적 분위기 속에서 김일성 일가에 대한 북한 주민들의 태도는 거의 종교에 가깝다고 할 수 있다.

남북한 평화의 시대에 북한 선교를 성공적으로 진행하려면, 북한 주민들의 반종교적이고 반기독교적인 의식 구조를 반영한 선교 전략을 세워야 한다. 개방과 교류가 확대되어 선교의 기회가 주어진다 하더라도 기독교에 적대적인 북한 주민들의 의식은 선교의 가장 큰 걸림돌이 될 수 있으므로, 초기 선교사들이 그러했던 것처럼 직접적인 복음 제시와 함께 문화, 교육, 의료 등 다각적인 방법으로 북한 주민들의 마음을 열 수 있는 길을 마련해야 한다.

마지막으로 셋째, 연합의 정신으로 구체적인 인적·물적 자원을 준비해야 한다. 아무리 좋은 계획을 세운다 할지라도 이를 실행할 수 있는 사람들과 자원이 없다면 아름다운 선교의 열매를 맺기 힘들 것이다. 이를 위해 교단 차원에서 목회자뿐만 아니라 문화, 교육, 의료 등의 다양한 분야에서 북한을 도우면서 복음을 전할 수 있는 인적 자원을 준비해야 한다. 또한 뜻이 있는 교회들이 연합해서 선교를 위한 재정을 마련해야 한다. 더 나아가 기존에 북한 선교에 뜻이 있는 여러 다른 교단 및 선교 단체들과 연합할 필요도 있다. 서로의 비전을 공유하면서 함께할 부분은 함께하고 나눌 부분은 나누어 효율적인 선교가 될 수 있도록 해야 한다.

나는 민통선 안에 마련한 해마루수도원 '통일 기도의 집'에서 생명이 다하는 그날까지 우리 민족이 하나가 되도록 기도하고 말씀을 전할 예정이다.

04

광야는 하나님을 만나는
거룩한 곳이다

오늘의 나를 있게 한 광야

성지순례 중에 유대 광야를 보았다. 황량한 광야의 풍경 앞에 모두가 할 말을 잃고 말았다. 광야는 사막과 조금 다르다. 광야는 강수량이 적어서(1년 강수량 30밀리미터 정도) 나무나 풀이 매우 적고 인간의 활동이 제약되는 지역으로 유목을 하는 베두인족이 살고 있지만, 사막은 강수량이 거의 없어서(1년 강수량 30밀리미터 이하) 나무나 풀이 없고 사람이 살 수 없는 지역을 말한다. 출애굽한 이스라엘 백성이 광야에서 목이 말라 모세를 원망하고 하나님을 원망하는 이야기를 성경에서 읽을 때마다 이스라엘 백성은 고질적인 원망병 환자라고 생각했었다. 그런데 현장에 가보니 원망하지 않는 사람이 비정상이라고 생각하게 되었다. 물을 찾으려야 찾을 수 없고 그늘을 찾으려야 찾을 수 없는 광야, 모래와 돌덩어

리밖에 없는 황량한 벌판이 몇 백 킬로미터씩 계속 이어지고 있는 곳이 바로 시나이 반도다. 가끔 오아시스가 나타나면 그곳을 선점하고 있던 부족들과 전쟁을 해서 값비싼 대가를 치러야만 물을 확보할 수 있는 곳이었다.

그래서 물이 떨어지고 목이 탈 때마다 백성은 모세를 원망하며 돌로 치려 달려들었던 것이다. 그렇다면 이스라엘 백성에게 광야 40년은 과연 어떤 의미를 지니고 있는 걸까? 마냥 40년의 세월을 손해만 본 것일까? 그건 아니다. 광야 40년이 이스라엘에게 끼친 유익도 결코 적지 않았다. 누구나 인생 여정을 돌이켜볼 때 광야같이 힘든 시절이 한 번쯤은 있었을 것이다. 그때는 목이 마르고, 배가 고프고, 도저히 살 수 없을 것 같고, 사방이 욱여쌈을 당해 숨이 막힐 것 같았는데, 지나고 보니 그때 그 아픈 경험이 오늘의 나를 만들어 준 힘이 되지 않았던가 생각하게 된다. 광야 길을 걸을 때는 그 길이 끝이 없을 것같이 생각되지만 가다 보면 오아시스가 나타난다. 대적을 만나 괴로움을 당하지만 그들을 물리치고 나면 더 굳세고 강한 사람이 되게 하시고, 견고한 반석 위에 설 수 있도록 힘과 능력을 얻게 되는 것이다.

지금 혹시 광야를 걷고 있는가? 불평, 원망, 절망, 낙망, 포기하지 말기 바란다. 광야는 가나안 땅을 들어가기 위해 잠시 머무는 정거장이요, 하나님만 바라보고 의지하도록 훈련받는 곳이요, 젖과 꿀을 얻기 위해 잠시 지체하는 처소지 영원히 머물 자리가 아님을 기억하기 바란다. 그러므로 사막을 지나면 오아시스가 나오고, 광야를 지나면 요단 강에 이르고, 요단 강을 지나면 젖과 꿀이 흐르는 가나안 땅이 나오게 된다는 꿈과 희망을 품기 바란다. 그때가 되면 '광야는 아름다운 추억이었노라'고백하면서 광야의 유익을 깊이 깨닫게 될 것이다.

영혼을 정화시켜 주는 광야

하나님이 이스라엘 백성을 황량한 광야로 데려가신 것은 벌거벗은 영혼이 하나님 앞에서 율법의 말씀을 듣고 새사람이 되도록 하시려는 계획에서였다. 이스라엘 백성은 애굽에서 430년을 살았다. 애굽은 온갖 우상이 가득한 박물관이다. 열 가지 재앙에 나오는 뱀, 파리, 개구리는 모두 그들이 섬기는 신이다. 수백 가지의 우상이 찌든 그들의 영혼을 정화시키고, 430년간 노예 생활하면서 체질화된 노예근성을 뿌리 뽑고, 오직 하나님만 섬기도록 변화시키기 위해 영혼을 정화시키는 장소로서 광야가 필요했던 것이다.

다윗은 압살롬의 반역을 피해 메마른 광야에서 애타게 하나님을 찾았다. 마치 목마른 사슴이 시냇물을 갈구하듯 하나님의 도우심을 구했다. 이전에 예루살렘에서 평안할 때 구하지 못했던 하나님을 구하면서, 평안할 때 주를 섬기는 일이 얼마나 기쁘고 복된 일인지를 깨닫고 성소가 있는 예루살렘을 바라보며 기도했다. 이런 것을 볼 때 물이 없고 메마르고 곤핍한 땅이지만, 광야가 주는 유익이 있음을 알 수 있다. 영혼이 전심으로 주를 갈망하고 앙모하게 하는 것이다.

예루살렘에서 유대 광야가 그리 멀지 않은 곳에 위치하고 있는 것처럼, 우리 인생길에서도 광야가 그리 멀리 있지 않다. 날마다 잔칫날이고, 날마다 행복하고, 때마다 형통하고, 일마다 잘되지는 않는다. 높은

산이 있으면 낮은 골짜기가 반드시 나오기 마련이다. 그러나 광야를 두려워하지 말자. 광야는 하나님이 차려 놓으신 잔칫상이 있는 곳이다.

이스라엘 백성에게 반석을 쳐서 생수를 공급하시고 만나와 메추라기를 먹여 주신 곳이 광야다. 40-50년 전 우리의 생활은 지금과 비교하면 거친 광야나 다름이 없었다. 그러나 우리가 굶어 죽지 않고, 얼어 죽지 않고 오늘까지 건강하게 살아가도록 광야 같은 세월을 지나오게 하신 것처럼, 이스라엘 백성의 발이 부르트지 않고, 신발이 해지지 않고, 옷이 닳지 않도록 먹이고 입혀 주신 것을 기억해야 한다.

인생은 누구나 한 번쯤 광야를 통과하지 않으면 안 된다. 그러나 광야를 두려워하지 말기 바란다. 광야에 나오면 주님과 함께 잔치할 수 있기 때문이다. 애굽에서 먹던 고기와 채소는 없을지라도 하나님이 차려 주시는 만나와 메추라기가 있으며, 하나님이 보여 주시는 불기둥과 구름 기둥이 있다.

광야는 가난을 즐길 줄 알게 만들며 감사를 회복시켜 준다. 세상의 화려함만 추구하던 사람이 내면을 바라보며 진정한 자아를 발견하게 만드는 곳이 광야다. 여태껏 하나님의 손(능력)만 구하고 하나님의 얼굴(뜻)을 구하지 않는 신앙인들에게 광야는 하나님의 뜻을 구하게 만든다. 그러니 우리 모두 광야로 나아가자. 그리고 하나님 앞에 다 털어 놓자. "나의 영적 상태는 이렇습니다, 가난합니다, 바닥이 났습니다, 탈진했습니다, 음란합니다"라고 말이다. 하나님은 우리를 아신다. 탈진한 엘리야를 로뎀 나무 아래 쉬게 하시고, 어루만지시고, 떡을 먹이고 회복시켜 주신 것처럼, 하나님의 위로와 평안이 있는 곳이 광야다. 광야는 상한 영혼을 치유하는 하나님의 손길이 나타나는 곳이다.

주님만 의지하게 하는 광야

신명기에 보면 하나님이 의도적으로 이스라엘 백성을 광야로 인도하셨다는 것을 알 수 있다. 왜 광야에서 40년간 유리방황하게 하셨을까? 그것은 하나님을 경외하며 말씀에 순종하는 백성을 만들기 위함이었다. 하나님은 인간을 창조하시면서 '자유 의지'를 주셨다. 그런데 범죄한 인간은 육체의 정욕과 안목의 정욕을 따라 살아간다. 이스라엘 백성도 감각적으로 살았다. 주님만 바라보면서 의지하지 않고 계속 자신의 욕심을 따라 살고자 했다. 사람은 자아가 깨어지지 않고는 교만해져서 하나님의 은혜를 쉽게 잊어버리고 자기 의지대로 살려 한다. 그래서 하나님은 인간의 힘으로는 아무것도 얻을 수 없는 광야로 인도해 하나님을 의지하고 바라보는 훈련을 시키신 것이다.

나는 성격이 강하고 담대한 사람이다. 내 눈에 거슬리면 참지 못한다. 젊은 날 사막에 떨어뜨려도 살 자신이 있었다. 그런데 그게 깨어지는 데 그리 오래 걸리지 않았다. 눈이 나빠서 군대에 가지 않아도 되었는데 남자가 군대를 안 가면 되겠냐 하면서 자원해서 군대를 갔다. 군대 가서 엄청 맞으면서 깨지고, 두 번째로 26세 때 하나님이 심장을 때리셔서 겸손해졌다. 그러나 신학교에 들어가서도 기가 펄펄했다. 하나님은 그런 나를 17년 동안 전도사와 부목사로 척박한 광야에서 훈련시키시다가 43세에 개척하게 하셨다. 개척할 때는, '10년쯤 하면 밥 먹을 수 있을까?' 하고 생각할 정도로 겸손해졌다. 하나님을 바라보게 만드신 것이다.

예전에는 무엇을 해도 출세할 자신이 있었다. 그런데 지금은 교회에서 쫓겨나면 아무것도 할 수 없다는 생각이 든다. 그러니 하나님을 전적으로 의지할 수밖에 없다. 광야에 서면 자기가 소유하고 있던 대부분이 소용없어진다. 광야는 우리에게서 물질, 관계, 자신감을 앗아간다. 광야에서 황금이 무슨 소용이 있겠는가? 광야에서 부모, 남편이나 아내, 형제자매가 무슨 도움이 되겠는가? 광야에서 우리 자신이 스스로에게 해 줄 것이 무엇이 있겠는가? 광야에서는 오직 하나님의 불기둥과 구름 기둥만이 우리의 도움일 뿐이요, 하나님이 주시는 생수와 만나와 메추라기만이 우리의 필요를 채울 뿐이다.

다윗은 그것을 알았다. "주의 인자하심이 생명보다 나으므로 내 입술이 주를 찬양할 것이라 이러므로 나의 평생에 주를 송축하며 주의 이름으로 말미암아 나의 손을 들리이다 골수와 기름진 것을 먹음과 같이 나의 영혼이 만족할 것이라 나의 입이 기쁜 입술로 주를 찬송하되 내가 나의 침상에서 주를 기억하며 새벽에 주의 말씀을 작은 소리로 읊조릴 때에 하오리니 주는 나의 도움이 되셨음이라 내가 주의 날개 그늘에서 즐겁게 부르리이다 나의 영혼이 주를 가까이 따르니 주의 오른손이 나를 붙드시거니와."

광야에서는 주의 인자가 생명보다 낫다. 주님만이 도움이 되신다. 주님의 오른손만이 나를 건지실 수 있다. 다윗은 그것을 알았고 주님을 찬송했다. 하나님은 그의 찬송을 들으시고 그를 건져 주셨다. 광야는 누구에게나 찾아온다. 그때 주님을 바라보자. 광야는 택하신 백성에게 있어 하나님을 만날 수 있는 은총의 기회임을 기억하자.

소원의 항구로 인도하는 광야

나의 어렸을 때 소원은 육군사관학교를 나와 장군이 되는 것이었다. 그런데 시력이 나빠 갈 수 없게 되었다. 아마 시력이 좋아도 성적이 나빠 가지 못했을 것이다. 그다음 청년기의 꿈은 정치계에 입문해서 정치가가 되는 것이었다. 그런데 하필 정당에 입당하려던 날, 신민당사에서 무역 업체인 YH의 근로자 김경순 양의 투신 사건이 일어나면서 신민당사를 경찰이 포위해서 들어갈 수 없게 되었다. 할 수 없이 나는 발길을 돌리고 말았다. 내 꿈이 산산조각 나는 순간이었다. 얼마나 실망하고 좌절했던지 그만 심장병에 걸리고 말았다. 십여 년이 지난 후, 부목사로 있을 때 구리시 인창동에 교회를 지어 주겠다는 장로님이 나타나셔서 두 달 동안 기도한 후 건축 허가를 받았는데, 김창인 목사님의 반대로 그 좋은 자리에 가지 못하고 입주가 끝난 지 4년 된 일산에, 그것도 망한 교회를 사서 개척을 하게 되었다.

이렇게 인생은 내 맘대로 되지 않는다. 어떤 때는 풍랑이 일고, 폭풍이 불고, 칠흑 같은 밤처럼 한 치 앞도 볼 수 없는 때가 있다. 그런데 폭풍이 지나간 후 바람이 잠잠해지고 동이 터 환한 새벽이 밝아 오면, 배가 어느덧 소원의 항구에 들어와 있음을 발견하게 된다. 이 사실을 깨달은 영국의 톰 레이디 목사는 이런 찬송시를 적었다.

"큰 물결이 일어나 나 쉬지 못하나
이 풍랑으로 인하여 더 빨리 갑니다"

– 새찬송가 373장, 〈고요한 바다로〉

당신의 인생의 바다에 거친 풍랑이 일고 있는가? 마음대로 되고 있지 않은가? 앞길이 캄캄해 아무것도 보이지 않는가? 도저히 헤쳐 나갈 수 없는 상황인가? 낙심하지 말자. 하나님은 풍랑을 이용해서 소원의 항구로 더 빨리 인도하신다. 당신을 연단하신 후에는 정말 빛나게 사용하실 것이다.

미국을 세운 청교도들은 102명 중에 44명이나 죽은 광풍 속에서 살아난 후 교회를 먼저 세우고 하나님에게 부르짖었다. 그랬더니 하나님이 그들을 소원의 항구로 인도해 주셨다. 미국이라는 나라가 이렇게 이루어진 것이다. 각각 다르지만 사람들은 저마다의 소원의 항구가 있다. 건강, 결혼, 가정 구원, 사업 형통, 물질 축복, 자녀 잘됨, 대학 진학, 진급, 부흥 등의 소원이 그것이다. 그러나 인생의 바다는 한 치도 예측할 수 없다. 하나님은 우리의 기도에 귀를 열어 놓고 계신다. 특히 고난 중에 드리는 기도는 강하고 신속하게 응답된다. 끝까지 인내하며 드리는 기도는 더 큰 감격과 기쁨을 맛보게 한다.

하나님을 만난 자는 영혼의 자유를 찾고, 인생의 목적을 성취한다. 하나님은 자녀들에게 소원을 심어 주시고, 기대를 넘어 합력해서 선을 이루어 주시는 분이다. 당신의 소원의 항구는 어디인가? 선장 되시는 예수님이 인생의 거친 바다에서 소원의 항구로 인도해 주실 것을 믿고 감사하길 바란다. 나 역시도 소원의 항구에 들어가 평안을 얻게 되길 기도한다.

보이지 않던 것을 보이게 하는 광야

고난이 주는 최고의 유익은 보이지 않던 것들이 보이기 시작하는 것이다. 남의 마음을 이해하지 못하던 자기중심적이고 이기적이던 마음이 변해서 아픈 사람, 배고픈 사람, 상처 받는 사람을 볼 수 있는 눈이 열리게 되는 것이다. 아래는 내가 암에 걸렸을 때 지은 시다.

암 선고를 받고

주님! 감사합니다
십자가 고난에 동참하게 하시오니 감사합니다
느끼려 느끼려 해도
느낄 수 없었던
십자가 고통을 암을 통하여
조금이나마
느끼게 하시니
감사합니다

나
이제
체휼로서
십자가를 십자가라고
증언하겠습니다

나는 살려고 목사가 되지 않았습니다

죽으려고 목사가 되었습니다

오직 주님

주님의 몸 된 교회 위해

주께서 맡기신 양무리 위해

잘 참고 잘 죽겠습니다

죽어야 살고

예수 안에 죽어야 영원히 사는

하늘의 법을 따라

잘 죽겠습니다

_ 2007년 4월 6일 금요일 밤, 오전 9시 암센터에서 암 선고를 받고.

"여호와여 주의 말씀대로 주의 종을 선대하셨나이다 내가 주의 계명들을 믿었사오니 좋은 명철과 지식을 내게 가르치소서 고난당하기 전에는 내가 그릇 행하였더니 이제는 주의 말씀을 지키나이다."

고난을 대하는 사람들의 행동은 두 가지로 완전히 갈라진다. 하나님을 원망하고 불평하는 사람은 절망하고 파멸에 이르게 되고, 돌이켜보고 회개하는 사람은 복을 받고 성숙해진다. 같은 햇빛을 받아도 한편에서는 그 빛으로 진흙처럼 굳게 되는가 하면 다른 한편으로는 얼음이 녹는 것처럼, 똑같은 고난을 당해도 그 반응은 완전히 다르다. 하나님의 사람은 얼음처럼 마음을 녹이며 눈물로 회개해서 새로운 사람이 되고 새로운 세상을 살게 되는 것이다.

다윗도 처음 고난을 당할 때는 '왜 하나님을 잘 섬기는데 나에게 고난이 찾아올까?' 이해하지 못했다. 하지만 고난을 극복한 후에는 합력해서 선을 이루고자 하시는 하나님의 뜻을 깨닫고 '하나님이 나를 선대하셨다'라고 고백하고 있다. 세상을 보는 시야가 넓어지고 마음이 달라졌다는 고백이다. 나도 아프지 않고 병들지 않았을 때는 잘 보이지 않던 것들이 병에 걸리고 어려움에 처한 후에야 보이게 되었다. 그렇게 좌우, 위아래 시야가 많이 넓어짐을 느낄 수 있었다.

"내가 주께 대하여 귀로 듣기만 하였사오나 이제는 눈으로 주를 뵈옵나이다." 고난을 통해 영의 눈이 열린 욥의 고백이다. 이 고백이 당신의 고백이고 나의 고백이 되길 소원한다.

05
아름다운 마무리,
새로운 출발이 되다

해피월드가 한국 교회 최대의 복지재단이 되기까지

해피월드는 500여 명을 거느리고 있는 큰 복지재단이다. 그러나 시작은 보잘것없었다.

'교회는 반드시 지역 사회와 함께해야 한다'는 지역 사회 문화 중심의 비전을 가지고 복지재단의 꿈을 키워 왔다. 개혁 초창기에 만난 이호경 집사와 함께 복지재단의 그림을 그리며 준비하던 중, 일산 호수공원 옆에 있는 고양시일산노인종합복지관을 위탁한다는 공고가 나왔다. 필요한 서류를 갖추어 신청했지만 불교 조계종 복지재단에 밀려서 탈락하고 말았다. 다음 해에 고양시덕양노인종합복지관 위탁 공고가 나왔다. 처음보다 더 철저히 준비해서 신청했지만 이번에는 명지대학교 복지재단에 지고 말았다. 그 이듬해 고양시일산종합사회복지관 위탁 공고가 나왔다. 기도하며 서류를 준비해 신청했지만 이번에는 천주교 복지재단에 패하고 말았다.

고양시에서만 세 번을 떨어지고 나니 실망이 이만저만이 아니었다. 그래서 방향을 파주시로 바꾸고 파주시노인복지관 위탁 공고가 나오자 서류를 제출했다. 경쟁 상대들이 약한 것 같아 서류를 신청하면서 많은 기대를 했다. 그런데 최종 심사에서 우리 교회보다 규모가 작은 감리교회에 밀려 탈락하고 말았다. 서운함을 이루 말할 수 없었다. 우리는 하는 수 없이 마음을 달래며 다음을 기약했다.

그런데 위탁받은 교회에 문제가 발생했다. 복지관 운용비용을 충당할 수 없어 교회에 분란이 일어난 것이다. 그 교회는 복지관 위탁을 반납하기에 이르렀고, 개관을 한 달 앞둔 담당 공무원들은 몹시 난감해졌다. 공무원들은 우리 교회를 찾아와 복지관 위탁을 간청했다. 결국, 우리 교회는 4전 5기의 신화를 쓰며 처음으로 파주시노인복지관을 수탁받아 운영하게 되었다.

해피월드복지재단 출연금 20억 원과 1년에 6천만 원 이상을 투자하면서도 기쁘게 복지 사업을 해 나갔다. 그렇게 재단을 운영한 지 얼마 되지 않아 지역에 좋은 소문이 나기 시작했다. 그리고 몇 년 후, 고양시 덕양노인종합복지관 위탁 공고가 다시 났다. 이랜드와 사랑의교회가 강력한 후보였다. 우리 교회의 해피월드복지재단도 다시 도전했다. 그런데 서류를 넣지 않는 게 좋겠다는 고양시장의 전화를 받게 되었다. 이랜드와 같은 유명 복지재단과의 경쟁은 무모하다는 뜻이었다. 나는 대답했다. "나도 압니다. 되려고 지원하는 게 아니라 시장님을 미안하게 해서 다음을 기약하려는 것입니다. 기도하겠습니다."

그런데 기적이 일어났다. 이랜드가 3년간 운영비 8억 원을 약속하고, 사랑의교회가 6억 원, 해피월드복지재단이 2억 원을 써 넣었는데 우리가 수탁을 받게 된 것이다. 자초지종을 알아보니, 공무원 3명, 교수 3명, 복지관장 3명으로 이루어진 9명의 심사위원 중 6명이 우리에게 표를 준 것이다. 이유인즉, 대기업이 자신들의 돈으로 복지재단을 짓지 않고 시에서 지은 것을 운영하려 하는 것에 반발했던 것이다. 또 사랑의교회는 당시 건축 문제로 시끄러웠기 때문에 반감이 작용해서 어부지리로 한국 250개 노인복지관 중 가장 큰 고양시덕양노인종합복지관을 수탁받게 되었다.

　그 이후 모범적 운영을 인정받아 고양시원당종합사회복지관을 수탁받았고, 계속해서 파주시문산종합사회복지관, 파주시노인복지관을 수탁 받았다. 해피월드복지재단은 다문화 시대를 준비하면서 다문화학교와 고양시다문화가족지원센터를 열었고, 새터민 자녀 공부방인 새꿈터 지역아동센터와 사업 자금을 빌릴 수 없는 차상위 계층의 사업 자금을 대출하는 마이크로크래딧 사업인 해피뱅크를 세우면서 명실상부한 복지재단으로 성장하게 되었다.

　나는 은퇴를 3년 앞두고 복지재단의 경영을 전문가에게 맡기기 위해 사회복지학의 권위자인 정무성 교수를 영입했다. 정 교수를 복지 전문장으로 세워 해피월드복지재단 이사장으로 선출하고 인수인계를 마쳤다. 복지재단의 성공 요인은 전문가를 등용해서 그들의 경영을 존중하고 관여하지 않는 것이다. 재단 이사장이 관장들의 임명 외에는 인사권에 개입하지 않고, 재정에 일체 관여하지 않으며, 돈 한 푼 받지 않고 깨끗하게 운영한 것이 우리 교회 복지재단의 성공 비결이라 하겠다.

후임자 청빙

2017년 말, 장로, 안수집사, 권사, 청년회장 등 19명으로 청빙위원회를 구성했다. 충현교회, 사랑의교회, 광성교회, 두레교회, 서울교회 등 목회를 잘했던 선배 목사님들이 혼자서 후임을 결정한 후 교회가 분란에 휩싸인 경우를 많이 보았기에, 나는 그것을 반면교사 삼아 청빙에 일체 관여하지 않았다.

청빙위원회가 1년간 53회의 회의를 하면서 합리적 절차를 밟아 후임 목사를 모셨다. 후임자인 곽승현 목사는 우리 교회에서 5년간 부목사로 사역한 후에 충주 충일교회를 담임했다. 500명 출석 교회를 1,100명으로 부흥시키면서 목회의 경험을 쌓은 후, 우리 교회로 돌아와 동사 목사로 1년간 목회를 했다. 곽 목사는 교인들의 97.2퍼센트 찬성으로 위임을 받고 교회는 위임식을 거행했다. 청빙위원회에서는 그간의 기록을 다른 교회들이 참고할 수 있도록 백서로 남겼다.

2018년 12월 첫 주, 나는 거룩한빛운정교회를 분립하면서 부목사 네 명과 함께 거룩한빛광성교회를 나왔다. 그리고 2019년 2월, 담임목사 청빙을 위해 기도하자고 선포한 후 외부에서 세 명, 부목사님 중에 한 명, 총 네 명의 후보를 세워 4주 동안 설교를 들은 후 3월 말 운영위원회의 투표와 공동의회의 결의로 유정상 목사를 담임목사로 결정했다. 그렇게 나는 4월까지 설교하고 교회에서의 사역을 마무리 지었다. 그 후 10월에 위임 투표를 실시한 결과, 97.3퍼센트의 찬성으로 위임 목사로서 사역하게 되었다.

거룩한빛운정교회에서는 팀 목회를 권유하고, 장년 출석 2천 명을 넘기면 분립하도록 했으며, 운영위원회가 당회를 대신해서 교회 살림을 맡도록 부탁한 후 기쁜 마음으로 은퇴하게 되었다.

교회를 위해 오래 참았다

'사람은 사랑의 대상이지 믿음의 대상이 아니다.' 개혁 목회 23년 동안 많은 사람에게 상처를 받았다. 믿는 도끼에 발등 찍힌다고, 믿었던 교인이 배신하고 마음에 상처를 주고 떠나는 경우가 허다했다. 이런 일을 여러 차례 겪으면서, 사람은 믿음의 대상이 아니며 믿어 주고 사랑해야 할 대상이라는 것을 깨달았다.

특히 부목사들과의 관계가 목회에서는 대단히 중요하다. 일반적으로 교회가 작을 때는 담임목사와 부목사 사이에 보이지 않는 경쟁 관계가 형성된다. 담임목사는 직접 만나기 어렵기 때문에 자주 만나는 부목사와 성도들 사이에 친밀감이 쉽게 형성되기 때문이다. 이때 담임목사는 이것을 모른 척 눈감아 주어야 한다. 그런데 이게 어디 마음대로 되는가!

우리 교회는 해마다 분립 개척을 했는데, 장소 선택을 부목사 자신이 하기 때문에 가까운 곳으로 정하는 경우가 대부분이다. 그런 후에는 한 달 동안 따라갈 교인을 모집한다. 한 동네에서 오고 가다 보니 적지 않은 문제가 발생한다. 여러 일을 겪다 보니 이제는 그러려니 하지만, 초창기에는 속앓이도 많이 했다.

부목사는 자식과 같이 품어 주고 때가 되면 시집보내는 딸과 같다. 자식에게 잘해 줬다고 인사 받을 생각을 하는 부모가 없는 것처럼, 부목사들에게도 주는 것으로 끝내야지 바라는 것이 있으면 섭섭병에 걸리고 만다. 자식이 부족해도, 사고를 쳤어도 덮어서 시집보내야 하는 것처럼, 끝까지 잘해 주어야 한다. 밉다고, 사고 쳤다고 내쫓으면 교인들이 상처를 받게 되고 결국은 교회를 떠나게 된다.

인간관계는 얽혀 있어서 뒤로 어떤 관계가 형성되어 있는지 알 길이 없다. 또 사람 중에는 약자 동정형이 30퍼센트 정도 된다고 생각한다. 부교역자를 약자로 만들어 내보내는 순간 많은 교인이 상처를 받게 돼, 교회가 안으로 곪으며 목사를 원망하는 사람들이 생긴다는 것을 깨달았다. 나는 교회를 위해 어떤 경우에도 참으며 부목사들이 개척할 수 있도록 힘을 쏟았다. 때로는 선교사로 보내거나 추천서를 써서 담임으로 보내기도 했으며, 유학비를 줘서 유학을 보낸 적도 있다. 남들은 목사님 마음이 넓다고 말하지만, 아니다. 나도 마음이 아플 때가 참 많았다. 다만 교회를 위해 오래 참았을 뿐이다.

드림학교가 명문이 되기까지 겪은 어려움

개척을 하면서 '인재를 양성하는 교회'라는 목표를 세웠다. 그리고 목표를 실현하기 위해 6개월 만에 한나래선교원을 설립했다. 처음에는 운영할 자금이 없어 교인에게 위탁을 했다. 그러다 선교원이 정말 잘돼서 많은 원아가 등록하고 지역 사회에 좋은 소문이 나기 시작했다. 2년쯤 지나서 직영을 하게 되었고, 광성드림학원을 설립하고 건축을 하면서 지금은 유치원으로 허가를 받아 운영하고 있다. 고양시에서 가장 모범적으로 운영하는 명문 유치원으로 소문이 나서 많은 지원자가 몰리고 있다. 지원자가 너무 많다 보니 추첨으로 선정하는데, 얼마나 엄격한지 장로님 손자도 떨어지고 부목사님 자녀도 떨어질 정도다. 전국이 유치원 문제로 시끄러울 때도 한나래유치원은 잡음 하나 없이 운영되었다.

광성드림학교와 중학교가 반석 위에 서기까지 많은 어려움이 있었다.

첫째는, 재정 문제다. 학교 설립과 운용에 많은 재정이 투입되었다. 땅을 매입하고 건축하는 과정에서 200억 정도가 투입됐는데, 모두 교인들의 헌금으로 감당했다. 인재 양성을 위한 학교를 세우는 일에 문제를 제기한 성도가 한 사람도 없었다. 얼마나 성도들에게 감사한지 모른다.

둘째는, 좋은 교장을 찾는 일이다. 좋은 선생님을 찾는 것도 쉽지 않았지만, 좋은 교장을 영입하는 일은 정말 어려웠다. 세 번의 실패 끝에, 이대부속초등학교 교감을 지낸 김영자 선생님을 교장으로 영입하면서 학교가 안정적으로 발전할 수 있었다. 이후 윤옥인 교장을 거쳐 현재 채제숙 교장선생님의 어머니 리더십으로 학교가 비약적으로 발전하며 지역의 명문으로 자리 잡게 되었다. 김영자 교장선생님은 신앙 교육, 다중지능 교육, 인격 교육에 힘썼고, 글로벌 시대의 세계적인 인재로 기르기 위해 열심히 기도했다.

학부모회를 중심으로 기도 운동이 뜨겁게 번져 나가고 있다. 특별히 아버지 기도회는 눈물겹도록 감동적이다. 토요일마다 아버지들이 아이들의 책상에 손을 얹고 눈물로 기도한다. 이런 학교는 이 세상에 광성드림학교밖에 없을 것이라고 생각하면 감사가 절로 나온다.

고생 끝에 낙이 온다고 했던가! 교육 사업은 많은 투자를 하면서도 성과는 더디게 나온다. 십여 년 만에 기반이 잡히면서 고등학교를 시작해도 되겠다는 자신감에 2020년부터 고등학생 모집에 들어가게 되었다. 나는 은퇴를 앞두고 김상현 장로님에게 이사장 자리를 넘겨주었다. 한나래유치원, 광성드림학교의 성공 비결은 선생님들을 존중하고, 학생 선발에 개입하지 않으며, 재정을 지원하면서도 운영에 개입하지 않은 것이다. 나는 교장선생님이 학교에 있을 때는 일체 학교 출입을 하지 않았다. 학교에서는 교장의 권위가 서야 하기 때문이다. 건축할 때도 교장선생님이 없는 새벽이나 밤에 현장을 돌아보았다.

학교를 세우면서 재정적으로, 또 처음 교장을 세울 때 많은 어려움을 겪었지만, 어린이들과 학생들이 자라나는 것을 보는 기쁨은 그 고초를 다 잊고도 남는다. 우리 교회가 키운 교회 학교 학생들과 드림학원이 낳은 인재가 대한민국과 세계를 살리는 날이 반드시 올 것이다.

세 가지 기적

거룩한빛광성교회에서 사역하며 경험한 세 가지 기적이 있다.

첫째는, 새신자 등록이다. 1997년 1월, 열 가정과 함께 개척한 이후 새 교인이 한 주도 빠지지 않고 등록한 것이 놀라운 기적이다. 첫해에 1천 명, 2006년에 4천 명이 등록하는 등 23년간 5만 명이 등록을 했다. 마치 동풍에 메뚜기가 몰려오는 환상을 보는 것같이 보배롭고 존귀한 성도들을 하나님이 보내 주셨다. 이것은 전적으로 '하나님의 은혜'라고밖에 달리 표현할 수 없다.

둘째는, 지휘자와 반주자의 무사례 운영이다. 나는 기도 중에 지휘자와 반주자 사례를 하지 않고 신령한 찬양대를 만들어야겠다고 결심했다. 처음에는 아내가 반주하고 교인 중에 비전공자를 지휘자로 세웠다. 그러다 지휘자가 이사를 하게 되면서 2주 안에 새 지휘자를 구해야 하는 긴박한 상황이 발생했다. 지휘자를 놓고 기도하던 어느 수요일 오전, 한 신사가 교회로 들어와 지휘자 이력서를 내놓으며 필요하면 연락하라고 했다. 그분이 바로 우리 교회 2호 선교사로 헌신한 차광철 집사다. 그 이후에도 여러 고비가 있었다. 음악 전공자들을 전문가로 예우해 달라며 여러 차례 건의가 올라왔고, 교계의 유명한 원로 지휘자 장로님도 무사례로 하면 안 된다고 말했다. 하지만 나는 끝까지 밀고 나갔다.

믿음으로 따라 준 지휘자와 반주자들에게 깊이 감사드린다. 나는 사례하지 않는 대신 전문가를 존중했고, 그들 사역에 일체 간섭하지 않았으며, 자녀들이나 학생들에게 장학금을 주는 등 최대한 예우를 갖추려고 노력했다. 그 결과 찬양대 10팀, 찬양단 10팀, 오케스트라 2팀을 지금까지 무사례로 운영할 수 있었다. 이것은 기적 중의 기적이요, 은혜 중에 은혜라고밖에 말할 수 없다.

셋째는, 참고 사과하며 함께하는 마음이다. 혈기 9단이었던 내가 강단에서 혈기 부리지 않은 것과 목사에게 상처받은 교인이 있을 때 찾아가서 사과하고 화해할 수 있었던 것이 기적이다. 당회에서 두 번 정도 혈기를 부린 적이 있지만, 사과하고 잘 마무리했다. 강대상에 '겸손, 또 겸손, 그리고 겸손'이라고 써 붙여 놓고 온유한 태도를 유지하려고 노력했다. 그 결과 강대상에서 혈기를 부리지 않은 것은 기적 중에 기적이라 하겠다.

이렇게 목회를 잘 마칠 수 있었던 것은 장로님들의 넓은 이해심과 나를 믿고 따라 주었던 교인들의 사랑 그리고 오래 참을 수 있도록 내 마음을 만져 주신 하나님의 은혜였음을 고백한다.

구호의 힘!

군인들은 군가를 부르며 함성을 지른다. 운동 경기에서 응원단은 응원가를 부르며 구호를 힘차게 외친다. 데모대들은 주먹을 치켜들면서 구호를 제창한다. 학생 운동을 하던 시절 구호의 힘을 알게 된 것을 목회에 적용해서 큰 유익을 얻었다.

교회 개척 2년차에 바자회를 할 때의 이야기다. 장년 성도가 600명 정도 출석하고 있을 때 바자회를 열었는데, 여전도회 회원들 사이에 말다툼이 생겼다. 뒤에서 들어 보니 자기가 다니던 교회에서는 추자도 액젓을 사 왔는데 왜 백령도 액젓을 사 왔느냐는 아주 사소한 문제였다. 그래서 전체 봉사자들을 모아 놓고 구호를 외쳤다.

"싸우면서 할 만큼 좋은 일은 없다!"

구호의 힘 덕에 일사불란하게 바자회를 마칠 수 있었다.

성전 건축을 하는 2년 동안은 예배를 마칠 때마다 성전 건축가를 부른 후 구호를 외쳤다.

"할 수 있다, 하면 된다, 꼭 된다!"

그런 후에 축도로 예배를 마쳤다. 그렇게 하기를 2년, 성전이 우뚝 서게 되었다.

또 예산을 사용함에 있어서 밖으로 선교, 구제, 봉사하는 것은 빚을 다 갚은 후에 하자는 의견이 나올 때 외친 구호가 있다.

"교회는 퍼주다 망해도 성공이다!"

열심히 주었지만 교회는 망하지 않았고, 나는 성공적으로 목회를 마치게 되었다.

1천 개에 가까운 소그룹을 자율적으로 운영하게 하면서 소그룹원들에게 부장, 위원장의 선출권까지 허락했다. 그러면서 "망할 자유를 준다"고 외쳤다. 역시나 망하지 않았음은 물론, 자율성의 힘이 나타나 강한 교회, 활발한 조직이 운영되고 있다.

목회를 끝내면서 아쉬운 점

많은 사역을 할 수 있도록 복을 주신 하나님에게 감사드린다. 하지만 다른 한편으로는 인간적인 아쉬움이 남는다.

실버타운을 세워 유료 양로원의 수익으로 어려운 노인들을 위해 무료 양로원을 운영하고 싶었으나 못한 것이 못내 아쉽다. 또 19세가 되면 보육원을 나와 자립해야 하는 고아 청년들을 돕는 자립관을 세우고 싶었는데, 같은 마음을 가진 사람들을 만나지 못해 끝내 포기하고 말았다. 은퇴 후에 기회가 되면 '비빌 언덕'이라는 이름으로 자립관을 세워 고아 청년들의 자립을 도우려고 기도하고 있다.

또 하나 아쉬운 건, '교회를 더 작게 건축했더라면 더 많은 교회를 분립 개척할 수 있었을 텐데' 하는 것이다. 그리고 만약에 다시 한 번 목회를 하게 된다면, 제자 훈련을 통해 성도들을 그리스도의 제자로 길러 내는 목회를 하고 싶다. 또 300명 정도 이하의 작은 교회를 만들어 공동체성을 강화하고 가족과 같은 목회를 하고 싶다.

목회를 하면서 잘했다 생각하는 일

그동안 목회를 하면서 가장 잘한 일은 '교단 정치'에서 한 걸음 물러선 것이다. 2010년은 내가 목회의 갈림길에 섰던 해다. 한 모임에서 교계 어른들은 '정 목사가 2020년 부총회장을 하라'고 말씀하셨다. '기도해 보겠습니다'라고 대답은 했지만 마음에 기쁨이 없었다. 노회 중진들이 모인 자리에서 나는 총회장의 꿈이 없으니 다른 분을 도와드리라 말하고는 교단 정치와 관계를 끊었다. 그때는 아쉬움이 있었으나, 지금 생각해 보면 목회에서 가장 잘한 일이다.

두 번째 잘한 일은 교회 건축을 포기한 일이다. 2010년 3월, 교회가 포화 상태에 이르러 새 성전을 건축하기로 당회에서 결의하고 공동 의회를 통과시켰다. 이미 오래 전 새 성전 건축을 위해 현재 건물이 위치한 곳 바로 길 건너편에 땅을 확보해 둔 상태였기에, 그곳에 8,300평 규모의 3,500석 본당을 짓기로 한 것이다. 그런데 교회 길 건너 400미터 지점에 같은 교단 소속인 한 대형 교회의 건축이 막바지에 이르러 성전 건축물에 유리를 끼고 있었다. 우리 설계도를 보니 우리의 새 교회가 그 교회를 병풍같이 막아 버리는 것이 아닌가. 거기에다 출입구가 서로 붙어 있었다. 기도를 하는데 기도가 막혔다.

그렇게 두 달이 지난 후 5월 첫 주, 나는 설교 시간에 건축을 포기한다고 선언했다. 우리 교회가 건축을 하면 이웃 교회와 계속 다투게 되고 지역 주민들에게 본이 되지 않을 거라며 교회 앞에 그 이유를 설명했다. 그리고 하나님이 기뻐하시지 않기 때문에 건축을 포기한다고 선언하자 박수를 치는 교인들도 있었다. 그러면서 앞으로 장년 성도들을 늘리지 않겠다고 선포하고, 250대를 주차할 수 있는 주차장 임대 계약도 해약했다. 주일마다 자가용들이 주차를 못해서 돌아간다는 말을 들을 때는 마음이 아팠으나, 하나님은 교인이 줄지 않도록 은혜를 부어 주셨다. 그 당시 장년 교인이 7,250명까지 출석했는데, 2019년에는 8천 명까지 출석 교인이 늘어났다. 작은 교회들을 전도해 주고 계속 분립을 하는 가운데서도 오히려 교인들이 늘어났다.

하나님이 교회 성장을 내려놓고 계속해서 교회를 분립 개척할 수 있도록 마음을 주신 것에 감사드린다. 교회 분립 24곳, 선교사 35가정 파송 등 수많은 사역을 할 수 있었던 것은 작은 욕심을 내려놓았을 때 하나님이 큰 은혜로 채워 주셨기 때문이라고 생각한다.

은퇴 준비 과정

교회를 개척하면서 65세 은퇴와 원로 목사 제도를 없애는 것을 생각했다. 그 이유는, 세상은 빠르게 변하는데 70세까지 목회를 하는 것은 건강한 교회를 만드는 데 도움이 되지 않는다고 생각했기 때문이다. 원로 목사 제도 역시 하늘에 태양이 하나이듯 교회의 담임도 하나인 것이 좋다고 생각했다. 원로 목사가 교회에 있다는 것은 옥상옥(屋上屋)과 같아서, 교회에 도움보다는 짐이 되는 경우가 많다고 판단했다.

60세가 되면서 당회에 은퇴 준비를 하자고 제안했다. 당회에서 은퇴 후 10년간 일할 수 있도록 선교회 사무실을 전세로 마련하기로 결의하고 매년 2억씩 전세 자금을 적립했다. 2017년에는 크로스로드 선교회 설립을 준비한 후, 2018년에는 매달 선교비 1만 원을 낼 회원 약 1,500명을 모집했다.

2019년 7월, 사단법인 크로스로드 선교회를 시작했다. 사역의 방향은 첫째, 목회자들의 영성을 높여 광야와 같은 세상을 향해 담대하게 나아가도록 만드는 '다윗의 물맷돌' 사역이다. 둘째, 통일을 준비하는 '통일을 위한 기도의 집' 사역이다. 셋째, 19세가 되면 보육원을 나와 자립해야 하는 고아 청년들을 돕는 '비빌 언덕' 사역이다. 크로스로드 선교회 사무실은 한국기독교백주년기념관에 마련했다. 그렇게 세미나실을 갖추고 '다윗의 물맷돌' 사역을 시작했다.

민통선 안에 위치한 해마루촌이라는 마을은 60세대가 사는 작은 마을로, 실향민을 위해 2000년에 조성되었다. 그곳 가정집에 교회가 하나 있었는데, 이 해마루 대광교회에 우리 교회 의료 선교 팀이 2년 정도 봉사를 이어 왔다.

2018년 가을, 해마루 대광교회의 소유주인 영등포 대광교회에서 교회 신축 자금 마련을 위해 해마루 대광교회를 매각하려 한다며 인수해 줄 것을 제안했다. 은퇴 후 갈 곳이 없어 어디로 갈까 고민하고 있던 차에 하나님의 뜻이라 생각하고 계약을 진행했다. 그런데 잔금을 치를 돈이 없어 기도하고 있는데 장로님들이 십시일반으로 헌금해 주셔서 잔금을 치르고 증개축 공사를 마친 후 입당 예배를 드리게 되었다. 거룩한 빛광성교회 부목사님 중 장동훈 목사가 함께 가겠다고 나섰다. 그래서 그를 해마루광성교회 담임으로 임명하고, 나는 해마루수도원 원장을 하기로 했다. 18평 예배실과 기도실 3개를 갖춘 아담한 기도원에 2명의 등록 교인이 있다. '비빌 언덕' 사역은 자금이 없어서 하나님이 허락하시는 대로 시작하기로 하고 기도 중에 있다.

은퇴 후 생활비를 위해 20년 전 교회 정관을 만들 때, 원로 목사 제도를 없애고 목회자 연금을 들지 않는 대신 적금을 들기로 했다. 그 적금에서 월 400만 원의 생활비를 받기로 당회에서 결정했다. 2018년 말경, 은퇴 시기가 다가오자 장로님들 사이에서 퇴직금을 얼마를 드릴 것인가에 대해 갑론을박한다는 얘기가 들려왔다. 퇴직금을 많이 받으면 은퇴 후 생활에 여유가 있겠지만, 목사가 퇴직금을 많이 받고 끝날 때 교인들의 마음에 받을 상처를 생각하면서 그렇게 하지 않기로 작정했다. 이에 당회를 소집해서 퇴직금을 1억 원으로 하겠다 선언하고 당회록에 기록했다. 그리고 2주 후에 퇴직금을 가불해서 미리 받고 이를 다시 헌금으로 드려 은퇴에 관한 모든 문제를 정리했다.

인간적으로 아쉬움이야 왜 없겠는가! 그러나 하나님의 은혜를 생각하며 교회를 위해 깨끗하게 정리하고 나니, 교회도 조용하고 나의 마음도 평안하다. 모든 것이 하나님의 은혜다. 진심으로.

모든 것이 하나님의 은혜다.

진심으로.

'감사'

어머니, 어머니, 나의 어머니!

살아오는 동안 여러 소중한 만남이 있었지만, 두 여인과의 만남을 빼 놓고는 나의 삶을 말할 수 없다. 한 여인은 어머니이고, 다른 한 여인은 아내다. 어머니 고(故) 윤덕희 권사는 1917년 경기도 포천에서 태어나셨다. 어린 시절 총명했던 어머니는 수재들만 갈 수 있었던 경기여고를 졸업하셨다. 이후 친척의 중매로 안산 양조장집 둘째 아들인 아버지를 만나 19세에 결혼하셨다. 자녀 세 명을 낳고 결혼한 지 7년쯤 됐을 때 단란하던 가정에 먹구름이 드리우기 시작했다. 아버지가 새 부인을 얻어 두 집 살림을 하게 된 것이다. 그 시절에 부자들은 으레 첩을 두고 살았고, 여인네들이 이혼을 한다는 것은 감히 상상할 수 없는 일이었다.

그런데 그 고난 속에는 복이 예비되어 있었다. "고난당한 것이 내게 유익이라 이로 말미암아 내가 주의 율례들을 배우게 되었나이다"라는 시인의 고백처럼, 어머니께서 신앙을 갖는 계기가 되었다. 그 결과 어머니는 안산도일교회, 장석교회, 장위중앙교회 등 세 교회의 개척에 참여하셨고, 어머니의 믿음을 본받은 우리 일곱 남매 중 세 명은 목사, 두 명은 장로 그리고 두 명은 권사가 되어 모두 교회의 일꾼으로 충성하고 있다. 어머니가 우리 일곱 남매에게 물려주신 '신앙'이란 선물은 무엇으로 감사를 해도 부족할 뿐이다.

일곱 남매 중 막내인 나는 네 살 때부터 아버지와 떨어져 살게 되었는데도 아버지의 부재로 인한 인격 장애가 비교적 적었다. 전적으로 어머니의 신앙 덕분이다. 어머니는 한 번도 자식들 앞에서 아버지의 흉을 보신 적이 없다. 어머니는 '네 아버지는 늘 단정하셨다', '네 아버지가 남의 흉을 보는 것을 한 번도 보지 못했다', '열 살 때 어머니가 돌아가신 후 계모 밑에서 자라 사랑을 받지 못해서 그런 것이다'라고 말씀하시며 오히려 아버지를 긍휼히 여기셨다.

어머니는 늘 새벽에 두 시간씩 기도하셨고, 그 기도가 오늘의 나를 만들었다. 어머니는 참으로 부지런하셨다. 완행열차를 타고 완도에 가서 김을 떼 와 팔기도 하셨고, 하루에도 몇 번씩 먼 길을 걸어가서 떡을 떼 와 팔기도 하셨다. 환갑이 되실 때까지 종로 학원가 뒷골목에서 라면 장사를 하셨지만, 나는 한 번도 어머니가 '힘들다', '죽겠다' 등의 부정적인 말을 하시는 것을 본 적이 없다. 그렇게 어려우면서도 부자로 사는 큰댁에는 평생 손 한 번 내밀지 않으셨다. 어머니의 변함 없는 믿음, 근면하고 성실한 생활 태도, 매사에 긍정적인 사고가 나의 삶에 큰 교훈이 되었음을 고백하지 않을 수 없다.

나이가 들어도 그리움은 쌓여만 가고

나이가 들고 세월이 가면
그리움도 줄어들 줄 알았다

그러나
어머니가 머리에 수건을 두르고
쑥을 캐던 언덕에 서면
그리움은 세월을 넘어
울컥한 마음을 토한다

반백년이 지났으면
잊힐 만도 한데
나를 바라보시던 어머니의
선한 눈동자가 더욱 또렷해진다

이미 내 나이
그때 어머니의 나이를 넘었지만
그리움은 멈출 줄 모른다

그리움은 나이도 모른다
그리움은 세월도 모른다

그리움은,
그리움은…

천정배필, 나의 신부여!

내 인생의 여정에 또 하나의 소중한 만남은 아내, 송점옥 사모와의 만남이다. 아내를 처음 만난 것은 1981년 서울장로회신학교 야간부에 다닐 때다. 당시 아내는 우리 학과에서 늘 수석을 하면서 국방부 통합병원에 다니는 공무원이었다. 자연히 남학생들은 그 여학생에게 관심이 많았다.

나는 1983년 졸업을 앞두고 가난한 폐광촌 담임 전도사로 부임하기 위해 그해 6월 6일에 면접을 봤다. 집으로 돌아오는 길에 당시의 '미스 송'에게 연락을 해서 저녁에 만났다. 나는 그녀를 만난 자리에서 "나와 결혼합시다!" 하며 얘기가 아닌 일방적인 통보를 했다. 그 자리에서 답을 듣지는 못했지만, 나는 우리 학과 총각 전도사들을 모아놓고 내가 '미스 송'과 결혼할 테니 앞으로 '미스 송'에게 집적거리지 말라고 통보했다. 또 시간만 나면 국방부통합병원 위병소에 가서 면회를 신청해 그녀가 다니는 직장에 '미스 송에게 애인이 있다'는 소문을 퍼뜨렸다. 그다음 '미스 송'이 다니던 방화동 금성교회 '조유준' 담임목사님을 찾아가 결혼할 전도사라고 말씀을 드리고 12월에 주례를 부탁했다. 그리고 마지막으로 '미스 송'이 출근한 사이 학교에서 집 주소를 알아내 그녀의 부모님을 찾아뵙고 사윗감이라고 절을 하며 도장을 찍었다. 그렇게 사방을 막고 압박해서 1983년 12월 3일에 결혼식을 올렸다.

결혼 후에는 음성군 금왕읍 용계리에 있는 금왕교회 담임 전도사로 부임해서 주말 부부로 지냈다. 2년 동안 140명을 전도하고 사택을 신축하며 의욕적인 목회를 했으나, 아내가 과로로 간염에 걸리고 유산으로 몸이 약해지면서 부득이 금왕교회와 작별할 수밖에 없었다. 그 이후 나는 몇 교회의 전도사와 부목사를 거쳐 1997년 지금의 거룩한빛광성교회를 개척했다. 아내는 몸이 서너 개라도 부족할 만큼 열심히 성실하게 사모의 역할을 감당했다. 먼저, 아내는 기도의 용사로 교회를 위해 밤을 지새웠다. 광성교회 부목사 시절 하나님이 아내에게 기도의 은사를 부어 주셔서 아내는 혼자 밤을 지새우며 철야 기도를 했다. 갱년기 수면 장애가 심해 의사의 권유로 철야 기도를 저녁 기도로 바꿀 때까지 20년을 홀로 밤을 새우며 기도했다. 도저히 사람으로는 불가능한 일을 성령님이 이끌어 주셨다. 아내는 또한 받은 계시를 아무에게도 말하지 않았으며, 남을 불편하게 하는 말 또한 하지 않았다. 아내는 정말 어려운 일을 말없이 잘 해냈다. 오직 남편이 교만해지거나 잘못된 길로 들어서는 것을 경계할 뿐, 사모로서 할 일을 묵묵히 해내며 훌륭히 내조했다.

아내는 하나님에게 받은 은사를 하나님에게 말없이 드렸다. 개척과 함께 시작된 피아노 반주는 교인 봉사자가 나오자 말없이 물려주었다. 찬양 인도도 그렇게 헌신했다. 또 자신이 '알파 훈련'을 받은 후에는 전 교인을 대상으로 알파 훈련을 진행했다. 지금까지 6천 명 이상이 알파 훈련을 받았는데 잡음 하나 없었으며, 교인들은 이 훈련을 통해 성숙한 신앙인으로 성장할 수 있었다. 또 성경 공부를 하면서 네비게이토 교재를 편집해 생활 신앙이라는 제목으로 1년 과정을 개설하고 가르쳤다. 지금까지 6천 명 이상이 이 과정을 수료했으며, 두 번이나 수강한 성도들이 있을 정도로 명강의로 소문이 났다. 심지어 다른 교회 성도들이 이 강의를 들으러 오기도 했다. 은퇴를 앞두고 강의 녹화를 하자는 제안이 있었지만 아내는 극구 사양했다. 자신은 내부

용이라며 외부 방송이나 잡지 인터뷰 일체를 사양했다. 오직 교회를 위해 성도들을 섬길 뿐이었다. 많을 때는 일주일에 여섯 번씩 강의를 했고, 현재도 네 차례 강의를 진행하고 있다.

아내는 부목사 사모들에게 명령하거나 지시하지 않았다. 특히 야단하고 나무라는 일을 절대 하지 않았다. 대신 밥을 사 주며 잘할 수 있도록 격려하고 위로했다. 성도들의 이야기를 귀담아 들으면서도 누구를 편애하거나 측근을 두는 일이 없었다. 그렇게 아내는 한 번도 구설수에 오르지 않았다. 아내는 내가 목회를 무사히 마치는 데 큰 역할을 해 준 버팀목이자 내 목회의 일등공신이다. 아내는 박봉인 나와 함께하는 36년 동안 돈에 대한 불만이나 불평을 한 번도 하지 않았다. 오히려 어려운 사람이나 불쌍한 이들을 남모르게 돕는 데 언제나 앞장섰다. 사례금을 받으면 30퍼센트를 헌금하고 나머지는 아끼고 모아서 1억 원씩 두 번이나 하나님에게 드렸다. 목회의 절반은 사모가 감당했다고 할 수 있다.

아내는 특히 두 딸 해림이와 해은이를 잘 교육했다. 두 딸이 어엿한 사회인으로 설 수 있도록 키운 공은 전적으로 아내에게 있다. 두 딸이 결혼해서 성품 좋은 사위들을 만난 것과 그들을 통해 손자와 손녀를 보게 된 것은 하나님의 크신 은혜다. 나는 '손주를 보기 전에 인생을 논하지 말라'는 농담을 자주 한다. 아내는 가정 살림에 손주 보랴, 교회 경조사 챙기랴, 그렇게 동분서주하면서도 사모의 역할을 묵묵히 수행했다. 하나님이 칭찬하고 큰 상급을 주실 것을 믿어 의심치 않는다.

그동안 믿음의 동역자, 사역의 동역자로 함께해 준 아내에게 감사한다. 작지만 크고 현숙한 여인 '송점옥', 하나님이 맺어 주신 천정배필이다.